21世纪应用型精品规划教材·旅游管理专业

旅游工艺品设计与制作

沈 征 胡 亮 主编

清华大学出版社
北 京

内 容 简 介

本书主要包括旅游工艺品设计、旅游工艺品设计团队的构建、旅游工艺品设计的动力因、旅游工艺品设计的方法、旅游工艺品的制作工艺、旅游工艺品设计的市场化以及旅游工艺品设计的知识产权等7章内容。本书给出了大量的案例、图片、习题等，方便教学与学习之用。

本书既可作为应用型高等院校教学用书，也可作为职业旅游专业培训用书。

本书封面贴有清华大学出版社防伪标签，无标签者不得销售。

版权所有，侵权必究。举报：010-62782989，beiqinquan@tup.tsinghua.edu.cn。

图书在版编目(CIP)数据

旅游工艺品设计与制作/沈征，胡亮主编. —北京：清华大学出版社，2014(2025.1重印)
(21世纪应用型精品规划教材·旅游管理专业)
ISBN 978-7-302-35164-1

Ⅰ. ①旅… Ⅱ. ①沈… ②胡… Ⅲ. ①旅游商品—手工艺品—设计—高等学校—教材 Ⅳ. ①F762.7 ②J528

中国版本图书馆CIP数据核字(2014)第013713号

责任编辑：曹　坤
装帧设计：杨玉兰
责任校对：周剑云
责任印制：杨　艳

出版发行：清华大学出版社
网　　址：https://www.tup.com.cn, https://www.wqxuetang.com
地　　址：北京清华大学学研大厦A座　　邮　编：100084
社 总 机：010-83470000　　邮　购：010-62786544
投稿与读者服务：010-62776969, c-service@tup.tsinghua.edu.cn
质量反馈：010-62772015, zhiliang@tup.tsinghua.edu.cn
课件下载：https://www.tup.com.cn, 010-62791865

印 装 者：涿州市般润文化传播有限公司
经　　销：全国新华书店
开　　本：185mm×230mm　　印　张：16　　字　数：345千字
版　　次：2014年3月第1版　　印　次：2025年1月第6次印刷
定　　价：37.00元

产品编号：053042-01

前　言

旅游工艺品设计与制作同旅游业发展息息相关，也反映了人类文明的进程以及人类与自然的关系。优秀的旅游工艺品源于艺术与文化、艺术与工艺、艺术与材质的完美融合。每一个景区的品位及内涵，都会随着高水准旅游工艺品的开发而得以辅助提升；每一个工艺品作坊或企业的经济效益，都离不开高艺术水准旅游工艺品热销的维系；每一个游客的美好回忆，都离不开对特色旅游工艺品的审美回味。

我国设计教育，经过几十年的发展正逐步走向成熟。旅游产品设计作为设计活动的子对象，在倡导旅游业持续健康发展的今天，旅游工艺品设计对旅游发展的作用日益明显，得到了更多企业和旅游行业管理机构的认同。本书作为普通高等教育"十二五"应用型特色规划教材，正是在这种情况下编写而成的。目前的本专科教育，要求在理论研究能力培养的基础上，大力重视学生实践能力的培养。旅游工艺品设计与制作涉及的内容广泛，覆盖整合各相关理论层面的同时，将设计团队建构、旅游工艺品设计动力因和旅游工艺品设计活动、旅游工艺品制作活动作为重点，把设计知识产权保护也作为现代商业环境下应了解的内容。力求在教材内容安排中对旅游工艺品的创新做全方位阐述。

本书在编写中遵循"内容精要、侧重实例、信息丰富"的原则，结合设计教育实用性人才的培养要求，选取典型的旅游工艺品开发示例，对旅游工艺品设计与制作的基本理论、要素组成、设计管理、程序方法、语意表达、工艺与材料、知识产权等方面均有精要的阐述。本书注意采用旅游工艺品实例来剖析理论，使晦涩枯燥的条理与概念转化成具体的项目，让学生通过典型的案例掌握旅游工艺品设计与制作的理论和方法。

本书由沈征、胡亮联合编写，在编撰过程中，旅游工艺品市场的产品丰富性和文化多样性为编者提供了丰富的素材，通过对国内及澳洲、北美地区旅游工艺品的调查研究并结合多年实践经验，在借鉴、研究与实践考察的基础上进行融合、提炼并创新，综合多方理论形成理论架构。融知识性与趣味性于一体，具有较强的时代感和实效性。

本书不仅可以作为应用型本专科院校设计专业必修课的教学用书，也可作为以上院校设计教育的指导用书，还可以选用为专业设计师及工艺品设计培训的参考用书。

在编写过程中，我们也参考了设计行业专家学者以及兄弟院校同行的论著，从中汲取了非常宝贵的知识和经验，在此向他们表示感谢。

由于编者水平和学识有限，书中难免存在缺点和不足，衷心期待读者批评指正。更希望使用本书的老师和同学们，通过教学和设计实践，把好的建议和想法反馈给编者，让更多学校能分享你们的宝贵经验。

编　者

目 录

第一章　旅游工艺品设计概述 1

第一节　旅游工艺品概述 3
一、旅游工艺品的概念 3
二、旅游工艺品的特征 4
三、旅游工艺品的功能 6
四、我国旅游工艺品行业发展现状与发展趋势 9

第二节　旅游工艺品设计的艺术特征 12
一、旅游工艺品设计的概念 13
二、旅游工艺品设计的要求 13

第三节　旅游工艺品设计的流程 20
一、调研分析阶段 20
二、设计准备阶段 21
三、定位构思阶段 21
四、设计表现阶段 23

第四节　旅游工艺品设计实例 25
一、陶瓷工艺品 25
二、特种金属工艺品 28
三、玻璃工艺品 30
四、编织工艺品 31
五、刺绣和印染工艺品 32
六、泥塑工艺品 33
七、竹木工艺品 34
八、雕刻工艺品 37
九、书画工艺品 38

第二章　旅游工艺品设计团队的构建 41

第一节　设计团队构建概述 43
一、设计团队的定义 43
二、设计团队构建的概念 43
三、设计团队构建的要素 43
四、设计团队构建的作用 45

第二节　设计团队的构建要求 48
一、将市场人员纳入产品的设计过程 49
二、加强设计师的专业培训，鼓励设计人员走向市场 49
三、加强设计与市场人员的通力合作 50

第三节　设计团队的构建步骤与质量评估 50
一、设计团队构建的基本步骤 50
二、设计团队构建的质量评估 52

第四节　构建合理的设计师团队 55
一、构建合理的知识结构 55
二、构建设计师群体的能力结构 ... 56
三、构建动态的设计师群体结构 ... 57
四、创建良好的工作环境 59
五、加强培养自我管理能力 60

第三章　旅游工艺品设计的动力因 63

第一节　动力因之一——产品满意度 64
一、旅游工艺品的"产品满意度" ... 65
二、旅游工艺品"产品满意度"的设计方法 67
三、旅游工艺品的购买动机 67

第二节　动力因之二——设计的产品化 ... 72
一、DI 理念 73
二、体验设计 78

第三节　动力因之三——设计附加值 84

一、附加值的概念 84
　　二、提高旅游工艺品设计附加值的
　　　　途径 85

第四章　旅游工艺品设计的方法 91

第一节　旅游工艺品设计满足旅游需求 94
　　一、旅游工艺品设计满足旅游审美
　　　　需求 95
　　二、旅游工艺品设计满足旅游发展的
　　　　文化需求 98
　　三、旅游工艺品设计满足旅游购物的
　　　　需求 99
　　四、旅游工艺品设计满足休闲体验
　　　　需求 101
　　五、旅游工艺品设计满足"搭车"
　　　　经济发展需求 102
第二节　旅游工艺品设计的内在驱动 103
　　一、传统工艺传承面临困境 103
　　二、旅游开发对旅游工艺品设计的
　　　　要求 106
　　三、旅游工艺品设计要求传承
　　　　特质 107
第三节　旅游工艺品设计的原则 108
　　一、参与性原则 108
　　二、个性化原则 108
　　三、差异性原则 109
　　四、文化与商业结合的原则 109
　　五、情感化的原则 109
　　六、娱乐化的原则 109
第四节　旅游工艺品设计的属性 111
　　一、装饰性 111
　　二、功能性 112
　　三、风格属性 114
　　四、工艺性 115

第五节　旅游工艺品设计的构思 119
　　一、寻找情感 120
　　二、打造个性 122
　　三、呈现幽默 129
　　四、树立非物质 130
　　五、实现再循环 131
　　六、做到系列化 143

第五章　旅游工艺品的制作工艺 147

第一节　旅游工艺品模型制作的目的
　　　　与作用 149
　　一、旅游工艺品模型制作的目的 ... 149
　　二、工艺品的作用 150
第二节　旅游工艺品模型的分类
　　　　与材料 151
　　一、旅游工艺品模型的分类 151
　　二、旅游工艺品模型的材料 153
第三节　旅游工艺品模型制作的原则 159
　　一、选择合适材料 159
　　二、选择合适比例 160
　　三、选择合适的形态 161
　　四、选择合适的色彩 161
　　五、选择合适的质地 161
　　六、选择合适的真实度 162
第四节　旅游工艺品模型制作的工艺 163
　　一、旅游工艺品模型制作的方法
　　　　及工作程序 163
　　二、旅游工艺品制作的工具 164
第五节　旅游工艺品模型的制作技法 165
　　一、黏土工艺品模型的制作技法 ... 166
　　二、石膏工艺品的制作技法 173
　　三、树脂工艺品的制作技法 175
　　四、木雕工艺品的制作技法 177
　　五、金属工艺品的制作技法 182

第六章　旅游工艺品设计的市场化 187

第一节　旅游工艺品设计与市场 189
一、市场消费是旅游工艺品设计的前提 189
二、旅游工艺品设计与制作的质量决定其市场价位 190
三、旅游工艺品设计与市场消费互相依存 190
四、市场作用影响旅游工艺品设计创新 191
五、旅游工艺品设计的市场运作策略 191

第二节　旅游工艺品购买 204
一、旅游工艺品需求动机 204
二、旅游工艺品购买因素 207
三、旅游工艺品购买决策 209

第三节　旅游工艺品目标市场与营销策略 212
一、市场细分依据 212
二、旅游工艺品市场定位 213
三、旅游工艺品营销策略 216

第七章　旅游工艺品设计的知识产权 229

第一节　旅游工艺品设计与知识产权 231
一、知识产权的概念 231
二、设计与知识产权 231
三、旅游知识产权在我国旅游业发展中的作用 232
四、旅游工艺品设计的知识产权保护 234

第二节　旅游工艺品设计的专利 235
一、旅游工艺品设计的专利战略 236
二、旅游工艺品设计的专利申请 238
三、旅游工艺品设计专利的侵权判定 240

第三节　展望与建议 243

参考文献 245

第一章

旅游工艺品设计概述

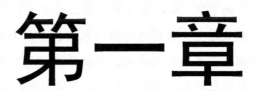

【学习目标】

通过本章的学习,要求理解旅游工艺品的概念、特征及功能,了解我国旅游工艺品行业发展现状与发展趋势,掌握旅游工艺品设计的艺术特征及总体的设计流程,能够通过对不同材质旅游工艺品设计实例的学习,宏观地了解其各自在旅游工艺品设计与制作中的性质与特点。

【关键词】

旅游工艺品　旅游工艺品设计艺术特征　旅游工艺品设计流程　旅游工艺品设计类型

旅游工艺品设计与制作

引导案例

当中国的旅游品牌面对国际市场跃跃欲试时，中国旅游纪念品却一直面临开发不足的问题。怎么将浓缩的中国元素精神为我们打开新的思路、新的模式，是整个旅游行业急需研究的。为进一步扩大中国第一水乡——周庄旅游景区的品牌知名度和影响力，增加人们对周庄的了解，带动当地旅游业与旅游工艺品产业同步发展，并在继承和发扬江南水乡文化的基础上为传统旅游业注入新的生命力与创造力，给国内创意人才与旅游企业提供一个相互交流的公益平台，特此举办"周庄印象"中国旅游工艺品设计大赛。

本次大赛的主题为"周庄印象"，可以单件作品或系列作品的形式参赛。"君到周庄见，人家尽枕河。"水乡周庄给人的第一印象是纯真自然、生态原始、水网交织、河道纵横、民风淳朴、风情浓郁，自然风光与古镇民情达到和谐统一。参赛者可考虑围绕主题展开设计，在作品中融入古镇周庄特有的文化元素，如万三蹄、聚宝盆、双桥、沈厅、打田财、摇快船、阿婆茶以及水巷景观；也可不完全依照主题所规定的方向，自定富有时代特征的自由命题进行创作，只要是创意独到、定位准确的旅游文化设计产品，都可参赛。特别鼓励颠覆性创新旅游产品的参赛。

作品要求：

1. 所有参赛作品，须保证原创性，设计新颖，不拘形式，按设计制作出的成品可用于批量生产。

2. 符合现代社会的审美趋势，具有一定的旅游市场卖点或收藏价值。

3. 设计作品需考虑旅游工艺品的产品特点，如制作材料、制作工艺、制作成本、制作周期、携带便利等要素。

本次大赛欢迎有创意的设计师和工艺品设计爱好者以及广大学生前来参赛，引导参赛者展现新的设计思维与理念，并从艺术性、原创性、工艺性、实用性等方面，评选出既具有艺术价值又富含商业潜力的旅游工艺品。本次大赛将在视觉中国网设立专门的网络平台，作为组委会官方网及时宣传各类信息，介绍投稿作品，公示获奖作品等。

——2012年"周庄印象"中国旅游工艺品设计大赛征稿节选

第一章　旅游工艺品设计概述

辩证性思考

1. 旅游工艺品具有哪些特征？
2. 旅游工艺品设计需要满足哪些要求？
3. 旅游工艺品设计的基本流程是什么？

第一节　旅游工艺品概述

教学目标

1. 理解并掌握旅游工艺品设计的一般特征。
2. 深入理解旅游工艺品设计的功能作用与发展趋势。

一、旅游工艺品的概念

旅游工艺品是一种特殊的工艺品。

按世界旅游组织的定义，旅游购物是指为旅游做准备或者在旅途中购买商品(不包括服务和餐饮)的花费，其中包括购买衣服、工具、纪念品、珠宝、报刊书籍、音响资料、美容及个人物品、药品等，不包括任何一种出于商业目的所做的购买，即为了转卖而购的物品。这些游客在旅游活动中购买的、以物质形态存在的实物即是旅游工艺品，也被称为旅游购物品。广义的旅游工艺品主要包括旅游纪念品、旅游日用品、各种土特产、各种工艺美术品、文物古玩及复制品以及各种旅游零星用品等。

旅游工艺品与一般的工艺品的不同之处在于它能反映某个旅游点的特色，表现旅游点的自然或人文景观，并是能保存收藏的商品，同时也是这个旅游点所独有或带有该旅游点特有徽记的用品或艺术品。简言之，旅游工艺品是这个旅游点在旅游市场上所具有的存独性的商品，这是从旅游的资源性上得出的概念。

从设计与制作的工艺性来说，通常旅游工艺品多运用典型的地域性设计手法，运用该旅游地特有的材料或资源进行制作，具有独特的审美和工艺美，是新颖的设计艺术品，也是传承当地传统文化及艺术魅力的重要载体。

从旅游工艺品所包含的广义性来说，旅游工艺品包括旅游地的特色工艺品、经营管理用品(如门票等)以及旅游服务用品(如导游图、说明书、图书和音像资料)等方面，而狭义上的旅游工艺品则专指旅游地的特色工艺品。如雕塑、刺绣、花画工艺、蜡染、金工以及各种玩具等。

二、旅游工艺品的特征

(一)民族性和地域性

民族性和地域性是旅游工艺品的本质特征。"旅游"既是名词也是动词,旅游本身就是一种文化的交织和融合,而构成这种文化交织的节点就是许多地方景点与文化特色。旅游工艺品作为旅游文化的载体,是用当地的原材料和传统的工艺制作并生产的,其设计理念也蕴含了传统文化与独特创意,通过对旅游工艺品的设计,可以将不同民族、不同地域的消费方式、审美标准、群体爱好和人际关系通过工艺品的外在形式或使用方式表现出来,具有很强的吸引力。各地区旅游工艺品的民族性、地域性的特点使得该产品与其他地方的旅游产品有着鲜明的差异,彼此之间也难以代替。富有民族性和地域性的旅游工艺品不仅能够很容易被游客所接受,而且能在众多的旅游产品中形成自己的品牌特色。游客在旅游过程中享受的其实是一种差异化的文化体验,因而民族风格和地方特色越突出的旅游工艺品也越具有深刻的纪念意义,当然也更容易受到旅游者的欢迎。

(二)层次性和针对性

层次性和针对性是旅游工艺品的市场特征。不同游客的旅游动机、旅游需求具有鲜明的差异,而旅游工艺品不同的消费价值也决定了旅游工艺品具有明显的层次性。面对大众消费的群体,旅游工艺品可以高、中、低不同层次进行市场定位。旅游工艺品的设计者和经营者也可以根据旅游工艺品不同的消费层次设计并生产不同花色、款型及价位的旅游工艺品,以满足游客多层次的消费需求,这是旅游工艺品的一大特点。同时旅游工艺品也具有针对性。例如,游客来自于世界不同国家及地区,风俗习惯和宗教信仰各不相同,这就要求旅游工艺品要根据游客的风俗、习惯、宗教、国籍等方面的不同,有针对性地进行设计和生产,以确保旅游工艺品的适销对路。

(三)趣味性、纪念性和相对实用性

人们在旅途的奔波劳累中之所以愿意停下脚步来购买旅游工艺品,很重要的原因之

第一章　旅游工艺品设计概述

一是工艺品本身具备较强的趣味性，如果说玩具仅仅是孩童的专利，那么旅游工艺品便可以是老少皆宜的大众型玩具。旅游工艺品从设计之初，便要以趣味性为标准，将旅游者的爱好和个性融入其中，将文化、艺术、知识和生活这几个元素加以平衡，使之达到一种能与人们旅游目的相适宜的体验效果，给人以美的艺术享受，丰富旅游者的综合感受。故而设计新颖独特、造型逼真、活泼有趣是旅游工艺品设计的核心所在。

旅游工艺品具有纪念性的特征。这种纪念性不同于拍摄相片带给人们的感受。游客旅游除了饱赏异地风光、欣赏人文遗产、领略风土人情外，一般都想从旅游目的地购买一些富有纪念意义的旅游工艺品，这种纪念性是立体的，是具有实在载体的，也是可以保存的。游人购买一件纪念性很强的旅游工艺品往往能唤起他们对旅游生活的美好回忆，增加他们对生活意义的认识和理解。例如，去过越南旅游的人都会对戴着斗笠、忙碌于田间的人物形象记忆犹新。当去过越南下龙湾的游客带回一顶由越南本土制作的斗笠(见图 1-1)，并把它悬挂于家中的空白墙壁时，就为家里增添了一件具有浓郁特色的居室装饰品，同时又能令自己时常回想起这段独特的旅游记忆，这样给人们带来的感受远远超过选择戴着斗笠拍一张照片，让照片安静地躺在电脑里或放置于相框所带来的效果。

图 1-1　越南斗笠

旅游工艺品具有相对实用性的特征。旅游工艺品的实用性，即要把实用性的日常商品赋予纪念性的文化内涵。旅游工艺品的实用性通常并不一定具有日常操作层面的意义,而是多用于环境的装饰或点缀,因而它不等同于一般产品的实用性,故具有相对性。例如,有的旅游工艺品只在适应某种类型的人的需求时才具有实用价值,而有的旅游工艺品还需要考虑时间性和季节性对其的影响与需求。

(四)多样性和易带性

游客购买旅游工艺品的目的各不相同,一般分为三种:一是自己留做纪念、欣赏;二是馈赠亲朋好友;三是旅途中使用。总体来看,由于旅行的客观条件制约,一般旅游者对旅游工艺品的需求数量不多,但要求的品种却相对繁多。并且对工艺品的质量、体积、重量等有一定的要求,使其便于携带,有相对多的选择余地。事实证明,满足以上消费特点的旅游工艺品具有良好的销售市场。销售反作用于生产,这也对其最初设计提出了更高的要求。例如,要求工艺品的设计小型化,在具有其正常功能的同时尽量小巧玲珑,便于携带;使工艺品的设计重量轻便化,在生产商品时应该以轻质原料代替重质原料而不明显加重旅行中携带和运输的重量;使工艺品用途的设计多样化以便使一物多用,减少累赘。

三、旅游工艺品的功能

上文所述旅游工艺品所具备的四个特征,使其具有以下几个方面的功能。

(1) 旅游工艺品具有增加旅游收入,带动旅游地经济发展的功能。旅游业是中国的朝阳产业,在旅游业"食、住、行、游、购、娱"的产业链条中,旅游购物的重要性不可小觑。人们对旅游品质的要求不断提高,对旅游产品的购物热情逐渐高涨,期待买到更好更具创造力的旅游工艺品。旅游工艺品的销售极大拓宽了旅游的购物市场,为旅游地旅游商品的繁荣注入了新的活力,为当地的设计企业、制造业、运输业等提供了新的生机,成为旅游地经济发展的一个新增加点。

(2) 旅游工艺品具有增加旅游地知名度和影响力的功能。旅游工艺品反映了旅游地的独特自然景观和人文风貌,本身就是一张可移动的名片。它以自己独特的存在方式无声地介绍和宣传特定的旅游内容,并随着旅游者的流动、馈赠及展示欣赏,在更大范围内为该旅游地作免费宣传。

(3) 旅游工艺品具有纪念收藏的价值。随着人们生活水平的提高,越来越注重精神层面的享受,注重追求生活乐趣与审美情趣,愿意花时间和金钱来收藏一些艺术品陶冶

第一章 旅游工艺品设计概述

情操。旅游工艺品本身不仅具备艺术品的属性，同时它也浓缩了一个地域特有的文化内涵和民俗特征，积淀了一次旅游的完整记忆，因此，旅游工艺品也随之成为旅游的证物。也有一些旅游工艺品由知名设计师、美术家等亲自操刀设计，或是曾获得相关的设计奖项，具有限量销售的含义，因而更具纪念和收藏价值。

(4) 旅游工艺品具有一定的投资增值功能。旅游工艺品作为特色的旅游商品，具有与特定旅游地相联系的垄断价值和社会文化内涵，随着时间的推移将成为文物，时间越长越是珍贵，尤其是在某些关键时间节点或重大旅游展示活动中具有明显的投资增值作用(见图 1-2)。

案例 1-1

福 娃 设 计

福娃是北京 2008 年第 29 届奥运会的吉祥物，其设计色彩与灵感来源于奥林匹克五环，来源于中国辽阔的山川大地、江河湖海和人们喜爱的动物形象。福娃向世界各地的人们传递友谊、和平、积极进取的精神及人与自然和谐相处的美好愿望。

"福娃"是五个拟人化的娃娃，他们的原型和头饰蕴含着与海洋、森林、火、大地和天空的联系，应用了中国传统艺术的表现方式，展现了灿烂的中国文化的博大精深。五个福娃分别叫"贝贝"、"晶晶"、"欢欢"、"迎迎"、"妮妮"，各取它们名字中的一个字有次序的组成了谐音"北京欢迎你"(见图 1-2)。

图 1-2 北京 2008 年国际奥运会吉祥物福娃

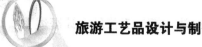

北京奥运会吉祥物的每个娃娃都代表着一个美好的祝愿：贝贝象征繁荣、晶晶象征欢乐、欢欢象征激情、迎迎象征健康、妮妮象征好运。娃娃们带着北京的盛情，将祝福带往世界各个角落，邀请各国人民共聚北京，欢庆中国北京的2008奥运盛典。

在设计思想上，北京奥运会吉祥物首次把动物和人的形象完美结合，强调了以人为本、人与动物、自然界和谐相处的天人合一的理念。在设计理念上，首次把奥运元素直接引用到吉祥物上，如火娃的创意来源于奥运会圣火。在设计应用上，更加突出了延展使用上的个性化，就是五个吉祥物的头饰部分，可以单独开发出来，运用更为广泛，孩子们可以根据自己的喜好选取不同的头饰，戴在头上，活泼的孩子也成了可爱的吉祥物形象，互动性大大增强。在数量上，北京奥运会的吉祥物也是奥运会历史上最多的一次，达到5个，体现了中华文化的博大精深。

贝贝的灵感来源：中国年画——年年有余、中国传统鱼纹样、水浪纹样。贝贝传递的祝福是繁荣。她是一条小鲤鱼。在中国传统文化艺术中，"鱼"和"水"的图案是繁荣与收获的象征，人们用"鲤鱼跳龙门"寓意事业有成和梦想的实现，"鱼"还有吉庆有余、年年有余的蕴含。贝贝的头部纹饰使用了中国新石器时代的鱼纹图案。她温柔纯洁，是水上运动的高手，和奥林匹克五环中的蓝环相互辉映。

晶晶的灵感来源：我国濒危珍稀动物——熊猫、宋代瓷器莲花造型。晶晶是一只憨态可掬的大熊猫，无论走到哪里都会带给人们欢乐。作为中国国宝，大熊猫深得世界人民的喜爱。晶晶来自广袤的森林，象征着人与自然的和谐共存。他的头部纹饰源自宋瓷上的莲花瓣造型。晶晶憨厚乐观，充满力量，他代表奥林匹克五环中黑色的一环。

欢欢的灵感来源：中国传统火纹图案——敦煌壁画中的火焰纹样。欢欢是福娃中的大哥哥。他是一个火娃娃，象征奥林匹克圣火。欢欢也是运动激情的化身，他将激情散播世界，传递更快、更高、更强的奥林匹克精神。欢欢所到之处，洋溢着北京2008对世界的热情。他代表奥林匹克五环中红色的一环。

迎迎的灵感来源：我国特有的珍稀动物——藏羚羊。迎迎是一只机敏灵活、驰骋如飞的藏羚羊，他来自中国辽阔的西部大地，将健康美好的祝福传向世界。由于迎迎是青藏高原特有的保护动物藏羚羊，是绿色奥运的展现，而他的头部纹饰融入了青藏高原和新疆等西部地区的装饰风格。他身手敏捷，是田径好手。他也代表奥林匹克五环中黄色的一环。

妮妮的灵感来源：北京的传统——沙燕风筝，北京雨燕妮妮来自天空，是一只展翅飞翔的燕子，其造型创意来自北京传统的沙燕风筝。"燕"还代表燕京(古代北京的称谓)。她把春天和喜悦带给人们，飞过之处播撒"祝您好运"的美好祝福。天真无邪、欢快矫捷的妮妮将在体操比赛中闪亮登场，她代表奥林匹克五环中绿色的一环。

四、我国旅游工艺品行业发展现状与发展趋势

(一)旅游工艺品发展的现状

近年来我国旅游行业普遍加大了对旅游工艺品市场的投入，在一些旅游景点实现了良好的经济收益和人文价值，然而也普遍存在以下三个问题。

(1) 缺乏对旅游工艺品开发的持续投入。随着旅游业的迅速发展，旅游者对旅游工艺品的需求迅速增加。然而有一些城市的景区虽加大了对景点的投入，也曾开发过一些旅游工艺品，但终因缺乏持续的关注和投入力度，使得旅游工艺品的开发成为鸡肋或变得可有可无，有的则干脆放弃，不少景区依然通过单纯地调高景点门票价格来作为自身的主要收入，忽视了旅游工艺品这一"亮点"。据调查显示，旅游区的工艺品缺乏特色和创意是不少游客抱怨的焦点。这样造成了人们对部分景区旅游的热情大减，形成了旅游行业的恶性循环。

(2) 开发理念陈旧，当地特色和文化含义不强，缺乏设计创意和人性化关怀。经调查显示，多数游人不愿在景区购买工艺品的原因是大多数的产品雷同现象十分严重，在南京夫子庙能买到的东西往往到了宁夏、山东一样能够买到，缺乏针对当地景区人文特色的独特性设计。通过调查还发现，在游人对景区旅游工艺品产生兴趣的因素中，设计创新是排在第一位的，其次是价格和便携程度。在工艺品的材质喜好上，金属、竹木是最受喜爱的，其次是琉璃、纸质、陶瓷，而塑料和石头几乎没有人喜欢。

(3) 品质低劣，粗制滥造，不便携带。作为工艺品，其本身就蕴含着纪念和收藏的价值。目前在国内旅游区，除了价格昂贵的高档次工艺品做工较为精细外，大部分的品质都不算高。往往甚至刚买到手还没有来得及带回家收藏，在旅途中就已经损坏了。还有的工艺品虽然具有较高的收藏价值，但体积巨大，考虑到高昂的运输成本和旅途不便，一直鲜有人问津。

(二)旅游工艺品发展的趋势

1. 旅游工艺品设计的文化内涵将得到进一步加强

当前,文化要素已经成为提升旅游产品文化价值新的途径。不同地区、不同民族都有其独特文化内涵的传统工艺品。旅游工艺品创新开发是在于其设计的创新。设计的功能体现在实用、认知和审美上。创新设计也就是要在实用型的基础上更注重产品艺术审美和文化特性来满足旅游者的需求。以人为本,是设计的根本原则之一。而文化内涵作为旅游工艺品设计的本质,也必将得到进一步的完善。

2. 新创意、新材料、新工艺的使用将令旅游工艺品市场大放异彩

斯坦福大学经济学家保罗·罗默就曾经认为:"真正推动20世纪90年代巨大繁荣的不是充沛的资金投入或高科技创业潮,而是各种喷薄而出的人类的创意。"在他看来,新创意会衍生出无穷的新产品、新市场和财富创造的新机会,所以新创意才是推动一国经济成长的原动力。工艺品的创新,需要有新创意、新理念、新技术。有了好的创意,加上合适的新商业模型,必定能推动旅游工艺品产业发展。例如,在山区盛产竹材,以往多加工成简单的工艺品,市场价值不高,但一旦有了全新的创意,就能华丽转身。江西铜鼓的一个竹制品企业就研发制造出竹材的计算机键盘(见图 1-3)。这款采用新工艺制成的竹键盘和塑料键盘相比,敲击声小,天然恒温,能避免静电,更重要的是没有报废后对环境的污染。其技术和工艺已获多项国家发明专利,一亮相就受到国内外人们的热捧。可见,新工艺、新材料对产品的开发有着巨大的推动力。

图 1-3　竹键盘

3. 旅游工艺品的市场将进一步走向兼并融合

旅游工艺品首先是一种商品,任何一种商品在走进市场前都应有明确的市场发展目

标。旅游工艺品的市场定位应塑造其在市场上的特色和独立形象。目前较多的工艺品多出自制作工艺较差的小作坊，缺乏专业的艺术指导，对市场信息无法准确判断，加上技术与资金的不足，只能生产廉价而没有创新的工艺品，影响游客的购买兴趣。现在国内已出现了一批具有影响力和良好口碑的本土化工艺品生产企业。可以预见，这些企业必然会对家庭小作坊式的生产产生巨大的冲击，并不断兼并融合，从而进一步占领国内的旅游工艺品市场，新一轮的行业洗牌不可避免。

4. 注重过程感和体验感，旅游工艺品的DIY趋势日益明显，让游客乐于其中

当今旅游正经历从传统的"观光游"向现代"体验游"的变革，游客更多关注旅游内在的精神文化。某些景区设计了一些环节，通过游人参观工艺品的某些生产工艺及过程，让游者充分参与其中，制作属于自己的DIY作品。例如，2010年上海世博会的印章本就需要游人自己去各个场馆盖章，印上属于自己的足迹，亦具有较高的收藏价值；某些工艺简单的瓷器或陶器，游客可以自行设计或者描绘图案进行制作；还有某景区将一些园林设计成可拆卸拼装的建筑模型，让游客自由组合拼装，在这一过程中使游人了解园林的建筑结构，体会到传统建筑的艺术美。这些工艺品生产活动因加入了游客的自我参与而显得格外有意义。

知识链接 1-1

世博护照

世博护照(见图1-4)是用于收集世博会各参展展馆纪念印章的精美手册，类似普通出国护照。按历届世博会惯例，各参展国家与国际组织都会准备一枚世博纪念印章，每个持世博护照的参观者可以持护照到各个场馆盖章留念。所以，世博护照又被誉为"环球护照"。

其实世博护照也有着很久的历史。世博护照诞生于1967年的加拿大蒙特利尔世博会，在早期兼具门票功能。后来世博护照的门票功能逐渐分化出去，演化为专门收藏各国世博纪念印章的专用手册，并在每一届世博会上均广受欢迎。

世博门票开启了参观者的世博旅程，而世博护照则是这段世博旅程的永恒纪念。它真实记录了参观者的世博足迹，珍藏了参观者所游场馆的精美印章，实现了世博与参观者之间的精彩互动。

旅游工艺品设计与制作

图 1-4 世博护照

1851年举办的首届英国伦敦世博会仅有25个国家参加，以后很长一段时期内，参展国家不过几十个。1958年比利时布鲁塞尔世博会的参展国虽然达到47个，但极少有亚非国家参与。1964年美国纽约世博会由于未得到国际展览局批准而受到其成员国的抵制，美国因此转向非成员国。1967年加拿大蒙特利尔世博会参展国达到63个，各大洲均有国家参与，此后发展中国家参展数量逐渐增多，而2010年上海世博会则是新世纪以来在发展中国家中举办的第一场盛大宴会。

评估练习

1. 旅游工艺品与一般工艺品的不同之处有哪些？

2. 旅游工艺品在某些关键时间节点或重大旅游展示活动中具有明显的投资增值作用，请再举出一些相关的实例加以说明。

第二节 旅游工艺品设计的艺术特征

教学目标

1. 理解旅游工艺品设计的基本理念。
2. 理解并掌握旅游工艺品设计的要求。

第一章　旅游工艺品设计概述

经过上一节对旅游工艺品的基本介绍，下面我们将对旅游工艺品的设计做逐一说明。

一、旅游工艺品设计的概念

旅游工艺品设计是现代艺术造型中的新兴学科。它是指运用美术学、造型艺术学、美学、社会心理学、营销学、环境学及工艺美术设计的基本原理，结合景点的自然景观、人文景观的特点进行旅游工艺品开发设计的学科。旅游工艺品设计必须具有当地本土旅游景区景点的特征、自然景观的环境特点和人文景观的文化内涵，再通过景点中自然景观、人文景观及该地区社会经济、历史文化、民族、宗教、地理环境等的调查研究，对旅游工艺品的市场调查、价格定位等的分析，从而全面掌握旅游工艺品设计的基础知识、设计方法和规律。

二、旅游工艺品设计的要求

旅游工艺品设计是对旅游工艺品的造型、结构、功能等方面进行的综合性的设计，它的目的是生产出符合旅游者生理和心理需求的实用、经济、美观的产品。作为一种特定的产品，旅游工艺品的设计有着与其他产品不同的要求，主要有以下三个方面。

(一)旅游工艺品设计首先应把握地域性特色

地域性特色是旅游业开发的特征之一，各个地区的旅游业都会依托当地的自然资源与文化资源，以自身特色来吸引游客。在旅游工艺品的设计过程中要想准确地把握地域性特征，重要的是切实把握当地自然资源与文化资源的特点。许多具有地方特色的自然资源本身就为我们提供了独特的风格。如贵州的蜡染、江南的竹艺、少数民族地区的牛羊皮工艺等。近年来，宁夏的旅游工艺品设计抓住当地特色，利用本土资源设计出了一批极具地方特色和民族风情的作品。如细沙材质的沙版画系列、芦苇版画系列、摇沙系列等，充分利用了沙湖的细沙和苇叶进行设计(见图1-5)。

再如贺兰石刻系列，以沙子和木棍等物品制作的羊皮筏子、沙漏斗等工艺品也充分利用了当地自然资源为材料，同时材质本身也体现了当地的特色。以地域性的文化资源作为设计的文化背景，更能激发旅游者对本土文化的审美情结。设计是一种文化，我们可以将文化与设计比喻成根与植物的关系。通常，优秀的设计作品不仅具有恰当的外在形式，更重要的是具有深层的文化内涵。赋含着当地文化底蕴的旅游工艺品使人们有更多的机会了解该地区的文化特色。如果能在常见的形式、题材中赋予具有文化底蕴的内涵，则便容易得到旅游者的认同，使其对产品产生某种情感并转化成为审美情趣，从而满足消费心理。因此，当地丰富的文化资源理应成为我们无穷尽的设计渊源。

图1-5　宁夏沙版画

(二)旅游工艺品设计需注重对民间工艺的继承与创新

人类在早期的生产活动中对于造物就融入了审美的理念，产生了表达民间审美的工艺意愿。因此其造物原则便强调纯朴的、健康的、亲切的自然美，进而传达一种最原始的审美观。正是由于民间工艺品自然纯朴的风格，在各地的旅游商品中一直深受广大旅游者的喜爱。各地区的旅游部门一直把开发民间工艺品当作促进经济发展的手段之一。越来越多的民间工艺品作为旅游商品出现在市场，在繁荣经济的同时也使得民间工艺品自身得以发展。在我国许多地区都有丰富的民间工艺资源。例如，西藏的民族手工业有着悠久的历史，产品具有独特的民族风格和地方特色，许多产品在国内外享有很高的声誉。一提到西藏的民族工艺品，人们自然会想到金银铜铁器、唐卡(见图1-6)、西藏面具、藏袍藏帽、藏腰刀等，这些具有浓厚的藏族风格的工艺品为藏区的旅游业增添了浓郁的异域风格。在旅游工艺品的设计与开发中充分利用民间工艺技术，不仅能繁荣当地旅游市场，传播当地富有特色的民间文化，也使民间工艺品在工艺技术、审美趋向等不同方面得到了相应的发展。

　　同时,民间工艺品也是现代设计理念无尽的源泉。面对丰富的民间传统文化,我们主张从民间工艺品中汲取可利用的元素,融入现代新理念、新技术、新材料,对产品的造型、结构、功能等方面进行创新,以现代审美观念对传统的民间工艺进行加工、提炼、借用,使其以现代的形式表达出传统文化的意蕴。平面设计师靳棣强主张把中国传统文化的精髓融入西方现代设计的理念中去。他强调这种相融并不是简单相加,而是在对中国文化深刻理解上的融合。民间工艺品的深入挖掘与重新开发理应以此作为设计原则。许多艺术实践证明,现代艺术家和设计师从民间艺术中挖掘和借鉴,经过重新整合都会放射出更有意味的光彩。由于人们在现代节奏中变得紧张繁忙,因此对纯朴和自然的渴望也就更为强烈。注重对民间工艺的继承与开发,就能够满足旅游者的这种消费需求。

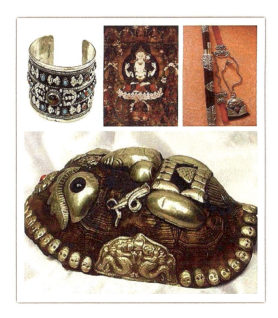

图1-6　藏族民间工艺品

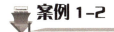

云南的旅游工艺品

　　云南旅游工艺品的设计与开发就充分地利用了当地民族工艺品资源。云南的26个民族中,几乎每个民族都有自己堪称杰作的工艺品。在云南各旅游景区的民族工艺品多达上千件，从头饰、服饰、扎染、蜡染，应有尽有。扎染、蜡染工艺在技术和图案上都在民族工艺和传统风格的基础上进行了不同的创新和改进。民族扎染和挑花刺绣等具有地方特色的工艺品都已成为游客们深爱的旅游工艺品。现在，购买旅游工艺品已成为云南旅游者旅游活动中重要的一部分。此外这里还推荐以下三类工艺品(见图1-7)。

图1-7　云南旅游工艺品

1. 蝴蝶蝶翅画

蝴蝶蝶翅画是以蝴蝶的翅膀为原材料，经过多种不同的程序，进行特殊的手工艺技术，将蝴蝶翅粘贴成油画、国画、水粉画等效果的手工艺图画，就能够形成美丽的蝴蝶蝶翅画了。其中，一般都是要经过展翅，防腐，干燥等的准备工作，然后再粘贴。现在，这种工艺蝶翅画的类别一般有抽象、写真、立体等。

2. 翡翠饰品

翡翠，也是玉的一种，只是和平常见过的玉石的色彩有些不同罢了。翡翠在玉石的历史上也被叫作翠玉，而且质地要比普通玉的坚硬一些，也就是说更不容易加工了，所以说能够造出如此美丽的翡翠饰品是相当辛苦的。不但如此，云南翡翠饰品的修饰图案还非常漂亮，雕刻都栩栩如生，非常美丽迷人，不比云南的美景差。

3. 斑铜工艺品

斑铜工艺品是我国一种传统的手工艺产品。斑铜工艺品是因为它表面总有些奇怪而又闪闪发光的斑纹才得名。在斑铜工艺品中还有两种分类：一种是生斑，就是指它的花纹形状较小，色彩淡，比较粗糙；另一种是熟斑，特点则跟生斑相反。

(三)旅游工艺品的设计应满足不同的旅游消费者心理

不同的旅游者在旅游活动中的审美倾向都会有所不同，这种不同的审美倾向会直接影响旅游者对工艺品的消费心理。因此，旅游工艺品的设计要从不同消费者的消费心理出发，切实满足其对旅游工艺品的审美需求。就旅游工艺品而言，常见的消费心理主要有以下几种类型。

1. 自然型

自然型旅游者的旅游动机主要以欣赏有特色的自然景观，体验人与自然的亲密接触为目的。这类游人往往会对反映当地大自然风光的工艺品或直接取材于大自然的产品更感兴趣。例如，宁夏开发的宁夏风光铜版画、贺兰山岩画(见图1-8)、沙版画等工艺品，热爱宁夏自然风光的旅游者很可能会当作首选。

图1-8 贺兰山岩画工艺品

2. 文化型

文化型旅游者更希望在景观中感受其中的文化内涵，他们往往会对当地有特色的历史文化背景更感兴趣，从古代建筑、遗址和古文物的领略中感受到不同地域的文化差异，感受东西文化或南北文化之间不同的审美视角,感受古代与现代的时空穿梭,从而体验亲历文化的充实感和愉悦感。例如,到古城西安的旅游者除了欣赏黄土高原的风光之外,更主要的是希望通过古城的游历感受历朝古都的文化背景。当游人被悠久的历史文化的熏陶深深震撼时,流连忘返的情愫总会让他们把这种情感寄托在一件小小的纪念品之中,带回家中慢慢回味,如仿兵马俑、仿铜车马等产品会令他们更感兴趣。再如,敦煌也是中国历史文化名地之一,为了传播敦煌文化艺术,敦煌莫高窟艺术开发研究所将工艺品定位于纯敦煌艺术风格,生产了壁画临摹品、青铜器临摹品、陶艺临摹品、莫高窟风景油画等四大类100多个工艺品品种。临摹品多以莫高窟壁画、彩塑为蓝本,这些产品改变了以往粗糙的旅游工艺品充斥市场的局面,以悠久的历史文化为设计源泉的旅游工艺品将满足文化型旅游者的消费心理。

3. 回归型

在现代化的生活中,人们越来越感到生活节奏的加快,缺少放松感受生活的机会。城市的钢筋水泥让人们感受到迟钝与漠然,工业化的生活方式使人们离自然越来越远。许多人寄希望于旅游来感受纯朴的民风,感受人性化的生活方式。这类人更愿意欣赏农家院落的生活气息,感受当地居民淳朴的生活习惯,在风土人情中找回生活的情趣。因此,他们往往会对民间手工艺品更感兴趣。例如,无锡的惠山泥人(见图 1-9)、贵州的蜡染艺术、江苏的蓝印花布(见图1-10)等,都能够让旅游者感受到轻松自然的生活情趣。注重对民间艺术风格的继承和开发,能使回归型游客的消费心理得到满足。

图 1-9　惠山泥人

第一章 旅游工艺品设计概述

图1-10 蓝印花布工艺品

4. 社交型

社交型旅游者购买目的是为了在社会交际中提高自身的社会价值或增进友谊。他们一方面希望旅游工艺品作为曾去过某地旅游的纪念或凭证,留待日后回忆;另一方面希望通过馈赠亲友以增进友情。这种类型的消费者除了要求产品的地方特色外,更强调旅游工艺品的功能与质量,并希望产品能够符合消费者的身份或足以表达亲朋好友之间的深厚情谊。各种具有现代风格的旅游工艺品或经过设计改进的民间工艺品会比较适合社交型消费者,这类产品从材质到结构、功能都经过精心设计,更符合现代人的审美需求。

地域性特色是旅游工艺品设计的最终目标,民间工艺特色是设计理念可借鉴的基础,而旅游者的消费心理为我们提供了设计的方向,这三点理应成为旅游工艺品设计的三大基本要求。同时,旅游工艺品的设计也应满足作为产品设计其他的基本要求。例如,功能性、审美性、经济性、创造性、适应性等方面,以及必须符合环境保护、社会伦理等要求。旅游工艺品的设计要求如同其他设计行业一样具有综合性,它需要诸多相关的知识,如旅游心理学、民间美术学、市场营销等。除设计本体以外,影响旅游工艺品产业发展的因素还很多，如经济因素、社会因素等。探讨其具体的设计要求，将有助于设计师更好地把握好产品的定位，以满足不断增长的市场需求。

评估练习

1. 旅游工艺品的设计在对民间工艺的传承与创新方面，应做哪些具体的准备？
2. 结合自己的消费心理，谈一谈你对当前旅游工艺品设计现状的看法。

第三节　旅游工艺品设计的流程

教学目标

1. 学习并掌握旅游工艺品设计的流程。
2. 理解调研分析阶段在整个旅游工艺品设计流程中的重要性。

一、调研分析阶段

目前，由于国内旅游市场上的工艺品设计水平参差不齐，复制和山寨现象严重，已经很难调动起人们的购买欲望。因此，我们必须设计出理念更加独特的工艺品重新进入市场来刺激人们的感官体验。旅游工艺品设计如何把握地域性特色，如何通过设计来对民间工艺品进行继承与创新，如何使旅游工艺品的设计满足不同旅游消费者的心理，这都是在调研与分析阶段需要解决的根本问题。

旅游工艺品本身是具有特定功能和意义的商品，其设计应考虑它的纪念性意义，即它是承载了游人一次完整旅游体验的实物，也应充分考虑其经济意义以及在旅游产业开发中的重要性。旅游工艺品设计要与地域文化内涵紧密联系在一起，切实把握好人、创意设计和地域文化三者之间的联系。

明确所设计的工艺品的地域范围，深入实地了解该地域的历史文化特征，是每个设计师从事旅游工艺品设计的第一要务。在设计之初，我们可以通过网络搜寻、图书检索等非直接手段，从相对宏观的视角较为详细地了解该地的历史文化、民俗风情、审美特点等人文信息，为之后实地进入该地区调研做好前期准备。例如，汉族的龙文化、傣族的水文化、藏族的佛教文化、羌族的挑花刺绣文化等，以及不同民族赖以生存的地形、水文、气候，以及各自的语言、习俗、宗教信仰、生活方式、文化心态等，这些都形成了该地域所特有的历史文化传统，塑造了区域的民族性格，促进不同民族形成各自特有的民族工艺。

二、设计准备阶段

在经过第一阶段的调研分析之后，就应该深入该地区，通过对建筑、服饰、民俗及民间工艺的调研，尽可能地收集大量的文字、实物及影像等资料作为设计素材的来源。在深入采风调研的过程中，要尊重各民族的习俗和文化，注意各地区的文化差异性，从大处着眼小处入手，系统地进行资料收集。例如，同是藏族的民居建筑，因地域的差异而呈现出不同的特征：嘉绒藏族的民居建筑(见图1-11)以石砌为特色，而安多藏族则以土夯建筑为主。再如，汉族江南的服饰淡雅清秀，色彩多以同类色、近似色来协调统一；而北方的服饰则强烈厚重，色彩好用大红大绿的鲜明的对比关系。可见，在此阶段的调研与分析应做到有的放矢，既要从外在性上保持和彰显该地域或民族文化的独特魅力，又要分析其内在的艺术特点，从中找到创意的火花。这是在为具体设计进行微观、细致的准备。

图1-11　嘉绒藏族的民居建筑

三、定位构思阶段

定位构思阶段的重要性不言而喻，可以说，一件成功的设计作品在其最初构思之时就已经成功了一半。定位明确、构思新颖、创意十足，是保证旅游工艺品最后成型的先决条件。如果一开始在本阶段不能准确地把握其鲜明的个性文化特征，考虑到地域性设计及工艺，就会不自觉得陷入进旅游工艺品千篇一律、相互抄袭仿制的深渊，那么这样的设计也就变得毫无意义。

我们应充分利用调研取得的丰富的第一手资料，来确定工艺品设计的理念、产品的表现形式以及材质选择。在设计构思时，应充分兼顾到"雅俗共赏"的审美心态，设计理念要充分体现当地的文化特征。材质选择应就地取材、因地制宜，从设计的经济性和环保性出发，做好资源的节约代用。例如，2010年上海世博会诞生了由三人合臂相拥而成、以汉字"世"为原形的会徽。而吉祥物"海宝"则以汉字"人"作呼应，进一步突出了"以人为本"的民本思想，强化了人与地球、人与世界的紧密关联，深化了上海世博会的主题(见图1-12)。上海世博会的主题告诉世人，构成城市的主体是人，创造美好生活的主体是人，享受美好生活的主体也是人，国家和社会的发展要"以人为本"。

图1-12　上海世博会吉祥物——海宝

在具体设计构思时还应注意以下几个要点。

(1) 民族特色与景点特色应统筹考虑，尽可能使旅游工艺品成为所在地民族文化的符号和旅游景点的象征。

(2) 旅游工艺品设计应充分考虑当地历史典故、名胜遗迹、民间风俗、故事传说等文化资源，而在物质资源层次上则可以充分使用山、水、土、树、竹、石、草、虫等自然资源。

(3) 旅游工艺品应成为记录一次旅游完整体验的物质承担者，而尽量浓缩当地特殊的材料及工艺是不错的选择。

四、设计表现阶段

旅游工艺品设计表现主要是通过手绘或计算机技术来实现,而这二者都需要具备掌握一定的绘画基础和美学规律,依据情况还需要考虑一定的施工技术和方法,具备施工的条件。

所以,平时加强在素描、速写、色彩、装饰绘画基础、设计构成以及雕塑等方面的基础训练是非常必要的,还应该积极了解掌握旅游工艺品制作的先进设备和技术,提升制作的技术性含量。此外,学习一定的工艺美术史、设计史、旅游文化等理论知识也非常有助于对工艺品设计的理解。当然,更加重要的是了解传统、深入民间,在民间艺术的大宝库中学习造型、构图及色彩的表现方法,在了解传统的工艺技法和材料过程中,密切关注当代科学技术的发展,依靠新的科技成果,取得新的工作原理,摸索出适应于现代化生产的设计方法。例如,3D 打印技术(见图 1-13),从而适应旅游业市场不断变化的要求和大众的审美取向。

图 1-13　3D 打印技术

知识链接 1-2

3D 打印技术

相信看过电影《十二生肖》的朋友应该会有这样一个印象,片中由成龙主演的 JC 戴了一只手套,手套上有很多传感器,把兽首隔空摸一遍后,在很远之外的打印机就接收到了所有的感应数据，立刻打印出一个一模一样的兽首来，这实际就是3D打印技术的一个体现。

3D打印技术其实并不算是一个新事物，早在20世纪90年代中期，便有了利用光固化和纸层叠等技术的快速成型装置。随之产生的3D打印机则是一种以数字模型文件为基础，运用粉末状金属或塑料等可黏合材料，通过逐层打印的方式来构造物体的技术设备。它与普通打印机工作原理基本相同，打印机内装有液体或粉末等"印材料"，与电脑连接后，通过电脑控制把"打印材料"一层层叠加起来，最终把计算机上的蓝图变成实物。

3D打印技术无须机械加工或任何模具，能直接从计算机图形数据中生成任何形状的零件，因而可以极大地缩短产品的研制周期，提高生产率和降低生产成本。与传统技术相比，3D打印技术还拥有如下优势：通过摒弃生产线而降低了成本；大幅减少了材料浪费；而且，它还可以制造出传统生产技术无法制造出的外形，让人们可以更有效地设计出飞机机翼或热交换器；另外，在具有良好设计概念和设计过程的情况下，3D打印技术还可以简化生产制造过程，快速有效又廉价地生产出单个物品(见图1-14)。

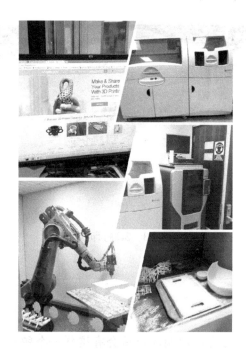

图1-14　澳大利亚RMIT(皇家墨尔本理工大学)的3D打印设备

> **评估练习**

1. 在定位构思阶段，我们应注意哪些要点？
2. 为了更好地表现设计方案，在日常学习中我们应掌握哪些基本的知识及技能？

第四节　旅游工艺品设计实例

教学目标

1. 理解常见的旅游工艺品的种类。
2. 深入理解不同类型旅游工艺品的设计特点。

旅游工艺品的种类很多，从生产方式来分，有手工制品、半手工制品、工业制品等；从实用功能来分，有日常生活用品(如茶壶、茶杯、碗筷、杯碟等)、家居装饰品(如陶艺、花瓶、灯饰、绘画等)、人物装饰品(如服装、首饰、鞋帽等)等；从设计艺术的表现形式来分，则可分为平面、立体、综合三大类。

当前，市场上品种丰富的旅游工艺品按照材料和工艺的不同大致可分为：陶瓷工艺品、特种金属工艺品、玻璃工艺品、编织工艺品、刺绣和印染工艺品、泥塑工艺品、竹木工艺品、雕刻工艺品、书画工艺品等。

一、陶瓷工艺品

陶瓷工艺品是陶器工艺品和瓷器工艺品的总称。陶瓷是人工材料中出现最早的一种材料，是"土与火"的艺术。陶瓷的出现是一项创举，对人类历史的发展有着重要的影响(见图1-15)。总体来讲，陶瓷是天然或人工合成的粉状化合物，经过成型和高温烧结制成的，由金属和非金属元素的无机化合物所构成的多晶体固体材料。

陶瓷具有一些其他材料不可比拟的优点。陶瓷极耐腐蚀、环保、不生锈不氧化，不变形、不熔融、易清洗，逾千年而仍可完好如初。丰富的彩釉色，极强的造型表现能力，变幻莫测的窑变及各种肌理的变化，使陶瓷成为理想的工艺品材料。但在运用陶瓷材料制作工艺品时，在造型上要考虑烧制的过程。因坯体在高温下变软且收缩，故造型的重心应落在支撑面内，以防坍塌。另外由于陶瓷材料质硬、性脆、易碎，因此造型宜简洁，不宜烦琐。

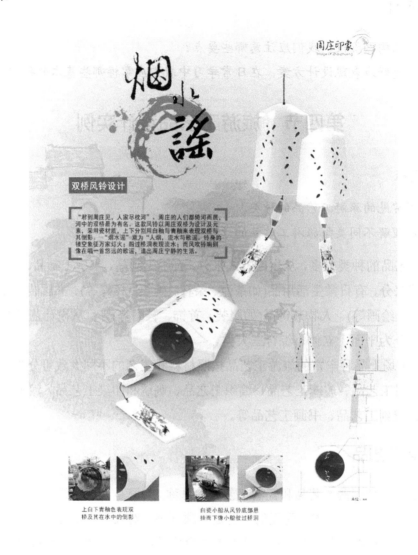

图 1-15 2012年"周庄印象"中国旅游工艺品设计大赛 铜奖作品

知识链接 1-3

陶器和瓷器的区别

一提到瓷器,我们就会想到外表光滑、洁白并有美丽图案的艺术品。而陶器多半颜色比较暗淡，外表比较粗糙。而且很多人就直接把瓷器叫作陶瓷，这其实是不正确的，因为瓷器和陶器有很大的区别，下面介绍瓷器和陶器的主要区别。

1. 质地的差别

虽然现在的工艺特别的精巧，但是只要你细心地观察就会发现，瓷比陶细腻，陶相对粗糙。陶有杂色，微带点褐色的斑点。陶的价值没有瓷的大，而且它的做工简单，入水的溅裂程度与烧制器具的黏土有关。瓷按照颜色和质地分类。骨瓷是由其质地而得来的名字，就像骨一样，外面的釉质特别硬，而里面的瓷却有特别好的柔韧性，一般用开水烫不会出现裂缝。反而是高白瓷容易出现这样的情况。高白瓷一般作为艺术品，它的质地均匀，没有特别的釉质。瓷和陶的不同就在于黏土的纯度。人们总是把瓷与陶相提并论而称之为"陶瓷"，这种提法反映了陶和瓷都是火与土的艺术。由于陶器发明在前，瓷器发明在后，所以瓷器的发明很多方面受到了陶器生产的影响。

2. 原料不同

陶器使用一般黏土即可制坯烧成，瓷器则需要选择特定的材料，以高岭土作坯。烧成温度在陶器所需要的温度阶段，则可成为陶器，例如古代的白陶就是如此烧成的。高岭土在烧制瓷器所需要的温度下，所制的坯体则成为瓷器。但是一般制作陶器的黏土制成的坯体，在烧到1200℃时则不可能成为瓷器，会被烧熔为玻璃质。

3. 烧制的温度不同

陶器烧成温度一般都低于瓷器，最低甚至达到800℃以下，最高可达1100℃左右。瓷器的烧成温度则比较高，大都在1200℃以上，甚至有的达到1400℃左右。

4. 釉料不同

陶器有不挂釉和挂釉两种，挂釉的陶器釉料在较低的烧成温度时即可熔融。瓷器的釉料有两种，既可在高温下与胎体一次烧成，也可在高温素烧胎上再挂低温釉，第二次低温烧成。

5. 胎质不同

陶器胎质粗疏，断面吸水率高。瓷器经过高温焙烧，胎质坚固致密，断面基本不吸水，敲击时会发出铿锵的金属声响。陶胎含铁量一般在3%以上，瓷胎含铁量一般在3%以下。

6. 坚硬程度不同

陶器烧成温度低，坯体并未完全烧结，敲击时声音发闷，胎体硬度较差，有的甚至可以用钢刀划出沟痕。瓷器的烧成温度高,胎体基本烧结,敲击时声音清脆,胎体表面用一般钢刀很难划出沟痕。

除以上所举,陶与瓷的不同之处还表现在:陶器的发明并不是某一个国家或某一地区的先民的专门发明,它为人类所共有。只要具备了足够的条件,任何一个农业部落、人群都有可能制作出陶器。而瓷器则不同,它是我国独特的创造发明,尔后通过海路和陆路大量输出到海外,才使制瓷技术在世界范围得到普及。因此,瓷器是我国对世界文明的伟大贡献之一。 陶器不是中国独特的发明,考古发现证明,世界上许多国家和地区相继发明了制陶术,但是,中国在制陶术的基础上又前进了一大步——最早发明了瓷器,在人类文明史上写下了光辉的一页。 瓷器和陶器虽然是两种不同的物质,但是两者间存在着密切的联系。如果没有制陶术的发明及陶器制作技术不断改进所取得的经验,瓷器是不可能单独发明的。瓷器的发明是我们的祖先在长期制陶过程中,不断认识原材料的性能,总结烧成技术,积累丰富经验,从而产生量变到质变的结果。

二、特种金属工艺品

我国的金属工艺历史悠久,商周的青铜器、战国的金银错、汉唐的铜镜、唐宋的金银器、明代的宣德炉、明清的景泰蓝等,都是我国古代著名的金属工艺品。现在金属工艺主要分布在北京、上海、江苏、四川、云南、浙江、山东等地。品种有景泰蓝、烧瓷、金银器皿以及北京和四川的花丝制品、安徽的铁画、浙江的龙泉宝剑、云南的班铜工艺品和苏州的仿古铜器等。随着旅游业的发展,金属工艺品在旅游纪念品市场上也日渐普遍(见图1-16)。

金属材料是通过天然矿石的采集、熔炼、电解等手段提取而来的,主要有金、银、铜、铁、锡、铝、锌等。金属材料不透明,有重量感,磨光后有美丽的光泽,具有较好的延展性和可加工性。金属锻制工艺往往选择延展性良好的各类金属板,如金、银、铜、不锈钢等。

金呈黄赤色,质软,有美丽的色泽,在自然条件下放置千百年也不会改变色泽。金的延性和展性都非常好。

银是仅次于金的一种贵金属,呈白色,富于延展性,质柔软,硬度略高于金,有美丽光泽,化学性质稳定。但在潮湿环境中,银容易被硫化物及硫化氢腐蚀,色泽变黑。

银也是重要的工艺雕塑材料。古代以来,在使用贵金属时多用银制作生活器皿和装饰品,少数民族地区至今还流行用银作首饰及装饰品。

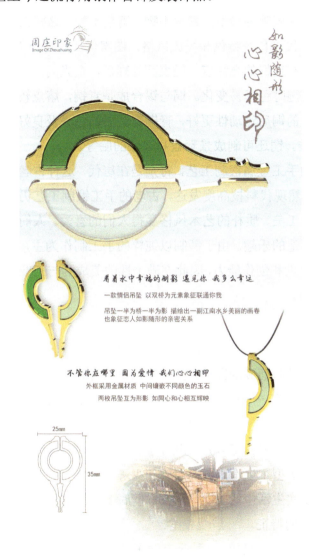

图1-16　2012年"周庄印象"中国旅游工艺品设计大赛　金奖作品

在我国众多的少数民族中,一般都非常崇尚银文化。如云南的纳西族、黔东南的苗族,从出生到婚嫁,都有银器相伴。小孩子从出生那天起,外婆就会为他(她)准备银手镯、银长命锁,取富贵、长命之意,祝小孩富贵百年、长命百岁;姑娘出嫁时,父母也要准备银手镯、银酒具和银首饰等作为嫁妆。少数民族同胞精心制作的银饰品工艺高超，品种繁多，如项圈和手镯就有实心、空心、镂花、圆柱、六方形、棱角形等，饰品一般以神、人、花及日月星辰等为造型，寓意于物，寓景于物。这些银饰品一般由本民族的银匠专门制作，富有民族传统特色和民族风格，图案优美，巧夺天工。

铜呈紫红色，具有良好的光泽度，经表面处理后，金光闪闪。铜质地极韧，延展性很好，但遇高温、潮湿时色泽易变化。铜与锡合成是青铜，熔点较纯铜低，但质地比纯铜更硬。加入锡和铅的铜后流动性更好，青铜有美丽的色泽及良好的音响。工艺雕塑中有以锻打成型的铜雕。铜还可制成景泰蓝和雕漆的胎等。

中国有着传统的手工金属锻制工艺，特别是在唐代，这种古老的金属加工工艺达到一个高峰。今天，虽然现代科技高度发达，古老的手工锻制工艺仍然以金属材料所特有的质地感、浓郁的手工美、质朴的艺术风格赢得人们的喜爱。人们在敲打中发挥着艺术的想象力，感受着创造的乐趣。由于锻制以纯粹的手工制作为主，形式和风格上能充分发挥制作者的艺术个性和创作能力，因此充满个性的美成为与工业时代机械化美感的互补，具有独特的魅力。

三、玻璃工艺品

玻璃是一种透明的脆而硬的固体，加热时逐渐软化，无一定熔点，颜色丰富。玻璃材质没有固定的熔点而有一个成型的温度区限，加工后表面光滑，有精致感，因而工艺雕塑中的玻璃作品备受人们喜爱。玻璃具有良好的光学性能和化学稳定性，成型方法多样，有吹、压、拉、铸、槽压等，广泛用于制造生活日用品和装饰艺术品。

早期的玻璃器物类型主要有高脚杯、碗和盘等。装饰上主要以彩绘形式表现神话故事、寓言人物以及现实生活中的骑士、淑女。壁底多呈深蓝或红紫的半透明色，在艺术效果上有些金属珐琅的特征。

到了15世纪末和16世纪初，这种带有绘画性装饰和珐琅式技法的玻璃器逐渐被透明玻璃器代替。透明玻璃器质地细腻，造型优美，器壁很薄，色彩自然而丰富，充分发挥了玻璃材料及其加工工艺的独特性能。例如澳大利亚墨尔本的"悬浮黄金"技术便让玻璃工艺品变得美轮美奂(见图1-17、图1-18)。

第一章　旅游工艺品设计概述

图 1-17　澳大利亚墨尔本"悬浮黄金"玻璃工艺品制作过程

图 1-18　墨尔本艺术家 Paul Davey 制作的 dichroic glass

四、编织工艺品

编织也是一种古老的手工艺，其所应用的原材料多种多样，因而织物也就各有风格，其中以织锦最为名贵。锦是以彩色经纬线经提花、织造工艺织出图案的丝织品，属复杂结构的织物。锦的生产工艺要求高，织造难度大，所以历来被看作最贵重的织物。织锦以细纱为经，丝线作纬，经线一般为原色，纬线则使用不同的色彩，其彩色染料取天然植物的根、叶、花制成，色彩艳丽。织锦的图案，一般有自然景象和动物，如花、草、山、水、鱼、虫、鸟、兽等；以及一些吉祥场景，如丹凤朝阳、双龙戏珠、狮子滚绣球、鸳鸯戏水等。织锦者想象力非常丰富，织出的图案构思寓意深远，色彩斑斓绚丽，场景栩栩如生。

我国锦的产地很广，历史悠久、品种繁多，真可谓"繁花似锦"。最著名的是南京的云锦、四川的蜀锦、苏州的宋锦、广西的壮锦，合称为"四大名锦"。除了"四大名锦"之外，其他各地也有织锦生产，并各具特色，如云南傣族的"傣锦"、贵州苗族的"苗锦"、广西瑶族的"瑶锦"(见图1-19)、海南黎族的"黎锦"等。织锦因工艺精良、地域和民族特色鲜明，往往被开发为旅游工艺品。

图1-19　瑶锦工艺品

五、刺绣和印染工艺品

刺绣又名"针绣"，俗称"绣花"，是以绣针引彩线，按设计的花样，在丝绸、布帛上刺缀运针，以绣迹构成纹样或文字，是我国优秀的民族传统工艺之一。刺绣的历史悠久，几经发展，在我国先后产生了苏绣、粤绣、湘绣、蜀绣，号称"四大名绣"。此外尚有顾绣、京绣、闽绣、汉绣和苗绣等，都各具风格，沿传至今。刺绣的针法有齐针、套针、扎针、长短针、打针、平金、戳纱等几十种，丰富多彩，各有特色。绣品的用途包括：生活服装，歌舞或戏曲服饰，台布、枕套、靠垫等生活日用品，以及屏风、壁挂等陈设品。

同刺绣相比，我国古代民间的印染工艺在一些民族地区保留得比较全面。现代染织技术普及前，我国各族劳动人民对织物的印染主要是用植物染料(从植物的根、茎、叶、花、果实中提取的能使纤维和其他材料着色的有机物质)对织物进行蜡缬(古代称织物染色为缬)、绞缬和夹缬。蜡缬(蜡染)、绞缬(扎染)、夹缬(镂空版印花)并称为我国古代三大印花技艺。

蜡染是用蜡把花纹点绘在麻、丝、棉、毛等天然纤维织物上，然后放入适宜在低温条件下染色的靛蓝染料缸中浸染，有蜡的地方染不上颜色，最后沸煮上蜡，则成为色底加白花的印染品。蜡染的灵魂是"冰纹"（见图1-20），这是一种因蜡块折叠迸裂或加以揉搓而导致染料不均匀渗透所造成的染纹，是一种带有抽象色彩的图案纹理。蜡染作为我国古老的印染工艺，具有浓郁的民族风情和乡土气息，是我国独具一格的民族艺术之花。

图 1-20　蜡染法形成的自然"冰纹"

扎染和蜡染一样，也是我国古代纺织品的一种"防染法"染花工艺。它是在丝绸布上有计划地加以针缝线扎，染色时使其局部因防染作用得不到染色，形成预期的花纹。古代的扎染多为民间所用，制作简易，风格朴实大方，一般作单色加工，复杂加工可染出多彩纹样，具有晕染烂漫、变幻迷离的装饰效果。镂空版印花，是用防水纸板或金属薄板镂刻空心花纹制成镂空印花版，使印花色浆通过镂空部位在织物上形成花形。

现在，很多具有地方特色的文化衫、麻质T恤和手织布背心等，均可经过手工绘制印染得到图案精美的效果，不变形褪色，是不可多得的时髦服饰艺术品。

六、泥塑工艺品

泥塑是以黏土为主要原料，经过由里及表、从粗到细的捏塑而成形，并涂上艳丽的色彩后，加工制作成的民间艺术品。泥塑的原料几乎俯拾即是，制作方法多种多样，成品既可作为陈设欣赏品，也可作为玩具，深受人们喜爱。

我国的泥塑工艺历史悠久，大量用于寺庙等朝圣地的菩萨、佛像的塑造。各种泥塑精品数以万计，其中甘肃敦煌莫高窟最有代表性，至今仍保存着自北魏至清代的塑像数千座。除佛像外，民间有许多工艺泥塑，如江苏无锡惠山泥人，相传已有400年的历史。

泥塑题材广泛，有各式古今人物、动物、植物等，造型生动，装饰性强，富有浓厚的生活气息，因而在旅游工艺品市场上也占有一席之地。

七、竹木工艺品

竹子坚实而富有弹性和韧性，劈裂性能好，适宜劈篾编织。不同的竹种有不同的特性和用途。如毛竹、桂竹、淡竹、黄古竹、水竹等，竹节平而疏，纤维坚韧，是优质篾用竹种。竹编就是竹丝篾片的挑压交织，可编织出千变万化的图案，制作出千姿百态的竹制工艺品。

竹编工艺从功能上可分为竹编器具类、竹编欣赏类、竹编屏风类等。我国的竹编工艺在长期的发展过程中，从日用品发展到工艺美术品，表现了工艺人员的创新精神和高度智慧，同时也形成了许多地方特色。目前，我国的竹编花色品种已发展到数万种，各种流派纷呈多姿，争奇斗艳，真正形成了一个竹篾编织的绚烂天地。

除了可以劈篾编织成竹器外，竹子还可以用于雕刻。竹子结实干挺，虚中洁外，外表油润，色泽近琥珀，且具有浑厚坚韧的特性，被人们认为是祥瑞之物，适于雕刻。竹雕与竹刻由来已久，工艺日臻成熟，形成煮、晒、嵌、胶台、抛光、打磨、雕刻等一套完整的成型工艺；手法多种多样，或浮雕，或圆雕，或镂空，或深，或浅，或阴，或阳，形成了各式流派。有些追求精雕细琢，有些注重自然形态、行云流水，竹雕或竹刻工艺品，既具有较强的实用件，又具有装饰性。

竹雕(见图1-21)与竹刻的分布地域较广，各地的竹子及雕刻手法各有千秋，特别是一些名家的手工艺竹雕与竹刻品颇有收藏和鉴赏价位。以竹为材料雕刻作品风格自然，清新雅致，富有韵味，是一种自然环保的旅游工艺品。

木材是一种由纤维素加强的木质素聚合物，比重较轻，强度大，温差对体积的影响不大，光泽有深浅。木材来源丰富，且容易加工，加工后手感柔和润泽，表面易处理，是人们普遍使用的雕刻材料。

可雕刻的木材种类很多，一般只要质地细腻、坚韧，纹理致密，不易变形，色泽文雅，均可用做木雕材料。木雕一般需要保持木料的统一与完整，而尺寸受原木直径和节疤木纹的限制，故呈柱状体较多。木雕以雕或刻等减法为主要造型手段，因此雕刻时要心中有数，注意雕刻步骤，适度仔细雕凿，避免难以弥补的损失。

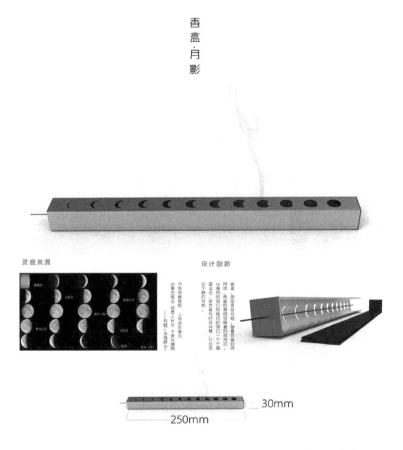

图1-21　2012年"周庄印象"中国旅游工艺品设计大赛　银奖作品

目前的木雕工艺品大到家具屏风、小至各种挂件，种类繁多。而在表现形式上，木雕又分平雕、浮雕和全雕等。平雕是用线条在木材上来表现物体的雕刻，浮雕即将所雕物体浮于木材之上形成的半雕塑，全雕则是将物体形象写实地雕塑出来。木雕题材也十分广泛，有人物、花鸟、走兽，也有组合情景、神话故事等。木雕工艺品由于做工精美、造型凝练、刀法流畅、线条清晰、寓意于物，集技术与艺术于一身，因此颇受人们喜爱。

作为现代旅游工艺品的木雕更多地追求简洁时尚，特别是小品木雕、卡通木雕等十分流行。目前木雕使用的材料主要有紫檀花榈木、黄杨木、酸枝木、乌木、檀香木、柚木、香樟木等。

与木雕在取材上同源的还有根雕。根雕工艺是利用树根或其他植物的根部自然形态，通过抽象变化和具象变化等艺术手法修饰而成的各种艺术造型，或栩栩如生，或仪态万千，或抽象或具体，也是十分难得的工艺品。

知识链接 1-4

木雕的四大流派

中国的雕刻文化历史悠久，源远流长。其中有中国四大木雕(见图 1-22)之说，即东阳木雕、黄杨木雕、潮州木雕和龙眼木雕。并且四大木雕各具特色，在技法上、用材上有着明显的地域特征，不分高低。

图 1-22　四大木雕作品

1. 东阳木雕

东阳木雕以产地东阳而得名，素有"木雕之乡"之称。东阳木雕工艺品艺术性强，它以浮雕技艺为主，设计上采取散点透视、鸟瞰式透视等构图，布局丰满，散而不松，多而不乱，层次分明，主题突出，故事情节性强，因而深受收藏家喜爱。东阳木雕擅长平面雕刻，有深浮雕、浅浮雕、薄浮雕等多种雕法，强调作品的完整性和故事性，而且不拘材料，从黄花梨、紫檀、酸枝等高档木材到樟木、榉木、椴木等一般木材，都可根据雕刻件的特性进行选择。作品被广泛使用于建筑装潢、园林门窗、厅堂摆件挂件、木雕佛像、木质家具等方面，因此其覆盖范围广，社会需求大。

2. 龙眼木雕

龙眼木雕因其使用的雕刻材料是福建盛产的龙眼木而得名。龙眼木雕以圆雕为主，也有浮雕、镂雕和透雕。材质坚实、木纹细密，色泽柔和，特别是根部盘根错节、姿态万状，利用天然结痕树根进行雕刻，是其独有的传统工艺，被世人所珍重。创作手法以圆雕和平面雕为主的雕刻流派。主要分布于福建莆田、仙游等地。龙眼木雕实际已成为一个雕刻流派的代名词。现在的福建木雕用材广泛，作品也极其丰富，人物雕刻、佛像雕刻以及古典家具上的平面雕刻，已经脱离了"龙眼"束缚，我常将龙眼木雕定义为莆田木雕。莆田木雕的显著特色是工艺精致，无所不雕，作品体积相对较大，用漆考究。作品上得庙宇大殿，下得民宅厅堂。

3. 黄杨木雕

黄杨木雕以用黄杨木雕刻用材而得名，质地坚韧，纹理缜密，色泽温润，光洁稳朴，色淡有近似象牙的特征。外表质感淡雅、平润。其优势在于造型技法成熟，采用圆雕手法创作人物、动物、佛像、生活场景，作品栩栩如生，真实感强。最初是作为民间龙灯的附属装饰物而出现的，后逐渐从附属的地位中独立出来，发展成为优美的工艺欣赏品。

4. 潮州木雕

潮州木雕，亦称为金漆镂空木雕，与东阳木雕并列为中国民间两大木雕体系。刀法简练，布局大方。为作品经过雕刻之后，外表还要涂上亮金漆，以显得金碧辉煌。最大特点是采用镂空技法创作，手法极其细腻的，雕刻完成后，再施以金箔或者金漆工艺贴满作品，透露出富丽堂皇的气息。表现题材则多为花卉草木、鱼蟹背篓，因镂空技法，作品精雕细琢，生动传神。一幅《赶海归来》作品，虾须精妙逼真，蟹爪蓄势待发，极尽镂空之妙。

八、雕刻工艺品

前面已经介绍过竹雕、木雕和根雕，这里所说的雕刻纪念品主要是指石雕、玉雕、象牙雕等工艺品。

石材种类繁多，石质坚硬，色泽纹理丰富，是工艺雕塑中最常见的材料。石雕作品自然风化慢，耐腐蚀性强，又能防水耐火，故能长久保存。

石雕中常用的花岗岩，属于火成岩，它质地紧密而坚硬，不易风化，能长久保存，但加工比较困难，适合于表现粗犷深沉、敦厚朴实的主题以及用于明快洗练的建筑装饰。大型石雕一般不宜过于细碎纤巧，大都舍弃不必要的空洞和枝节，注重整体的团块结构，尤其强调构成形式上的力度所引发的重力变化，以保持整个雕塑的绝对稳定性。

小型石雕工艺品则广泛涉猎各种珍贵的宝石，这类石材在传统工艺雕塑中常被称为"玉石"，是打雕中较为特别的一种。我国自古以来就有"玉石之国"的美名，比较著名的有新疆的和田玉(见图1-23)、辽宁的岫岩玉、河南的南阳玉、陕西的蓝田玉等。从古至今，玉是美丽、富贵、高尚、廉洁等精神美的象征，人们习惯于把玉作为家传之宝或定情信物，甚至认为是君子的象征。因此，玉常常被加工成工艺品作为珍饰佩用，如玉锁、手镯、玉扳指、项链、挂链、耳坠等。在当前的旅游工艺品市场上，玉雕纪念品以其贵重、精巧等特点，更是备受旅游者和经营者的偏爱。

图1-23　新疆和田玉雕

除石雕、玉雕外，动物的骨、角(如牛角、鹿角、羊角、犀牛角)和象牙等也是很好的工艺雕塑材料。这些材料质地细密，能够精雕细刻。

九、书画工艺品

中国画和中国书法是我国传统文化中的瑰宝，具有悠久的历史，是东方艺术的重要组成部分。以绘画和书法作为家居装饰品，在我国比较普遍。尽管时代在发展，艺术在多元化，但是绘画和书法的魅力仍然不减，并以其高文化品位而受到人们的青睐。在旅游工艺品市场上，书画作品比比皆是，而一般重要的旅游景区几乎都有书画工艺品的存在。例如，在黄山风景区有一种独特的民间工艺叫作"指掌空"(见图1-24、图1-25)，顾名思义就是用手指和手掌运墨作画，画面所绘均为黄山奇景，画面十分生动，细节刻画惟妙惟肖，并可根据个人的要求现场作画，在当地颇受旅游者的喜爱。

第一章　旅游工艺品设计概述

图1-24　黄山"指掌空"　　　　　图1-25　"指掌空"书画工艺品

评估练习

1. 旅游工艺品的分类方法有哪几种？
2. 自行寻找1-2件旅游工艺品设计实例，结合所用的材料分析其设计的优缺点。

第二章

旅游工艺品设计团队的构建

【学习目标】

通过本章的学习,要求理解旅游工艺品设计团队构建的必要性,知晓其设计团队构建的要素及构成要求,掌握设计团队的构建的步骤与如何对其进行质量评估,能够通过设计师团队的构建,建立合理的知识、能力和动态的群体结构,从而为旅游工艺品设计创造良好的工作环境。

【关键词】

旅游工艺品设计团队　设计团队构建　设计团队的质量评估

旅游工艺品设计与制作

引导案例

时下，中国大陆已成为全球潮物流行地，国内消费者已经不满足于"设计舶来品"，在索尼(中国)创造中心成立之前，索尼的产品甚至被许多国内的年轻人视为"爸爸们的品牌"。为了更好地适应中国市场的趋势和潮流，2004年，索尼把自己的设计团队带到了中国。

在进入中国市场之初，索尼设计团队的设计师们就开始深入中国年轻人当中，尝试理解他们的生活习惯。设计师们选出了50名年轻人，给他们分别发放了数码相机，让这些年轻人以拍照片的形式全程记录自己的生活，从日常的居家生活到打篮球。设计师们拍摄了数以万计的照片，并把照片按类别分成若干组悬挂在墙上。据此，团队开始设计开发一款新型的MP3，以迎合这些年轻人的需求。

随着对中国市场重视程度的提高，像三星、Whirlpool、摩托罗拉、诺基亚这样的跨国企业纷纷开始在中国建立自己的产品设计团队。国外设计团队进入中国市场在客观上也刺激了国内家电企业设计团队化的建设和发展。许多国内公司开始构建他们的设计团队或者雇用一些国外知名的设计团队来帮助他们设计产品。

2002年，联想建立了自己的设计团队，当时由80名成员组成。在过去的6年时间里，团队不断发展壮大，成员人数已经增加了1倍。彩电巨头TCL也请来了被国际设计界广泛认同的有着卓越实力的巴黎设计机构 Tim Thom 做自己的设计团队。Tim Thom的团队总经理 Gerard Vergneau 先生在电子产品设计领域有着30年的丰富经验，整个团队都是由众多能够胜任从概念设计到产品工业化全过程的资深专家组成。而中国另一个家电巨头海尔也在加紧其设计团队的建设，由海尔全球十几大设计中心300个团队设计的海尔 8kg 滚筒洗衣机在前不久结束的 2008"全球红点设计大奖"的评比中，凭借出色的外观设计，赢得了世界级设计大师的一致好评，获得本年度的"红点荣誉奖"。这是继"净界"获得 2007 年度设计大奖之后，海尔洗衣机再次摘得"世界顶级设计王冠"。

辩证性思考

1. 设计团队的形成对旅游工艺品设计而言有什么样的意义？
2. 设计团队构建的要素有哪些？
3. 构建良好的设计团队需要注意哪些问题？

第一节　设计团队构建概述

教学目标

1. 学习并掌握旅游工艺品设计团队构建的要素。
2. 深入理解构建旅游工艺品设计团队的作用。

一、设计团队的定义

设计团队是由两个或两个以上的成员共同组成的一个整体，通过他们之间的相互作用，在设计理念、设计方法上有共同的认知，充分利用整体的知识和技能解决问题，从而达成共识的一种介于个人与组织之间的设计组织形态。虽然每个人都在单独工作，但对设计项目而言，大多数人都隶属于某一个项目小组从而共同完成某项设计任务。在这个项目小组中，这些成员必须彼此协调一致，就像拼图游戏中的模块一样，作为任务团队一起工作。

二、设计团队构建的概念

设计团队构建是指在企业构建中有意识地通过自我管理的模式，组建一个设计小组来负责一个完整的工作过程或该项工作的某一部分。设计团队构建是一个增进不同设计者之间信任的沟通过程，通过研讨来促使设计小组为整个企业创造出共同业绩。利用自我管理的模式进行设计团队构建，团队成员通过在一起工作来营造工作氛围，分配并完成各自的设计任务，使团队成员的工作积极性和创造性得到极大激发。在共同生产条件下，经过团队的不断努力，最终达成一个共同奋斗的结果，团队的气氛也会督促成员为团队的成绩和荣誉而努力奋斗。

三、设计团队构建的要素

(一)共同的设计目标

设计团队要有共同的设计目标，从而为这个设计团队的设计行为指引方向，没有这个目标,这个设计团队就失去了存在的价值。

(二)组成人员

设计师是构成旅游工艺品设计团队的中流砥柱,设计团队的具体目标是通过团队中的具体设计师来达成的,所以组成人员的选择是设计团队的重要部分,通常可以根据人的不同技能与能力,根据具体设计项目的实际情况,考虑组成人员的各自所长,之后通过具体分工和优化组合共同实现设计团队的整体目标。

在设计人员全球化和设计工作复杂化的背景下,设计团队人员的组成也变得不那么"单纯"。他们可以来自不同的国家,拥有不同的文化背景;他们可以分属不同的学科,其中既包括设计师、工程师,也包括人类学家、心理学家以及市场调研人员;他们可以扮演不同的分工和角色,除了设计人员之外,还包括品牌语言经理、平台运行经理、模型经理、体验经理等。

就设计师本身而言,一般主要有两种类型:一种是以企业为依托的驻厂设计师,另一种是活跃在企业设计部门之外的自由设计师。两种类型的设计师都有各自的优势及管理方法。驻厂设计师是相对于自由设计师而言的,他们受雇于特定的企业,是为本企业内部设计产品的工业设计师。自由设计师是指活跃于企业外部,接受企业委托,并独立开发设计产品的工业设计师。

(三)设计成员之间的相互依赖

设计团队的组成是通过组成人员的相互作用、相互影响来解决问题的。因此设计团队成员之间只有相互依赖、相互信任,才能达成设计团队的共同目标。

与其他部门相比,设计团队的独立性相对较强。例如,1996年,三星的设计部门就已经开始与工程技术和市场部门脱离,变成了一个独立的部门。索尼公司的副总裁、创造中心负责人山砥克己先生曾经表示:"索尼全球五个创造中心具有很强的独立性,他们直接对索尼的高层负责。"而作为全球知名电器厂商Whirlpool的全球4个GCD(全球消费者设计)团队也不是由各国及地区的分公司来管辖,而是归Whirlpool总部分管设计的副总裁Chunk Jone直接领导。

但独立归独立,与其他部门的合作也是必不可少的。今天,设计是和整个公司的理念及商业策略紧密联系在一起的,通过和品牌运营、市场、产品以及技术等其他部门就产品是否基于顾客的需求、是否把准了市场趋势的脉搏,是否实施了产品可行性的分析等一系列问题进行交流和协商,可以使设计团队更好地理解整个公司的商业目标,以便据此在维护顾客忠诚度和产品设计革新上,与整个公司的理念传统以及商业策略保持步调一致。

(四)设计团队的定位

设计团队的定位是指在企业或在某个设计项目中这个设计团队所处的位置,设计团队的组成人员最终对谁负责,以及这个设计团队中的成员所扮演的具体角色。

(五)组成人员的权限

一个设计团队的权限跟这个团队的发展阶段有直接的关系。首先,这个设计团队的规模有多大,组成人员的数量是否够多,主要设计项目的面向是什么。其次,这个设计团队在具体设计项目中有怎样的决定权,例如设计理念的决定权、产品的包装等。

(六)设计者的责任心

设计团队的组成人员要有相应的责任心,每个设计者都应为整个团队献计献策,这样才能最终达成团队的整体目标。

(七)设计团队的归属感

所谓的归属感即是产生一种深切的认同感,即有"家"的感觉。一个设计企业、一个领导能否更多地获得追随者和支持者,决定了这个设计团队的规模大小和发展前景。

四、设计团队构建的作用

以设计团队为基础的工作模式能够取得比任何其他形式的工作模式更显著的效果。实践证明,如果想达到设计团队的业绩效果需要各种技能,如生产所需技能、社会实践经验等。因为设计团队管理才是提高整体设计效率最可行的方式与手段,也有助于更好地发挥设计团队中成员的个人才能。组成良好设计团队的作用主要体现在以下几个方面。

(一)激发设计团队成员的工作动力

为了能让设计团队的成员全身心投入到设计工作中去,设计团队需要通过工作来创造一个良好的工作氛围,积极的氛围会给那些敷衍了事的团队成员施加一种无形的压力,而设计团队的成员为整个团队的发展而奋发图强就是为了减轻这种压力。设计成员个体在他人面前工作较独处时表现得更加积极,是通过对社会性促进现象的研究发现的。

(二)设计效率的提高

设计团队工作效率的提高不是简单的个体工作效率总和的累加,设计团队这种特殊的组织模式促进了彼此协同的工作模式,减少了陈旧管理模式中不必要的内部资源的浪费,能促进设计成员设计与研发新的产品,或规划和调控日常工作中所遇到的问题。

(三)工作灵活性的增强

市场经济的新变化要求设计企业普遍采取团队的工作模式,任何设计企业要想在激烈的竞争环境中生存发展下去,都必须改变过去对外界变化的较差的应变能力和传统的管理机制,使企业具有较强的组织灵活性,更好地应对外部环境的变化压力,适应企业内部的改革与创新。为了提高企业的生存能力,设计团队通过给予其成员各种工作培训的机会,促进团队成员产生更加强烈的工作动力,使设计团队在必要时能快速地对现有工作模式进行调整。

(四)团队沟通能力的增强

为了更好地完成设计任务,团队成员在工作中需要充分的沟通与交流,从而达到顺利完成任务的目的。让自己团队的成员共同进步并与其他的团队进行良性竞争,不仅增强团队成员间的沟通能力,而且还可以增进团队成员的信赖程度。

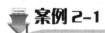
案例 2-1

三星手机设计团队经验:模仿、引进技术、团队建设

三星能够在近几年异军突起,在于能够有效赢得 0.6 秒的战争,他们先是让顾客在外观设计上接受三星的产品,然后再以优异的体验设计及产品性能赢取顾客的好评。李

健熙持续推动的多项设计革新运动,更使得三星的品牌形象及产品设计得以日新月异。

1. 采取逆向工程模仿竞争者

拆解竞争者产品的功课一直在三星内部进行。一方面学习对手的优点,另一方面见招拆招,寻求突破对手市场封锁线的可能性,在尽可能将好的设计元素融入三星产品的同时,还要创造出优于对手的产品规格,或是具有不同市场定位的新产品。

日本东芝就曾经是三星学习的对象,当李健熙在美国考察发现布满灰尘的录像机时,他当下买了 2 台三星及东芝的产品,回饭店进行拆解,结果发现三星的零件比东芝多 30%,但价格却比别人少 30%,也就是说三星做得很多却赚得很少。零组件多的问题是制作困难、成本过高,产品过重则提高物流成本,此外,零件多的产品容易故障,服务成本也高。后来在李健熙严格的要求下,三星开发出零件数与东芝不相上下,并且在市场上获得好评更多。而当东芝的笔记本电脑开始畅销之际,三星再度启动逆向工程,历经多达 8 次的失败,终于开发出比东芝还要薄上 1 厘米的笔记本电脑。

2. 引进尖端技术支持设计发展

对于知识的取得,三星引用的是吸星大法。在技术方面,能够模仿的就模仿,能够购买的就直接支付专利费,其后再进行不断地深入钻研,以最短的时间缩短与技术领先者间的差距。三星的半导体技术从美光科技取得,液晶显示器芯片技术从美国国家半导体授权,手机的 CDMA 技术则与高通光电科技(Qualcomm)合作开发。三星最可怕的地方就在于能够善用别人的技术当基础,然后加码投资开发出自己的核心技术,最终在这些领域成为龙头老大。

3. 建构新锐演进的设计军团

积极引进卓越设计人才的同时,三星与 IDEO 等知名设计顾问公司合作共同开发新产品,以吸取国外先进的设计思维。为促进现场实务经验的传承,三星并不是单纯委托设计项目给顾问公司,而是要求自身的设计人员参与项目进行协同开发,在实做的过程中,学习如何浸润于消费者的生活当中,然后将其转化为顾客想要的产品概念。1995 年,李健熙宣布这一年是三星的设计元年,并且招揽知名的工业设计师 Gordon Bruce 协助成立 "创新设计实验室" (Innovative Design lab of Samsung, IDS),斥资 1 千万美元在首尔盖了一栋 8 层楼的现代化大楼,此后,IDS 成为培育三星设计人才最重要的基地。

三星通过不懈的努力,超越了索尼、东芝、苹果等巨头,成为消费电子领域新的霸主,其在智能手机领域的卓越表现(见图 2-1)也有目共睹,未来几年,该公司很可能仍

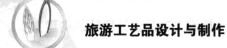

将是消费电子领域王者之位最有力的竞争者。

(资料来源：http://newsmydrivers.com/1/266/266141.htm)

图 2-1　三星 GALAXY Note II

评估练习

1. 在设计人员全球化和产品设计工作复杂化的背景下，旅游工艺品设计的团队可以有哪些成员组成？

2. 通过资料检索，试举出几个目前专业从事国内旅游工艺品设计团队(企业)的名称。

第二节　设计团队的构建要求

教学目标

1. 理解并掌握跨部门团队融合的途径。

2. 深入理解并掌握设计师了解市场情况需具备的具体能力。

在科技高速发展的今天，随着人们的需求在无限的增加，设计所涉及的内容也越来越广，这使得仅靠设计师单方面的能力已经无法完成产品设计的整个开发过程，设计团队的组成也必然增加新的内涵。旅游工艺品是一种特殊的产品，作为产品设计的前期准备，也是产品设计很重要的一环——设计概念的提出与市场定位，要求市场工作人员充分参与到产品的开发设计过程中来，与产品设计人员协同完成产品的设计工作。

优秀的产品设计应当来自于设计部门和市场部门的充分合作。设计部门要积极听取市场工作人员的意见，市场人员也要积极地参与到产品的创新设计过程中来，结合市场提出建议。如参与设计目标的确立、创新设计理念的筛选和预算的制定，与设计部门共同研究市场需求，对正在研究的技术进行市场调查、预测并将结果反馈给设计部门。敏锐的目光、超前的见解是市场人员所具备的专业素质，而广泛的市场信息则是设计部门保持产品创新的首要因素。一个市场信息匮乏的设计团队不可能拥有产品设计创新的不竭源泉，激情、灵感与创意总是在广泛的知识积累中产生的。以团队的方式组织新产品的开发设计，将设计师、市场人员和其他工作人员结合在一起，充分发挥各自专业的特长，通过有效的组织形式使设计和市场人员协同工作，做到信息共享、优势互补，使优秀的产品设计方案尽快转化为成功的旅游工艺品。

为了达到这一目的，设计团队可以通过以下三个方面寻求解决。

一、将市场人员纳入产品的设计过程

科学技术的高速发展，竞争的日益激化及市场需求的日新月异，仅凭设计人员的市场敏锐度已不足以探求市场需求的真谛，因此需要加强设计机构的市场灵敏度。市场人员是市场变化的直接感知者，他们的引导是产品设计得以实现的唯一途径。市场人员通过市场方面的理论去预测顾客的行为，分析产品的市场发展趋势，可以设计出科学的、可行的调研方案，分析相关结论，从而供产品策划者或设计者使用。

二、加强设计师的专业培训，鼓励设计人员走向市场

与市场人员相比，设计人员的优势是对市场的需求信息有专业的敏感性。从产品的研发一线走到市场一线来获得产品设计的创意与灵感，以此来加强设计机构的市场灵敏度，是市场导向型设计的重要组成部分。设计师的工作不应仅仅局限于"凭空造物"这个狭隘的范畴，还应当善于收集和分析市场信息。设计师不能仅停留在思考的层面，这样只会是闭门造车。基于市场导向理论的产品设计方法要求旅游工艺品设计师具备高层次的认知设计本质和运作设计过程的素质，因为设计师不单单是任务的执行者，更是策划的执行者、组织者，必须具备敏锐的市场眼光，独到的市场信息分析能力及对社会学、经济学和管理学等方面的基础知识。设计师具体要做到以下几个方面。

(1) 具有敏锐察觉到新产品开发机遇的能力；

(2) 具有良好地理解和提炼来自产品的潜在消费者的信息的能力；

(3) 具有深入分析、提取被消费者认同的产品特征和形态属性的能力。

三、加强设计与市场人员的通力合作

在传统的产品设计模式下，市场、设计两方面人员的工作领域相互独立，市场调研人员基于市场规则考虑产品概念，注重市场变化趋势，用有效、固定的方式测试客户行为，从而了解人们需要何种产品及如何使用。而对设计师而言，他们只是被动地接受各种市场研究的成果，不注重设计对需求的实现和满足，仅根据产品的功能要求进行形态、结构和人机工程学等方面的设计，这导致了产品的现实功能市场需求之间的差异。

市场和设计人员的有效分工与合作，发挥两方面的人才优势是企业提高产品设计质量和效率的有效途径。如果由设计人员单独定义产品的特征和规范，那么产品的最终定义可能与市场需求不符，让设计人员广泛而深入了解将要开发的产品在市场中的来龙去脉，并充分利用市场工作人员统计的资料信息进行研究，有助于消除设计与市场需求之间的认识差距。

评估练习

1. 市场导向型设计要求设计师掌握怎样的能力？
2. 市场人员和设计人员如何进行通力合作？

第三节 设计团队的构建步骤与质量评估

教学目标

1. 了解旅游工艺品设计团队构建的基本步骤。
2. 深入理解旅游工艺品设计团队构建质量的评估标准。

一、设计团队构建的基本步骤

团队的构建程度如何也称为团队的成熟度，根据其成熟度，可以分为以下四个阶段

(一)形成期

这一阶段是从混乱中理顺头绪的阶段,主要表现为团队未形成时,团队成员的动机、需求各不相同,缺乏共同的工作目标。彼此间的信任与磨合度不够,相互协作分工的关系也尚未建立起来。这个阶段的矛盾较多,一致性的观点少,无法达到任何效果。

在此阶段,为了使设计团队能尽早形成,首先需要确立明确的工作目标,应立即掌管团队,让团队的成员们能快速进入状态,从而降低工作风险,确保事态的顺利进行。这个阶段的领导需要控制全局,目标由领导者直接设定,并直接明确地传达给组员,不能让组员胡乱猜测。同时,还必需建立必要的工作规范,在人际关系方面要相互理解、相互扶持。

(二)凝聚期

这一阶段是开始产生共识与积极参与的阶段,主要表现为经过一段时间的相处,团队成员逐渐了解了团队的目标与领导者的想法,跟其他成员也逐步形成信赖感,逐渐熟悉与默契。组员对团队规范的了解也进一步深入,不再出现违反规定的状况。

在此阶段,需要在设计团队中挑选出核心成员,培养核心成员的能力。领导者需要掌握大的方向,短期目标与平常事物都可以交给成员去负责并实施必要的监督,在组员可以承受的范围内提出善意的建议。在逐步放权的过程中,维持控制,掌握大的方向。

(三)激化期

这一阶段是团队成员可以公开表达不同意见的阶段。在此期间,领导者应鼓励团队成员提出不同的看法和意见,转变团队的共同愿景,使团队成员由保持距离到坦诚相见、相互依赖;使外在的限制变成内在的承诺,让成员为团队自觉地奉献智慧与创意。在此阶段,需要调和差异,领导者必须一同参与团队所共同营造的环境,并允许有不同的声音存在。此阶段是企业能否成功转型的关键时期,也是企业能否长远发展的关键要素。

(四)收割期

这一阶段是整个设计团队构建的最终阶段。这时,强有力的合作团队已经形成,具有强烈的团队归属感,可以发挥出前所未有的合作潜力,以最优的资源配置满足客户的需求。在此阶段,各个成员之间都会形成良好的互助合作关系,共同进步,取长补短,并且容易产生危机感,促使成员间持续地学习与成长,使工作团队永葆青春。

二、设计团队构建的质量评估

对设计团队构建的质量进行评估,是每一个设计团队构建完毕之后所亟须做的。通过评估,可以反映出该设计团队中可能存在的问题,并在相应的领域内得以解决。设计团队的质量评估主要可以依据以下五个标准。

(一)思维模式

思维模式是思维内容和思维方式的统一,简而言之,就是人在思维活动中已经形成的定式。人们在通过长期的学习和实践后,产生逻辑思维和逻辑范畴,在此基础上根据以往的知识和经验形成某种知识结构和思维方式,即构成思维模式。思维方式不是一成不变的,后天中各种因素的影响也会促成思维方式的改变,比如环境、学习内容和过程、具体工作内容等都会对思维方式产生变化。在旅游工艺品设计团队中,设计师是团队的主体,每个人的思维模式对整个团队的创造力的影响是不言而喻的。但从个人的思维方式来讲,如果不能及时转换,就会有碍于创造力的形成,也就是我们所说的思维模式障碍,进而影响团队整体的设计力量。

(二)组织分工

所谓组织分工,是具有独立经济能力的组织可以独自完成原来企业中一个或几个职能部门的工作,这些独立的经济组织的优势在于工艺品生命周期过程中的局部环节。组织分工一般是技能分工和作业分工的结合体,这种独立的经济组织可能是单独的企业,也可能是来自于传统企业的一个职能部门;可以是来自高等院校的一个科研团队,也可以是具有独立技术开发能力的个人。在设计团队中各旅游工艺品设计师的任务是不同的,根据不同的团队设计任务,各人的任务分工也是不同的,这需要一个合理的资源配置以发挥每个人的优势,从而达到设计目的。

(三)团队制度

团队是拥有高度自主权,个人之间可以自动协作的一种自我形成、自我管理的组织。这种组织可以是一个完全独立的组织群体,称为独立团队;也可以是一个非独立的组织形式，称为附属团队。既然团队内的分工不明确，那就需要建立一个合理的绩效考核制度，以体现人人平等的原则，促进成员的积极性和较高的创新意识。为了不断地推动团队的发展，需要有足够的人才资源，满足增强团队核心动力的需求，建立引进、培养、激励人才的新机制，这是保证人才资源不断充实的有力保障。

惠而浦公司的设计团队

惠而浦公司(Whirlpool Corporation)创立于1911年，总部位于美国密歇根州的奔腾港，是世界上最大的大型家用电器制造商之一，于1994年正式进入中国市场。同时，作为全球知名的家用电器设计团队之一，每年Whirlpool的设计团队都会被分成若干个小组到不同的国家和地区进行为期一周的旅行。每个小组被要求各自拍摄400～500张照片，然后从中挑选出50张。在旅行结束之后，每个小组都要用自己记录的文字和拍摄的图片绘制一份独有的城市报告，记录城市的声音、气味和颜色。然后根据这份报告，为每一个城市定义一个基调。在此之后，不同的小组要分别介绍自己的感受，然后进行交互讨论，在讨论的过程中，相互交流、借鉴和学习，然后针对不同地区提出自己的产品设计方案。

(四)社会环境

环境因素包括的内容很宽泛，其分类也没有统一的标准。一般从宏观角度讲，可把环境分为自然环境与社会环境，社会环境又包括政治环境、经济环境、文化环境等。人的行为与环境总是相互作用的。人作用于环境，环境也作用于人，在相互作用、相互影响下，人会产生这样或那样的行为。旅游工艺品设计行业的发展受社会环境因素的影响是非常大的，社会经济的发展，政府的重视，科技的进步，良好的消费意识和人们审美情趣的需求都会影响到旅游工艺品设计的发展。例如，社会鼓励人们发挥创造性，对创造成果给予及时的社会承认和必要的宣传，同时形成尊重创造性人才，重用创造性人才的良好风尚，则能极大地调动社会成员的创造性，且能引起其他成员的仿效，形成良性循环。

案例 2-3

联想设计团队的"战斗室"

联想的首席设计师姚映佳把团队的设计间定义为"战斗室",她希望为自己的设计团队寻求一种"不一样"的方法以此打破中国传统儒家思想中的那种对于革新踌躇不前的态度。在每款产品设计期间,联想的设计团队都会被关到这个被姚映佳比喻为"战斗室"的设计间里,在那里,队员们把各自设计的产品图片贴在墙上,然后展开讨论,雕刻模型,继而埋头苦干数周甚至数月。姚映佳表示,"如果你给你的下属过多的建议和指导,你就不会得到惊喜,作为一个领导,我喜欢惊喜"。

(五)自我环境

良好的知识体系,突出的创新能力及独特的人格特征都是自我环境中对设计团队构建的质量产生积极影响的因素。对于旅游工艺品设计师的自我环境来讲,主要包括知识体系的建立和独特的人格特征两个方面。

对于一个企业外部的设计团队来讲,旅游工艺品设计团队的设计任务是不固定的,可能这一时期需要设计针织面料的图案,下一时期接到了旅游玩具的设计任务,这就需要团队中的设计成员要有足够的知识面以应对不同的设计内容。需要设计师不断地学习和涉猎各样的设计领域,逐渐形成一个系统的、庞杂的知识体系。同时,设计成员在人格特征的某些方面也会影响到自我环境的良好运转。比如看待事物(或是不同的设计专题),以固定的眼光去钻研;对于设计思路一成不变,习惯走老路,不能举一反三或有所创新;面对一些困难(设计思路不对、客户的不认同、同事之间的批评指正)时害怕失败;过早地对设计下结论,缺少团队内讨论,对自己过于自信等,这些因素都影响到了设计师的自我环境的良好建立。

评估练习

1. 团队的构建程度根据成熟度,可以分为哪几个阶段?
2. 你认为怎样的团队制度最有利于成员的发展?

第二章　旅游工艺品设计团队的构建

第四节　构建合理的设计师团队

教学目标

1. 理解并掌握构建合理设计师团队的内容。
2. 深入理解动态设计师群体结构的工作原理。

在旅游工艺品设计团队中，在保持一定数量设计师和设计水平稳定的前提下，应当采取一些措施来促进设计团队中设计师的数量在一定的范围内有所变化。比如，在相对稳定的基础上，通过出外研修、吸引培训，以增加设计团队的活力，构建一个合理的旅游工艺品设计师团队，可以从构建合理的知识结构、构建设计师的能力结构和构建动态的设计师群体结构进行调整。

一、构建合理的知识结构

充分发挥团队的优势，必须充分利用人才，应该从在整体上建立合理的知识结构，根据每一个人的知识结构和学习背景，构建一个完整的群体知识结构。在一个旅游工艺品设计的团队中，由于设计过程和设计任务的不同，对团队中设计师群体的知识结构需求也是不同的。知识结构合理与否直接决定了团队设计能力的优劣，通过各位设计师之间相互的知识激活，能促进设计团队知识结构的优化和调整，同时各个设计师之间的知识差异，也能够促进设计师之间的学习，使差异和不同成为设计团队向前发展的基本动力。由于人才的特性不同，在一个团队中，各种人才都有发挥自己潜在能力的环境和场所。所谓尺有所短，寸有所长。借由不同的设计任务或复杂设计任务的不同阶段，每位设计师都可以展示自己在解决特定问题方面的能力。

在旅游工艺品设计团队中，有创意不断的进取型设计师，也有坚持风格的执着型设计师；有统筹规划方面的理论型设计师，也有动手实施的实干型设计师；有手绘能力强的设计师，也有电脑水平高的设计师等。设计师的活性结构代表着旅游工艺品设计团队发展的生机与活力。选择什么样的人，组成何种知识结构，是需要我们深入研究的。大体上说，对于旅游工艺品设计团队，为了保持团队知识结构的活性，除了主要的那些与专业知识相关的设计师外，还应当需要一些持有与专业没有直接关系的人才，这样在完成设计任务的基础上,既能够通过非专业的人才来检验设计成果,也能通过他们提出的看法和观点,进一步完善设计,在设计师的群体知识结构上保持足够的扩张性、随机性,进而保持群体知识结构的活力。

二、构建设计师群体的能力结构

构建最佳的设计师群体能力结构,要充分保持群体能力结构的活性,既要保证整个团队的能力结构的多样性,又要充分发挥每位设计师的个性,在整体与局部间寻找一种平衡,构建一个适合的环境,能够使每位成员充分发挥自己的特长。

能力与知识是完全不同的概念,能力强调的是解决实际问题的素质,而知识侧重于已有的学问和经验。对于旅游工艺品设计专业的设计师来说,能力似乎更为重要。我们姑且将设计任务分为两种:改进型和创新型。对于改进型的设计任务来说,需要设计师们对已有设计的充分理解和把握,找出现有不足,提出改进的措施;而创新型的设计任务,就没有前人的走过的路可循,需要开创一条崭新的道路,这就需要创新的能力。两者相比而言,如果知识是笔,能力就是用笔书写的文章;换言之,能力是对知识的合理运用。所以,对于解决实际问题的旅游工艺品设计师而言,合理的能力结构也是一个优秀设计团队发展的重要保证。根据旅游工艺品设计师的专业特点,可以将设计团队中最理想化的设计师的能力概括为如图 2-2 所示。

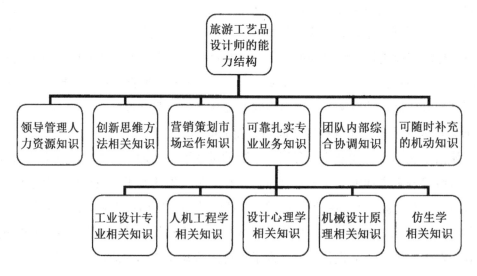

图 2-2　旅游工艺品设计师的能力结构

第二章 旅游工艺品设计团队的构建

当然，实际中的情况往往是每个设计师仅有一种或几种所列举的能力，几乎是不会有掌握全面能力的设计师，这也是为何旅游工艺品设计任务需要设计团队来完成的原因。只有综合各位设计师的能力特长，才能顺利完成设计任务。例如澳大利亚RMIT(皇家墨尔本理工大学) 建筑及设计(Architecture and Design)专业的学生每周都包括两次有针对性开设的模型制作课程。在该课程中，学生可根据各自的特长及优势自由组团形成不同的设计团队，相互协作，从而完成从图面设计到成品制作的所有工作流程(见图2-3)。

图2-3 RMIT的设计团队

同时，在设计师团队的构建中，要强调设计团队在大的发展方向上的共性。比如共同的设计初衷、共同的设计要求，以加强团队成员之间的协调和互补，这样才能真正建立起群体之间相互作用、相互激励、相互启发的正向反馈机制。

三、构建动态的设计师群体结构

我们把人才结构视为一种动态有序的结构，一种具有生命力的、活性动态的结构。旅游工艺品设计团队的管理是一个复杂的系统，需要随时针对团队的变化进行调整。例如，解决小工艺品的改进型设计，就没有必要让团队中的所有设计师参与进去。实际上，设计团队在同一时期面对的设计工作常常不是唯一的，因此需要我们将设计团队拆分成若干个子团队。

如图 2-4 所示，当 A 子团队完成 A 项目的前期设计准备工作后，可以参加到 B 项目的前期设计准备工作中，因为前期设计准备的过程和方法在处理 A 项目时已经被 A 子团队所熟悉，这样 A 子团队就能节省很大一部分工作时间，也就为整个设计团队节省了时间；而 B 子团队在对 A 项目进行中期设计的时间段内，A 子团队有充分的时间完成 B 项目的前期准备工作，进而投身到 B 项目的中期设计阶段，因为与之前的市场调研等准备过程相比，中期设计阶段是非常长的一个时间段，这只是一个设计团队面对两个设计项目的情况。实际中，可能面对的设计项目还要多，还要复杂，这就更需要我们把动态群体结构的理念充分运用到设计团队的管理中去，做到人尽其用，尽最大可能增加设计团队的活性、弹性和适应性，进而提升团队解决设计问题的能力。

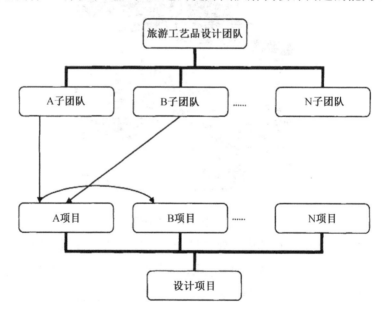

图 2-4 动态设计师群体结构工作原理

构建动态的设计师群体结构关键是设计师能够听取这些意见，把这些不同的声音当作一种动力，不能存在一种消极的思想，而是一种鞭策，需要在这样一个环境中努力培养自己的积极心态和心理意志。

四、创建良好的工作环境

研究发现，组织的高绩效 90%来自于组织环境，仅有 10%取决于员工个人素质。一个团队中，要想提升创造力，取得更高的工作业绩，就必须更多地关注内部的环境建设，关心每一位成员的发展。高绩效的取得，更多地来自于团队为成员所提供的工作环境和条件。

(一)积极组织培训

团队在培训和开发员工专业能力和创造力方面的投入将会形成很高的优势，这种优势是竞争对手难以仿效和复制的。设计团队在开发创造力资源和持续学习能力方面，取得领先地位是可持续发展的根本动力，是其他资源所不能替代的。

(二)体贴入微的人性关怀

团队中的工作关系是理性的，人的关系主要是感性的。团队中要有"以人为本"的观念，要善于体察每位成员的心理，以情感人，要帮助成员在综合能力方面进行提升。

(三)团队文化建设

团队的建设离不开团队文化，这是核心，是团队得以生存发展的法宝。要把团队精神、团队价值观、经营哲学等文化理念融入团队的标语、文件和执行的工作中，体现在团队的制度中，存在于管理者和每位成员的一言一行之中。通过这样一种文化理念的传达给设计师、客户以实际心理感受。

(四)高度的平等原则

团队内部人人平等，让每位团队成员积极参与改善工作流程和定位工作，积极有效地修正工作中有关创意、草图等方面的问题。

(五)建立内部激励环节

良好的组织心理氛围的维持与发展需要借助一系列激励活动来强化，激励就是激发和鼓励，指的是激发人的机制，诱导人的行为，使其发挥内在潜力，为实现所追求的目标而努力的过程，激励机制是推动整体素质提高的有效方法。美国心理学研究发现，一个人如果没有激励，其能力只能发挥 20%～30%，而受到充分激励后，能力可发挥到 50%～90%。团队的内部激励应该树立以人为本的理念，运用人本激励模式促进团队内部员工在创造力方面的发展。

建立内部激励环节要做好以下几点。

1. 物质激励

物质激励是指通过物质刺激的手段鼓励职工工作，物质激励是激励的主要模式。

2. 精神激励

精神激励，通常是以一定的精神鼓励或压力为出发点，来改变经营者的效用函数和行为空间，以达到激励目的。在"以人为本"的理念下，除了给予团队成员应得的物质报酬外，地位、荣誉、归属感、集体主义等精神激励是团队内部激励制度的重要形式。

3. 参与激励

参与本身也是一种激励，参与能给人以尊重感和信任感。参与就是要求每个成员贡献出自己的经验、意见和办法，一起协助管理者做出最佳决策。要让每一位成员感觉到自己就是团队的主人翁，可以极大地增强员工当家做主的意识和工作责任心，随时随地为团队做出自己最大的贡献，这样才能更有效地激发成员的创新精神和奉献精神。

4. 情感激励

情感激励的核心是尊重、信任员工，建立良好的人际关系，团队组织必须时刻尊重、理解信任、关心与爱护团队成员，注意调动与保护他们的积极性、主动性与创造性，调动成员的责任心、进取心与上进心，同时还要创造和谐向上的人际关系情境，时时刻刻、无处不在地体现人本关怀。

五、加强培养自我管理能力

有研究显示，与自发的练习相比，人们可以通过学习，从而在各种情境下更好地控制自己的表现。自我管理指个体为自我认知资源的一个积极的管理者。自我管理是关注自己思想过程并对自己的思维承担责任的事情。可以通过一些特定的环境和方法对自己的创造性思维的劣势与优势进行比较，进而提升自我素养和创造能力。

加强自我管理，可以从以下几个方面进行。

(一)拟订学习计划

为了更好地面对各个不同的设计任务，提出解决方案，个人必须要有前瞻性，对涉及的一些难题要不断地寻找解决方案。这一过程，可以是自己的自身学习，也可以是向其他人进行请教。为了使自己的知识不断更新，形成一个完整的知识系统，最好的办法就是制订一个完整的学习计划，把要学习的内容分阶段地排列开来，融入每一个设计环节和设计情境中。

(二)加强时间管理

创造的过程是需要大量的时间作为保证的，而且对于旅游工艺品设计的创造活动，更需要一个完整集中的时间来进行。这就要求每一位设计师对自己的时间进行必要的管理，合理安排时间是保证创造能力发挥的一个前提。

(三)培养兴趣爱好

专业的性质决定了旅游工艺品设计师需要有良好的专业基础和广泛的兴趣爱好，促使自己永葆创造的活力和创新的源泉。

(四)提升心理意志

既然是一个没有的事物，需要进行创新设计的事物，就很难避免别人的批评和不同，也是目前普遍采用和最有效的激励模式。在"以人为本"的理念下，物质激励，除了提高成员的待遇外，还应该切实从成员的生活实际出发，解决他们生活和工作中的实际问题，从而使其对设计企业产生归属感。

评估练习

1. 动态的设计师群体结构的工作原理是怎样的？
2. 团队的内部激励有哪些激励方式？具体有怎样的作用？

第三章

旅游工艺品设计的动力因

【学习目标】

通过本章的学习,要求理解旅游工艺品设计的三大动力因——产品满意度、设计的产品化、设计附加值的概念、意义及具体的设计方法,深入理解 DI 理念,理解并掌握体验设计的内涵、方法,以及如何提高旅游工艺品设计附加值的途径。

【关键词】

产品满意度　设计的产品化　设计附加值　体验设计

旅游工艺品设计与制作

引导案例

一部美国高科技大片《阿凡达》的火热，曾经让张家界这座旅游城市在国内外声名大噪。尤其是影片中"哈利路亚山"的原始自然场景，使众多的国内外游客对张家界美丽的自然环境产生了向往。而作为知名的旅游城市，张家界的成功却不是仅靠一部电影的场景就可以让游客流连忘返，更是通过特色的旅游工艺品来增强游客的满意度，提升当地整体旅游产品的附加值。

张家界旅游工艺品设计就从形态、外观的设计上升到了内涵意义高度上。如张家界的惊梦酒业不断通过设计升级苞谷烧酒系列包装，设计了竹木酒桶包装、荧光酒罐包装、音乐酒瓶包装，新颖的构思不仅丰富了其外表，更体现其华贵、典雅，极具欣赏、纪念、珍藏价值，在设计中既体现了现代消费者与张家界旅游胜地的关系，又通过旅游纪念品本身及包装体现了人文关怀。轻巧、美观、牢固、环保的包装不但能够保护工艺品，方便携带，还增加了工艺品的艺术美感，保护了张家界旅游胜地的环境，宣传了张家界健康、自然的美好形象。

辩证性思考

1. 产品满意度对旅游工艺品设计的影响如何？
2. 如何做好旅游工艺品的集群设计？
3. 提高旅游工艺品设计附加值的途径有哪些？

第一节 动力因之一 —— 产品满意度

教学目标

1. 学习并掌握设计满意度的两个层次。
2. 深入了解购买旅游工艺品的动机。

以旅游者体验的"产品满意度"为导向的旅游工艺品设计，如今同质化现象却十分严重。我们需要构建不同旅游工艺品之间的差别，而用户体验的差异性就显得至关重要，并应成为旅游工艺品开发的核心竞争力。检验一个旅游工艺品设计成功与否的标准，不是设计师自身对作品的满意度，也不是依照某个决策者的喜好程度，而是旅游工艺品所

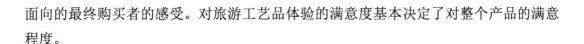
第三章 旅游工艺品设计的动力因

面向的最终购买者的感受。对旅游工艺品体验的满意度基本决定了对整个产品的满意程度。

一、旅游工艺品的"产品满意度"

产品满意度,是基于行为和认知科学的研究,用于发现人们的需要、动机、目标和行为四者之间关系的核心理论,主要目的是讨论如何满足人的各种需要,调动人的积极性。首先,应从产品满意度的评价因素进行权衡。产品要让购买者满意,最基本的条件应该是该产品符合用户的最低需求,能帮助用户解决实际问题;其次,满意与否是对行动结果的评价。因此,当人与产品交互作用的结果符合或者超出使用者的预期,那么使用者就会感到满意,否则就会产生不满、失落的情绪。

我们认为,"产品满意度"设计,可以从满足用户需求和行为激励两个层次来考虑。

(一)用户需求的层次

美国著名行为心理学家马斯洛认为,人类的需要是有层次之分的,只有当最基本的需求被满足之后,人才会去产生其他高层次的需求。因此在旅游工艺品设计过程中,我们不应当仅仅关注于其满足某些基本功能需求,还应考虑满足旅游者的一些自我控制和探索的需要。

1. 用户的预期

"满意度"是最常见的报告式的可用性度量。使用过最有价值的自我报告式度量之一是用户期望(User Expectation),最佳的用户体验通常是那些超越用户期望的产品,倘若用户说一个产品使用起来比预期的更加简便,更有效或更愉悦,便会产生"惊喜"之感,能够让用户有所感知。贯穿于每一个设计细节,哪怕只是一点很微小的改动,都可能对用户行为产生巨大的影响。

2. 用户的自我实现

有些产品努力创造出一种超凡的用户体验,这些产品需要在一开始就吸引人、激发内在的情感,还要有趣,甚至还要能使用户对产品或信息的服务上瘾。例如,苹果系列产品,以及刚上市的 Surface 平板电脑,打破了传统系统的操作方式,如平板电脑在处于锁定状态时所显示的屏幕,你可以选择任何图片作为锁定屏幕;应用也可以自由定到桌面；主屏与辅屏可同时兼顾，用户可边看电影边进行其他任务，打造出一种全新的体验。

(二)行为引导

用户体验的设计工作是一种个性化，不具备复制性的工作。我们不同的产品面对不同的人群，同样的用户体验设计面对同一个人不同的心情，都会有不同的效果。因此有时企业会通过激发人的动机使人有一股内在的动力，朝着所期望的目标前进的心理活动。外在激励，行为导向制度是组织对其成员所期望的努力方向、行为方式和应遵循的价值观的规定。行为导向一般强调全局观念、长远观念和集体观念。用户是需要引导的，用户体验的真正价值不单是让用户用得舒服，更重要的是引导。按照某种定义，产品设计的价值是"帮助用户完成某项任务并得到某种体验"。例如，宜家的单向通道 S 型购物路线设计(见图 3-1)就是一个经典的限制性引导设计。单向道设计的好处是可以把顾客的行程固定在一个设计好的路线里，使顾客进入宜家后乘单道楼梯进入三楼的商品展示区，以最优方式把最多量商品展示给用户，实现可视最大化，而所提供的铅笔和示意地图也给用户一个很清晰的思维引导，减少用户不必要的错误。太多的自由和选择往往会令用户无所适从，某些时候反而容易成为一种差错。就像人们在地铁站，有很多的出口，若没有那些醒目的指示牌和指示标语，不熟悉的人会很容易迷失方向，仿佛深陷旋涡中一般。

图 3-1 宜家 S 型路线设计

第三章 旅游工艺品设计的动力因

二、旅游工艺品"产品满意度"的设计方法

用户体验的"满意度"设计,其背后深层次的内涵在于最大化满足了用户的潜意识需求。这种体验不仅仅局限于感官上的刺激,更是深入地分析被忽略的用户的心理需求。一方面,提供给用户快速的反馈,用户在使用过程中,反馈能否满足用户的等待耐性;另一方面,减少选择成本,直接引导用户达到目标。所以规划一个可用性研究时,需要了解研究目标、用户和他们使用产品的目的,具体内容有以下三点。

(1) 以用户的需求为出发点,遵循"以用户为中心"的设计原则;

(2) 最大化地优化产品流程设计和服务流程;

(3) 设计紧跟目标人群,挖掘他们的内隐态度,让产品拥有非常好的用户体验。

三、旅游工艺品的购买动机

通常,旅游工艺品的个性越突出,差异性越明显,对旅游者的吸引力也越大。可见旅游者的购物都是由一定的购买动机引起的。但是由于旅游者来自于四面八方,其生活环境和社会背景差异很大,这就导致了对旅游工艺品的需求也是多种多样的。因此,从研究旅游者的购买动机出发,考察他们到底需要什么样的旅游工艺品,可以为旅游工艺品的开发和设计提供十分有意义的参考依据。

(一)求新求异的动机

好奇之心,人皆有之。旅游者离开自己的居住地而进行旅游活动,本身就具有求新求异的动机,而且喜新厌旧是消费领域一个普遍的心理现象,追新猎奇是许多旅游者固有的心理需要。因此正是由于旅游工艺品承载着旅游地的文化内涵,反映着旅游地的风土人情,往往使旅游者感到新鲜和新潮,最终形成了旅游者的购买动机。为满足旅游者这种求新求异的购买动机,在设计旅游工艺品时一定要"出新",做到"人无我有,人有我优,人优我变",如采用新的理念、运用新的材料、新的结构,满足新的用途等。例如,去过澳洲的游客都会对澳宝情有独钟,墨尔本的国家澳宝中心(National Opal Centre)突破了传统的店面设计,而将整个大厅设计成了开采澳宝的地下洞穴(见图3-2)。当游人身临其中,不但了解并学习了澳宝的历史及对澳大利亚国家的意义,同时还对它的开采过程及不同种类有了直观的认识,仿佛进入了澳宝博物馆。通过这样一系列的设计，已经让游人对澳宝充满了足够浓厚的兴趣，自然会购买。

图 3-2　国家澳宝中心(National Opal Centre)

知识链接 3-1

澳　宝

澳宝是澳洲的宝石，也是世界奇宝之一，英文名为 Opal，主要为蛋白石和变彩石，因其主产地为澳大利亚，所以被称为"澳宝"。澳宝绚丽多彩，集各种宝石的色彩于一身，具有星光效应和变彩效应，是世界上最美的宝石，拥有一块澳洲宝石至今仍是很多人的愿望。

在澳宝未被发现以前，居住在当地的土著人在每次泥石流过后都会发现一些闪闪发光的美丽石头。这种具有奇特变彩效果的宝石早在古希腊、罗马时代已经小有名气，神话中它是宙斯的眼泪所化，传说中它被镶嵌在安东尼送给埃及艳后克里奥·帕特拉的指环上。

然而，直到 19 世纪末在澳大利亚发现矿藏后，澳宝的辉煌时代才真正揭开序幕。澳大利亚目前供应了国际市场上 95% 的澳宝，全世界八成以上的澳宝来自澳大利亚的南澳大利亚州，价值最为昂贵的黑澳宝产自新南威尔士州闪电岭地区。

　　1993年，澳大利亚政府将澳宝定为"国石"，使这种古老的世界性宝石成了一个年轻国家的象征符码。澳宝是一种极有个性的宝石，每一颗都与众不同，具有极高的收藏价值。在澳洲，它是幸运的代表，是贵族的象征。古罗马人称之为"丘比特"之子，是恋爱中美丽的天使，代表着希望和纯洁。东方人把它看作象征忠诚精神的神圣宝石。美国人大多喜欢红色、橘红色的澳宝，日本人普遍喜爱蓝色和绿色的澳宝，中国人则喜欢喜庆的暖色调的红色澳宝。国际宝石界把澳宝列为"十月诞生石"，是希望和幸运之石。

(二)求美的动机

　　旅游者不仅希望在旅游活动中看到美丽的风景，而且对于旅游工艺品的外在形式也较为重视，都希望能够买到外形精美的旅游工艺品。旅游者在购买旅游工艺品时总是会衡量其形式是否美、质地是否美、功能是否美。因此，在旅游工艺品设计过程中需要注重传统工艺与现代技术的结合，需要了解人们新的审美趋势，从而在传承传统工艺的基础上赋予其新的美感。例如，在墨尔本市区的艺术中心展馆(Arts Center Exhibition)门前的展示区域中，有当地的民间艺人利用平凡无奇的纽扣制作成精美的装饰工艺品(见图3-3)，十分生动可爱。

图3-3　纽扣工艺品

(三)求便宜的动机

旅游者在购买旅游工艺品时都有追求价格低廉的心理倾向。所以质优价廉而又具当地特色的旅游工艺品,对大多数旅游者来说是非常具有吸引力的。但是,现在市场上出现的一些劣质书画、文物仿制品、玩具,不仅毫无地方特色,缺乏收藏价值,而且质量低劣,虽然价格相当便宜,但始终无法引起游客的购物兴趣。因此,在开发设计旅游工艺品时,照顾到这种求便宜的心理必须在质优的基础之上,绝不能以影响品质为代价片面地压缩成本,形成一种"便宜总是无好货"的惯性思维。例如,可以采用机械批量生产替代传统手工制作等方式来降低产品的成本,这样既能保证旅游工艺品的传统风格又可以降低其价格,未尝不可。

(四)求名的动机

鲍德里亚认为商品具有符号价值,有其社会的象征性,因此,商品成为标记某种社会地位、生活方式、生活品位和社会认同等的符号。而名牌更能凸现其社会地位、生活方式、生活品位,所以品牌商品越来越受到旅游者的青睐。因此,在对旅游工艺品进行设计开发的时候,不仅仅要产品创新,还要将眼光放长远,尽量增加其更多的无形资产(如文化内涵)。例如,被誉为"开一代未有之奇"的景德镇花瓷为世界各国人民所珍视和喜爱,被视为中国的代表性瓷种;再如江南地区的蓝印花布等,这些都是举世闻名的旅游工艺品。由此可见,展现在我们面前的是十分广阔、潜力巨大的中国旅游工艺市场,以及取之不尽、用之不竭的旅游工艺品资源。我们必须利用这些丰富的资源以及传承下来的精湛工艺,赋予其新的内涵、形态,使其更符合新时代的消费特征和人们的审美要求,使民族的传统工艺得以深化和延续。

(五)求实用的动机

实用性要求是人们购买商品的一个普遍性的心理需求。虽然对于旅游者来说,旅游工艺品的纪念性是更为重要的,但如果在具有当地特色的基础之上,还具有一定实用的价值,能够在生活中派上用场,或作为艺术装饰、日常生活用品之用,那么这种商品对于旅游者来说就更具吸引力。比如色彩艳丽、造型精美的手工香皂,以及各式手工饼干(见图3-4)就非常受到游客的喜爱。

图 3-4　具有实用价值的工艺品

(六)求纪念的动机

求纪念是旅游者购买旅游工艺品的共同动机。购买旅游工艺品,一方面是为了纪念,留待日后据此回忆难忘的旅游经历;另一方面是作为曾到某地旅游过的一种证明,证明自己的旅游经历并以此来提高自己的声望和社会地位,赢得人们的羡慕和尊重。譬如,旅游者到了苏州就会买一些苏绣,到了南京的雨花台就会买雨花石;到了宜兴就会买紫砂壶。在澳洲,也有一批经过国家认证的艺术家手绘了多幅澳洲本土风景名胜地的画作作为本土特色的旅游工艺品供游人选购(见图 3-5),包含油画、速写、彩铅、马克笔手绘等,风格各异,具有很强的纪念意义。

(七)求馈赠的动机

在人情观念浓厚的中国,人们旅游归来后都要送给亲戚、朋友和同事一些在旅游地购买的旅游工艺品,以表达对亲朋好友的感情和礼貌。因此,人们外出旅游时通常会为此购买一些当地的旅游工艺品,不但能增进与亲朋好友之间的友谊,也可以提高自己的声望。

旅游工艺品设计与制作

图 3-5　澳洲手绘工艺品

上述是支配和影响旅游者购物行为的主要购买动机，从中可以看出，旅游者的购物行为是一种典型的情感型购买行为或感性消费行为，因此在开发旅游工艺品时，不仅要在外形上别具一格，突出当地特色，还要以其深厚的文化内涵来感染游客，最终使游客慷慨解囊。

评估练习

1. 购买旅游工艺品的动机有哪些？
2. 如何理解设计的行为引导？

第二节　动力因之二 —— 设计的产品化

教学目标

1. 学习并掌握 DI 的概念。
2. 学习并掌握运用体验设计实现旅游工艺品设计产品化的方法。

第三章　旅游工艺品设计的动力因

我国的传统民间工艺在不断成长并成熟，并一代又一代地传承下去，它代表着千百年来民族工艺技术和艺术发展的高度成就，同时也是民族传统文化和民族审美意识的载体。以此为主体的旅游工艺品曾经历过辉煌的岁月，但随着时间的推移，科技的日益进步，人们审美观念的改变，大机器生产成为时代的主流，旅游工艺品的发展开始出现瓶颈。当然，以传统手工艺品为主体的旅游工艺品的逐渐没落，并不代表人们不再需要它，而恰恰相反，人们希望它能以新的姿态、新的面貌再次出现，从而满足人们新的文化情怀。究竟该如何进行创新？首先可以肯定的是，必须在继承传统工艺的基础上创新，因为从唯物认识论上讲，传统与创新是对立统一的。传统是已有的东西，创新是追求未来的东西，没有传统也无所谓创新，没有创新也就无所谓发展，而没有发展，最终也将会消失。从以上旅游工艺品的购买动机以及旅游工艺品与产品设计一脉相承的关系中可以看出，我国的旅游工艺品的开发设计可能而且有必要向产品设计借鉴，从而在清晰地辨识传统工艺品的文化价值及实用价值的基础之上，注入现代工业的理念、方法、管理，最终探索出既具传统特色又适合当代艺术风格的旅游工艺品，并成为旅游工艺品行业发展的大势所趋。因此，提出运用现代工业设计的理念、方法、管理，对传统工艺品的造型、功能、生产、销售等各方面进行综合性的设计，以便生产制造出符合旅游者需求的实用、经济、美观的旅游工艺品，即旅游工艺品设计的产品化，是可行也是十分必要的。

一、DI 理念

(一) DI 的提出

为使企业的产品形象特征在整体个性上更容易被人识别和接受，欧美设计界提出了 DI 的概念。所谓 DI 是企业"设计形象"(Design Identity)，是指由制造性企业推向市场的多种类产品，因其卓越的工业设计创新系统的严密策划与逐步推进，在市场与消费者心目中建立起的风格统一、特色鲜明的产品形象，它代表世界工业设计的未来发展，是从表面的 CI 向更触及企业文化深层本质的 DI 飞跃的观念革命。

(二) DI 的特征

外部特征：DI 是企业的诸多产品在进行外观设计时借由线形塑造、细节雕琢、色调品位等元素的共性化处理，使之在视觉上产生强烈的"家族化"观感。

内部特征：DI 是企业从系统论高度推行设计管理，把产品创新开发工作从孤立的、单纯考虑某一产品的设计问题提升到系统的层面，从"产品群"角度对企业生产经营的各大类产品，同类中的不同档次、不同市场面的产品之间的设计关系，进行周密策划、系统控制、循序渐进地分步实施而体现出的持续发展战略。

对于市场和消费者的特征：DI 所传达的是透过"风格"表露出的企业深厚的文化底蕴，使消费者因为钟爱这种风格而购买其中的某件产品。不仅在使用过程中因发现其优点而为自己的选择所自豪，而且继之产生购买该品牌同一风格的其他产品的欲望，以协调自己的生活环境，逐渐成为此品牌的忠实用户。

本质特征：DI 是企业设计文化最重要的核心，它所关注的不是某件产品设计的成败，而是在融汇企业的市场定位、技术水平、生产能力、行业发展趋势等非设计因素基础上制定的、着眼于企业长远利益的系统设计战略。从现在来看，创意时代的来临、市场的竞争意味着更高层次的设计竞争。一件一件无目的地向市场推出新产品，不仅市场影响达不到预期效果，而且可能被眼花缭乱的市场吞没。所以，我们需要 DI。

（三）运用 DI 理念实现旅游工艺品设计的产品化

当今时代，旅游工艺品"同质化"成为全国旅游工艺品市场存在的普遍现象，想要使自己的旅游工艺品脱颖而出，并受到旅游者的青睐，必须从系统层面进行统一化的设计，建立旅游工艺品的形象。具体怎样实施？运用 DI 理念，需要从以下三个方面着手。

1. 突出"家族化"的特征

所谓"家族化"就是由设计师在进行旅游工艺品设计时，赋予其相似甚至相同的造型特征，使之在外观上具备共有的"家族"识别因素，使一系列产品之间产生统一与协调的效果。以大众的 polo 车为例，无论是像没有尾巴老式桑塔纳的第一代，还是在 20 世纪 80 年代将前脸改成旧款捷达的第二代，抑或是与高尔夫有些神似的第三代，还有奠定其经典地位的第四代，以及现在市场上以明朗大胆的 U 型线条展现更多动感和激情气息的第五代，都展现了其强烈的"家族化"特征(见图 3-6)。

针对旅游工艺品的设计，可以先寻找到了一个好的设计"点"，再由此发展进而拓展，以此形成"家族化"。所谓的"点"，可以是采用当地的特色材料，可以是运用当地的某种特种工艺，可以借由线型塑造、细节雕琢、色调品位等设计元素的共性化处理进行外观设计。通过旅游工艺品这些形态、色彩、材料等的视觉化语言，不断地重复强调，才能使旅游工艺品延续一个统一的视觉形象。这样，一方面便于使旅游者对当地特色文化、特色风俗等加深了解，并吸引旅游者来选购，另一方面可以加强当地旅游特色，提升产品形象，拓宽旅游工艺品市场面，对提升市场份额有一定的帮助。

大众 polo 第一代　　　　大众 polo 第二代　　　　大众 polo 第三代

大众 polo 第四代　　　　大众 polo 第五代

图 3-6　polo 车的家族化设计

2. 产品的"集群"设计

所谓的产品"集群"设计就是在产品开发时，改变原先孤立地考虑某一产品的设计问题，而是从系统的"集群"层面上进行周密策划，最终实现持续发展的战略。以苹果公司的产品为例，从横向的 imac、ipod、iphone 各种不同种类的产品，到纵向的 ipod 产品系列中的 ipod video、ipod nano、ipod shuffle 不同档次及规格的产品(见图 3-7)，可以发现这种富有人情味道，并以其"艺术性"见长的产品均是以集群的形式出现的，并逐渐在消费者的心目中形成勇于使用新造型、新材质、新创意、并代表着新一代创新精神的形象。

因此，对于旅游工艺品的设计也应该着眼于长远利益，制定系统的设计战略，针对高中低不同市场需求而形成宽系列、多品种的产品集群。那么如何把握好保护与开发、传统与时尚、历史与现代的关系呢？可以在开发中根据现实旅游工艺品的市场需求和功能的侧重，分为传承、改良、创新三个层面来进行。

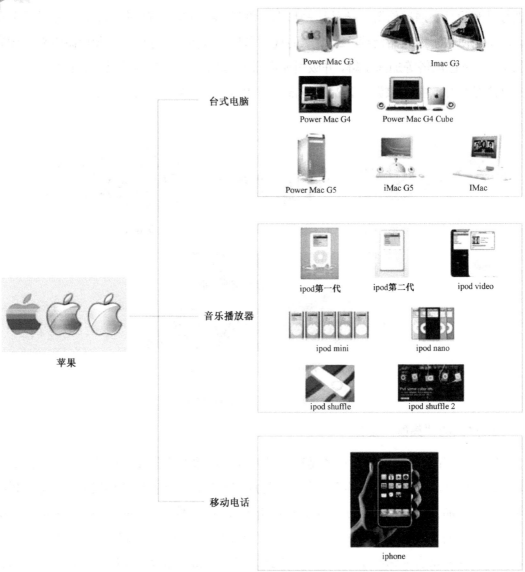

图 3-7　苹果的集群设计

（1）传承。传承层面的开发对象主要是有着"活化石"之称的传统工艺品。因为传统工艺品具有博大精深的中国文化最原始的属性，是中国文化的物化。其目标消费者是外国游客及中国游客中的"行家"及收藏爱好者。这一层面的开发原则就是原汁原味。要尽可能进行保护性开发，求精、求细、求高档，着重体现旅游工艺品的收藏功能及审

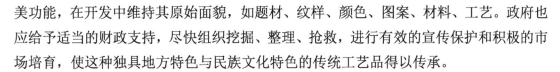

美功能,在开发中维持其原始面貌,如题材、纹样、颜色、图案、材料、工艺。政府也应给予适当的财政支持,尽快组织挖掘、整理、抢救,进行有效的宣传保护和积极的市场培育,使这种独具地方特色与民族文化特色的传统工艺品得以传承。

(2) 改良。在2002年上海举办的全国旅游品、工艺品博览会中,组委会曾对4000多名参观者进行过"观众感兴趣的产品"统计调查。结果是,现代高档工艺品与花鸟工艺品各占15%左右,金属工艺品占12%,而传统的抽纱刺绣、民间工艺品仅6%多,牙、玉、木、石雕刻类为7.8%,漆类、陶瓷类6%,而文房四宝仅为5%。显然,纯粹的民族工艺品已不符合现代的消费主流,应予以改良。随着当今社会的深入发展,人们的生活方式及审美情趣也随之发生转变。因此改良层面的开发原则就是延续历史,注入时代精神,在尽可能保留传统工艺品内涵形式如题材、纹样、图案等的基础上,提出创新。根据市场需要,在开发中应充分利用新科技、新材料,组织规模化生产,着重开发产品的纪念功能、实用功能和审美功能,积极主动地进行改良和变革;并根据不同消费者的需求,设立不同的档次和规格。

(3) 创新。随着旅游业的飞速发展,涌现出大批的国内旅游者。他们在购物动机上更加追求流行时尚,对产品功能也有多元化的需求。但是现在的旅游工艺品市场仍停留在传统文化和商品观念上,运用传统生产工艺技术,销售传统的土特产品。因此,在此基础上提出了创新层面的开发。其开发原则是对民族文化元素加以筛选、提炼、重构、升华至流行及时尚状态,实现完全的创新。在开发时,保留并突出工艺品的地方特色与民族文化特色,但不拘泥于民族传统工艺品的原型细节,深入挖掘筛选当地的文化资源,提炼重构出最具文化价值或形象价值的元素,再根据现代人的审美需求进行创新,开发出超越传统概念的现代流行产品。而且应随时跟踪,掌握市场动向,充分利用新科技、新材料、新理念,一切按市场化方式运作。只有以这种产品集群的形式开发,才能使旅游工艺品在不同层面上满足不同市场的需求。

3. 塑造"性格鲜明"的设计形象

如果一个人在塑造个人形象方面有着明确而固定的喜好,诸如自身的服装、发型、配饰以及个人用品的造型与色彩等,那么在旁人的印象中就会构成"性格鲜明"形象,而对于塑造旅游工艺品的形象而言也是如此。要塑造"性格鲜明"的设计形象必须要锁定特色,归根到底就是由不同国家、不同民族、不同地域、不同发展历史和不同文化意识形态造成的。虽然不难发现，现有的旅游工艺品都具有典型的中国特色，但这仅是一种泛地域类的"特色"，也就是广泛意义上的"中国特色"，而不是区别于其他地域的个性化特征。"而对于旅游地来说，旅游工艺品最重要的不是实物价值，而是一种虚拟价值，也就是对于特定地域文化的概括与传达"。因此，缺失了文化特色尤其是地域文化特色，旅游工艺品也就失去了其核心价值，就无法塑造其鲜明的"性格"，因为"文化渊源才是旅游工艺品的生命力所在"。在牢牢抓住文化这一"性格"时，可以通过比较、分析、归纳，对当地的旅游工艺品的特色问题进行重新定位，深入开发与设计才会产生大的社会效益与经济效益。

二、体验设计

(一)体验设计的概念

2001年的《哈佛商业评论》宣称："体验时代已经来临。"这是继产品经济、商品经济和服务经济之后的一种新型的经济形态。随着社会经济形态的不断演变发展，产品的设计理念也随之不断发展，以更好地改善人类的生活方式和促进造物艺术文化的发展。在传统经济里，人们主要注重产品的功能和价格，但随着体验经济时代的到来，消费行为已有了诸多的变化：从生活与情境出发，塑造感官体验及心理认同，成为产品和服务新的生存空间，而这种消费行为的改变，就需要一种新的设计理念和文化，以适应新经济时代的要求和体验经济下人们的消费需求和特点。谢佐夫在其《体验设计》中对其定义为：它是将消费者的参与融入设计中，是企业把服务作为"舞台"，产品作为"道具"，环境作为"布景"，使消费者在商业活动过程中感受到美好的体验过程。诸如"我去过那里，我做过那个"成为时尚的流行语。因此，就要求工业产品除了要满足一般的功能性、使用性、美观性的要求外，还需要能满足多样化、舒适化、个性化以及其他消费者心理层面的需求，而这些需求也就是体验之所在。

(二)体验设计的方法

1. 强调物品的情感化

人类是有情感的动物。当我们和别人交流时，通过观察别人的面部表情和肢体语言，可以了解他们的内部心理状态，感知他们的情感变化。正是因为我们具备了这种能力，

第三章 旅游工艺品设计的动力因

我们用它来感知周围的一切,甚至是对无生命的物体也是如此。人们喜欢把自己的情感、信仰、动机加给动物和无生命的物体,赋予它们人性。虽然我们对于像这种无生命的物体进行人性化的解释看起来可能比较怪,但确实是我们所具有的一种本能的行为冲动。因为,对于这些"有情感"的物品,很容易让我们赋予它们人性,使我们的情感系统做出积极的反应,从而感受良好的情感体验。例如当游人去异国他乡旅游时,会自然而然地对当地的乐曲反映积极,并会亲自体验一番,这就是一种典型的视、触、听觉的综合情感体验。有很多的旅游工艺品就抓住了人们情感化体验,适时推出旅游工艺品及其衍伸品,如澳洲墨尔本艺术中心的古典吉他就属于这类的典型(见图3-8)。

图3-8 古典吉他

2. 强调物品的娱乐化

德国思想家席勒在《审美教育书简》中有个著名论断:"只有当人是完全意义上的人,他才游戏,只有当人游戏时,他才完全是人。"而伴随社会的发展,人们的生活节奏越来越快，压力越来越大，人们长时间地处在紧张的工作状态中。因此，人们希望自己的生活变得丰富、快乐而且轻松。一些以娱乐和游戏为目的的有趣的产品越来越受到欢迎，人们从它们那里获得了快乐。如 1996 年开始推出的电子宠物鸡就曾风靡一时，甚至被戏称在全球发生了一场"电子鸡瘟"(见图 3-9)。因为它被注入了人类的情感和体验——它可以像传统宠物一样被饲养，而且如养育不当，就会像真实的宠物一样死掉。

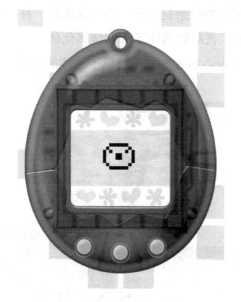

图 3-9　第一代电子宠物

3. 强调物品的个性化

所谓个性化就是与众不同，拥有个性化的物品将使拥有者感觉自己与众不同从而带来自我满足感，或者使他们容易获得别人的注意而产生自豪感。无论是自我满足感还是自豪感，这些积极的良好的体验都是可以从拥有这种个性化的物品中获得的。这正是人们越来越喜欢和追求个性化产品的根本原因。因此随着物质均质化的结束，个性消费成为人们新的消费热点，如人们使用的手机可以订制个性化的铃声，而各大公司也适时推出了个性化的服务，连国家邮政局也向社会提供邮票个性化服务的业务，发行了带有空白附票的个性化专用邮票(见图 3-10)，用户可在空白附票上印制个性化的内容，赋予空白附票个性化特征。

第三章 旅游工艺品设计的动力因

图 3-10　个性化邮票

个性化邮票

个性化邮票是以国家邮政局发行的带有附票的个性化专用邮票为载体，根据用户的正当需要和有关部门规定，在附票上印制大众个人肖像等个性化的内容，赋予附票个性化特征。个性化邮票由主票与附票组成，可以用于寄信、收藏，是真正的邮票。主票含中国邮政邮资；附票为用户个人肖像。主票与附票组成一枚个性化邮票。整版邮票由个性化边饰与多枚个性化邮票组成。个性化邮票是国家的有价证券，由中国邮票印制局统一印制。

个性化邮票的纸张采用的是邮票专用防伪纸张——红蓝纤维纸，而且采用了专业的防伪印刷工艺：专用荧光喷码与油墨防伪工艺。个性化邮票因此更具艺术性与收藏价值（附票为个性化邮票，每套三枚，与明信片相对应）。

邮票是国家名片，以往只有科学家、艺术家、名人、明星、劳模等才能上邮票，要经过严格的报批程序，而且印制数量必须达到500版以上，需要万元以上的费用。现在提供了个人上邮票的难得机会，使个人肖像在国家名片上得以展示。只要拥有肖像的版权，就可以按照自己的需要设计个性化邮票的附票。

对于用户自行提供的照片内容，邮政局会根据国家邮政部门的相关规定进行审核，审核的具体要求如下。

(1) 图片须得到合法权利人的著作权、肖像权等方面的版权授权许可；在上传照片至邮政局邮箱后,即确定得到了照片的合法拥有权及肖像权,委托邮政局制作个性化邮票。

(2) 目前不允许在个性化邮票的附票上出现文字内容,即照片仅为个人正常照片,不能有文字或不规则照片(如只拍一个手掌等)。

(3) 图片必须符合中国法律、法规的相关规定。不能包含以下内容:反对宪法所确定的基本原则、破坏民族团结、宣扬邪教和封建迷信、淫秽、色情、暴力、侮辱或者侵害他人合法权益等法律法规所禁止的内容。

(三)运用体验设计实现旅游工艺品设计的产品化

1. 旅游工艺品的情感化开发

"有情感"的物品很容易让人们的情感系统作出积极的反应,产生愉悦的情感体验。因此开发"有情感"的旅游工艺品也会使旅游者感到愉悦。情感化产品从商品角度讲就是指具有表达情感状态特征的产品,通过形态、材质、使用方式以及相关的背景故事,吸引消费者,并营造快乐的情感特征,让生活充满感动和快乐。设计者可以从传统工艺品的形态、功能、肌理以及工艺品的背景和相关的故事等出发,寻找能够吸引旅游者,使旅游者产生一定共鸣的元素,从而创造出具有审美体验的产品。如看到红豆就会联想到唐代诗人王维的名句:"红豆生南国,春来发几枝。愿君多采撷,此物最相思。"利用红豆这一普通的元素设计出的旅游工艺品就将富含文化内涵而显得格外珍贵。而且,对于旅游者来说,当地很多富有特色的旅游工艺品只是有所耳闻,如大家所熟知的北京景泰蓝、苏州的刺绣、景德镇的陶瓷等,但对其历史背景、制作工艺、制作流程及相关知识等真正了解的并不是很多。所以如果先让旅游者能够体验到这些传统工艺品的深厚内涵,对其产生文化和心理上的认同感,那么也就无须过多介绍,旅游者便会自觉地慷慨解囊了。所以,如果能在开发设计时,从旅游者的视觉、触觉、味觉、听觉和嗅觉等各个方面进行细致分析,突出旅游工艺品的感官特征,为旅游者创造良好的情感体验,那么旅游工艺品一定会受到旅游者的青睐。

2. 旅游工艺品的娱乐化开发

卓别林曾说:"由于有了幽默,使我们不至于被生活的邪恶所吞没。"在体验经济时代,产品的娱乐性、游戏化正是人们本性回归的体现,是人们日益追求一种休闲的、愉悦的生活方式。因此对于旅游工艺品开发也可以相借鉴，向趣味化、娱乐化发展。如果能适时地推出一些 DIY 式的旅游工艺品，其前景应该非常广阔。这样可以使旅游者通过定制化和参与性购买，满足自己的个性需求，从过程中体验自我成就感和参与的乐趣。如各种规格的仿少数民族建筑的拼板，买回家后可自行拼装上色，最终在自己的努力下完成作品。而开发此类旅游工艺品需人为地给产品使用增加施展个人才能的机会，留出启发个人想象力的空间，使消费者在创造和使用旅游工艺品的过程中有乐趣、有挑战性，有成就感，而且目前国内这类旅游工艺品极少，市场开发潜力巨大。当然，在保持旅游工艺品有趣的同时，还要使其有用。因为这种实用性会保持旅游者对旅游工艺品的有趣感。一般来讲，物品被熟悉得越深，所吸引人的地方就越少，所能引起人的好奇心也就越少，人对趣味的感知能力也会相对减弱，慢慢地就会产生审美疲劳。所以，为了保持这种兴趣、热情和审美的快乐，在强调其娱乐性的同时，必须加强其实用性。只有这样才能使其娱乐化长久保持、历久弥新。

3. 旅游工艺品的个性化开发

随着物质均质化的结束，个性消费成为人们新的消费热点。但各地旅游工艺品市场却呈现出式样雷同、品种单一的状况。在旅游区到处可见那些珠串饰品、木雕人像、水晶玻璃等工艺品作为旅游工艺品出售，缺乏鲜明的地域特色。如何从千篇一律的旅游工艺品中脱颖而出，就需要进行旅游工艺品的个性化开发。如绘画、雕刻、编织、陶艺等表现形式的工艺品开发就可以让旅游者自己参与到制作过程之中，满足其亲身体验、追求个性的要求，同时也提供了从业者近距离了解旅游者对旅游工艺品审美倾向的机会，从而可以有效地指导生产开发，使其产品更符合游客的口味。还有，可以根据旅游者的需要，定制一些当地的旅游工艺品，如织绣品、靠垫、挂毯、椅垫等。由于这种旅游工艺品充满个性并带有个人化色彩，定会吸引旅游者的目光。

评估练习

1. 试阐述体验设计的方法。
2. 如何实现产品的集群设计？

第三节 动力因之三 —— 设计附加值

教学目标

1. 理解设计附加值的概念。
2. 学习并掌握提高旅游工艺品设计附加值的途径。

一、附加值的概念

商品提供给消费者的价值有两种：一种是硬性商品价值，是指商品实际能提供给消费者的功能，如化妆品就是保护皮肤，服装就是御寒；另一种是软性商品价值，则是指能满足消费者感性需求的某种文化，像香水就是品牌的高贵感，魅力感等。服装就是流行性、季节性、设计师声誉等软性的商品价值。在同质商品大量涌现的当代，人们在购买商品时，挑选的不是硬性商品价值，而是能满足人们感性追求的软性商品价值，能满足"感受"的消费。

附加值是指在规范和设计时就已经融入的，以便捷迅速、愉悦舒适、健全健康、广而告之等方式提供的，在生产的同时就开始消费的，使消费者满意、自豪和荣耀的，超出产品自身价值(主要指功能价值)以外的，象征性的、概念性的以及文化性的价值。如果用量来表示，一个产品的附加值是高出产品自身成本与社会平均利润之和的那部分。较早提出"产品附加值"这一概念的是美国经营顾问专家拉卡(A.W.Rucker)，他指出生产价值(Production Value)是因为企业的生产活动所附加于原材料上增加的价值，也就是由总销售额减掉原材料费、动力费、消耗品费后得到的附加值数值。

作为品牌推广的一种策略，附加值旨在增加一种产品或者服务在消费者心目中所具有的价值。理论上讲，附加值应当能够造成产品的差异性。一个公司可能通过某些方式增加一种产品的价值，例如通过对产品的介绍陈述或者包装，又或者通过提供某种售后服务。在消费者对某种产品或者服务了解不是很多的情况下，一个公司的商誉或者形象本身可能就足以构成一种附加价值。附加值的存在可能使公司只需要提供少量的产品或服务，就已经足以使它在品牌众多、竞争激烈的市场中具有竞争优势。

最成功的附加值产品当数变形金刚玩具，它先推卡通影片，并不推商品，等到把小孩子弄得入迷了以后,商品推销就开始了,结果卖得可以称为疯狂,不知在全球赚了多少亿。美国商人的这一产品文化附加值创意的大手笔令人佩服不已,如果按常规先推出变形金刚玩具再来花钱打广告,那么产品中的文化附加值含量就不会太高,虽然也会卖掉一些,但总的销量上肯定要差得多。

设计的本质是为了解决问题,而产品本身只是解决问题的思考方式和处理问题的呈现载体。因此,一件具体产品在设计之时,它都满足了当时人们的某方面的需要或需求。"需要"与"需求"是两个看似相近,实则不同的概念。在许喜华的《工业设计概论》中对这两个概念进行了区分:"需求是客观的,是指主体客观上必需的东西。需求可能不被一个人、或社会群体、或全社会察觉,但缺乏需求,主体就不能存在。需要是个体(社会群体或全社会)对内外环境的客观需求的反映,即被感受的需求,它表现出主体的主观状态和个性化倾向性。需要的产生是主体受生存的自然环境、社会环境及自身条件约束的结果,需要是产生人们行为的原始动力,也是兴趣的基础。……社会公众的需要是设计产生、存在和发展的唯一原因。"因此,满足公众的需要是设计创造附加值的出发点。或者说,由设计创造的附加值是以设计为方式满足了公众的"主观状态和个性化倾向",它是以公众的"兴趣"为基础的。在判断附加值道德标准的时候,不应与设计自身的问题相混淆,而公众所希望达到的状态和个性化的需要是不应该被忽视的。同时,值得注意的问题是,由于公众的需求不是一个静止的概念,它会随着时代的发展而发展,所以附加值的概念是一个相对的概念。

构成设计的要素不外乎核心设计、形式设计、附加设计,其实设计的附加值源于人们生活方式的改变,我们不再满足吃饱喝足,我们要求自我的个性、生活的多样性……所谓的附加设计即设计产品的附加值。由于消费已日益从"物"的消费转向"感受"的消费,日益倾向于感性、品位、心理满意等抽象的标准,所以,设计附加值在市场上的地位就越来越高了,它与设计产品卖点难以分割,日益融为一体了。

二、提高旅游工艺品设计附加值的途径

通常提升产品附加价值的做法主要有以下四类。第一类做法是,一味的高档材料堆砌提高价格的案例;第二类做法是,将产品附加价值开发着眼于精神层面的附加值创造;第三类做法是,通过精神层面和经济层面的开发来提升产品的附加值;最后一类是,把产品附加价值的提升与整个生态系统的利益相联系。旅游工艺品作为一种特殊的产品,

提高其设计附加值相对应的，主要有以下四个途径。

(一)利用人性化设计提高旅游工艺品的附加值

设计必须注重人的心理及精神文化的因素。我们设计旅游工艺品的同时，不仅设计了旅游工艺品本身，而且设计或规划了人与人之间的关系，设计了使用者的情感表现、审美感受和心理反应的基本方面，也即设计了人们的生活方式。我们周围的高技术越多，就越需要人的情感。随着社会的发展，设计所具有的人性的意义将越来越显示出其重要性。现代社会给人们带来巨大的物质利益的同时，也带来了许多现实的问题，如人的孤独感、失落感、心理压力的增大、自然资源的枯竭、环境的恶化等，这些都是没有把人性化的设计观系统地贯穿于人类造物活动中造成的。人性化设计的实质，就是在考虑设计问题时以人为轴心展开设计思考。既要考虑设计满足当代人，又要考虑设计符合未来的人。

(二)利用增加文化含量提高旅游工艺品的附加值

当今社会是文化与科技相互渗透的时代，对于旅游工艺品质量的概念，不仅仅是其性能和使用价值，而且包含文化所表现的魅力价值。文化的魅力价值，往往表现在旅游工艺品的品牌上。旅游工艺品的品牌是企业文化内涵的表现，而良好的旅游工艺品品牌又离不开良好的企业商标形象和企业产品质量形象的支撑。随着人们生活水平的提高，对旅游工艺品功能的要求也越来越高，集中表现在人们不仅追求旅游工艺品的使用价值，而且追求旅游工艺品的审美价值、知识价值、社会价值，它们是旅游工艺品附加值的重要组成部分。例如"仰韶酒"、"孔府家酒"之所以受到人们的喜爱，不仅在于它的酒味香醇，更在于它提示人们中华文明的仰韶文化和海外游子思乡念祖的文化需要。

(三)利用增加艺术含量提高旅游工艺品的附加值

对旅游工艺品进行艺术处理，为的是提高旅游工艺品的艺术含量。艺术处理的前提是工业设计，它的作用一方面是提高旅游工艺品的知识、技术含量，开拓旅游工艺品的功能和使用价值，另一方面则是提高旅游工艺品外观质量和旅游工艺品的魅力。工业设计是艺术的具体表现，先进的设计蕴含着很高的附加值，企业在旅游工艺品艺术处理上进行工业设计和创造性思维，就能使旅游工艺品的身份得到升华，就能成倍地提高旅游工艺品的附加值，国内外通过提高艺术含量而提高附加值的例子很多，例如澳洲土著艺术家制作的各式木制工艺品，由于蕴含了当地特有的文化及艺术含量，使得原本平淡无奇的木制材料焕发了勃勃生机(见图3-11)。

图3-11　澳洲土著工艺品

(四)利用绿色设计提高旅游工艺品的附加值

绿色设计的基本思想是一种预先设法防止产品及工艺对环境产生的副作用，从根本上实现防止污染、节约资源和能源的全新设计思想。其主要目的是克服传统设计的不足，使所设计的产品具有绿色旅游工艺品的各个特征，即技术先进性，环境保护性，材料、资源利用最优性，安全性，人机和谐性，良好的可拆卸性，经济性和多生命周期性。具有上述基本特征的绿色旅游工艺品最切合当前全球工艺品设计竞争的要求，即资源高效利用、重复利用，旅游工艺品市场全球化，旅游工艺品设计并行化，用户要求旅游工艺品安全、舒适、美观、买得起、用得起、报废时扔得起等，进而提升旅游工艺品的附加值。从目前世界旅游工艺品销售市场看，绿色旅游工艺品比普通旅游工艺品更易于接受。有关文献报道，1989年北美绿色旅游工艺品贸易额高达1060亿美元，西欧约为100亿美元，亚太地区500亿美元。根据国际经济专家分析，再过几年，所有的旅游工艺品都将进行绿色设计。这意味着，绿色工艺品将不可避免地成为世界主要旅游工艺品市场的主导。

高附加值产品的经济性的经典代表便是奢侈品。奢侈型的生活方式在一定程度上会成为拜金主义等社会问题的温床。因此，在面对这一问题时，需要对年轻人的价值观、人生观加以正确的引导。在讨论高附加值产品时，要有正确的态度来看待这个问题。生产具有高附加值产品在一定程度上是有益于发展和社会稳定的。首先，对于具有高经济性附加值的产品进行增税，这些税收实际上是对于购买具有高经济性附加值的消费者所征收的。首先，通过这种税收的增收而进行社会财富的二次分配，这实际上是有利于社会和国家发展的。其次，对于这种高价产品的创造，在一定程度上可以减少资源的浪费。因为其价格的不菲，在一定程度上减少了无必要的重复性购买的量；再次，它提供了更多的就业机会。因此，它对社会的经济发展、政治稳定具有一定的促进作用。

知识链接 3-3

绿色设计

绿色设计(Green Design)也称生态设计(Ecological Design)、环境设计(Design for Environment)、环境意识设计(Environment Conscious Design)。在产品整个生命周期内，着重考虑产品环境属性(可拆卸性、可回收性、可维护性、可重复利用性等)并将其作为设计目标，在满足环境目标要求的同时，保证产品应有的功能、使用寿命、质量等要求。绿色设计的原则被公认为"3R"的原则，即 Reduce，Reuse，Recycle(减少环境污染、减小能源消耗，产品和零部件的回收再生循环或者重新利用)。

绿色设计思想的最早提出是在20世纪60年代，美国设计理论家威克多·巴巴纳克(Victor Papanek)在他出版的《为真实世界而设计》(Design for the real world)中，强调设计应该认真考虑有限的地球资源的使用，为保护地球的环境而服务，当时还引起了很大的争议。之后，随着科技的发展以及人类物质文明和精神文明的不断提高，人类意识到生存的环境日益恶化，可利用的资源日趋枯竭，经济的进一步发展受到了严重制约，这些问题直接影响到人类文明的繁衍，从而提出了可持续发展的战略。20世纪80年代末，首先在美国掀起了"绿色消费"浪潮，继而席卷了全世界。绿色冰箱、环保彩电、绿色电脑等绿色产品不断涌现，广大消费者也越来越崇尚绿色产品。绿色设计在20世纪90年代成为现代设计技术研究的热点问题。

事实上，绿色设计很重要的一点就是要注重环境的可持续性，设计对环境的可持续性是非常重要的。设计人员要承担起这个责任，建立起最美好的世界。诺基亚首席设计

第三章　旅游工艺品设计的动力因

师 Alastair Curtis 指出，"让今天的产品更环保，有助于保持环境的可持续性，也是我们在设计新产品中最重视的一个原则。"

环境的可持续性就是指产品设计要让产品容易回收，"譬如我们销售了几亿部手机，如何能更好地回收就是非常重要的问题，作为设计者也需要考虑这个问题。我们现在做的就是围绕这样的设计概念提出一系列的问题。我们要让手机能够回收、重新再使用、使它能够升级，我们要把产品用不同的方法进行设计"，Alastair Curtis 说。这里要考虑的还有生态材料的应用，要考虑可回收的手机要如何设计。除了回收的问题，还要让人们的手机能够长久使用，让人们的手机不仅使用两年、三年，还要能使用五年、六年。同时，还要考虑让手机随时成为每个人个性化的物品。"随着产品不断地发展，应该从这个角度来观察和看待设计，因此设计团队需要不断延伸设计思维，帮助推动和改进环境可持续性的设计。"

评估练习

1. 举1~2个设计对产品附加值的提升的事例。
2. 提高旅游工艺品设计的附加值有哪四个途径？

第四章

旅游工艺品设计的方法

【学习目标】

通过本章的学习,要求理解旅游工艺品设计满足旅游需求,掌握旅游工艺品设计的原则,掌握旅游工艺品设计的属性,理解旅游工艺品设计的构思方法,最终形成对旅游工艺品设计思维的综合思考。

【关键词】

参与性　情感化　娱乐化　装饰性

旅游工艺品设计与制作

"轮岛涂"漆器

日本石川县能登半岛孕育的"轮岛涂"漆器,在日本有"漆器之王"的美誉。同时,它也是日本政府指定的国家重要非物质文化遗产。据说,一件"轮岛涂"漆器需要近百道工序,"莳绘"与"沉金"的特殊技法使其呈现出雍容华贵、富丽堂皇之姿。

《日本新华侨报》:"Japan"这个英文词汇,除了是"日本"的国名以外,还有"日式漆器"的意思。而在日本,最贵重的漆器则是石川县能登半岛的"轮岛涂"漆器。这的确是一个非常有趣的文化现象。与英文"Japan"既是日本的国名又指"漆器"一样,英文"China"也既是中国的国名,又有"瓷器"的意思。从世界文化史的角度看,东亚能够出现这样两个"漆器大国"和"瓷器大国",也是对人类文明的重大贡献。

作为世界文明进程最早的国家之一,中国的文化在相当长的时间内影响了周边的国家。中国漆器对日本漆器的影响也是有的。但是,相比之下,中国漆器对朝鲜的影响要早于和大于对日本的影响。中国汉朝的"乐浪漆器"促使朝鲜产生了"高丽漆器"和"百济漆器"。而日本在大和时代和飞鸟时代,皇室都曾经聘请最好的高丽漆工,设立专做佛像的"漆工部"。这就形成了最初的中国漆器对日本漆器的间接影响。此后,中国的唐、宋、元、明、清时期,日中两国有了大量的漆艺交流,这种影响就更加显而易见了。

中国古代的漆器最初是作为建筑涂装材料来使用的,因此也成为王侯贵族日常生活中必不可少的器具。但日本古代的漆器最初是一些木制品和梳子,开始就与日常生活有关。也就是说,日中两国在漆艺文化上,既有相通之处,也有各自不同的特征。"轮岛涂"漆器确实借鉴了中国漆器的特点。比如,中国现在可能已经失传的戗金法传入日本后,经过改良成为后来"轮岛涂"漆器中常用的"莳绘",具体是指在漆器上雕刻花纹和图样,将金粉或金箔嵌入。还有,"莳绘"需要用到的笔,是规格很高的,这种笔的制造方法也是从中国流传而来的。有研究表明,"轮岛涂"漆器距今已有750多年的历史,由于其产生的地理位置,应该说它是间接接受了中国漆器的影响。

时至今日,日本的"轮岛涂"漆器不仅进入了天皇之家,还进入了寺院、神社以及高级料亭、高级宾馆。"食器之中,陶器虽不差,但陶器并无漆器之阴翳、深味;手触陶器,觉其重、冷,而且传热快,盛热质物是不便的,又有叮叮之响声。漆器给手的感觉却是轻、柔,近耳旁亦几不出声;我手捧盛汤的漆碗时,掌中承受汤之重量与温暖的感觉,甚感欢喜,正如支撑刚出生不久的婴儿的肉体。"可以说,这段话代表了日本人对漆器的感受和认识,同样也体现了"轮岛涂"漆器之美。

"轮岛涂"漆器首先具有制作久长之美。"轮岛涂"漆器在制作时主要使用木胚,仅仅制坯就需要两个月以上的时间,然后再花上半年的时间,并且需要经过70～100道以上精细的工序。如此长时间精心制作出来的漆器,本身就是美的。"轮岛涂"漆器具有漆艺工程之美。整个上漆过程分为3个层次——下涂、中涂和上涂。下涂里面分为3次,每次都是涂好以后抛光,最后一次用水抛光。中涂是只用水抛光,并且开始要用比较好的漆。上涂则是开始用黑、红色好漆。这时,要求工匠的技艺都比较高,一般都是具有10～15年工龄的艺人才有资格从事上涂。"轮岛涂"漆器具有漆艺装潢之美。从图案上看,因为它采用了"沈金"、"莳绘"等高超装饰技法,使"轮岛涂"漆器的工艺在日本漆器工艺里的重要性因此凸显出来(见图4-1)。众所周知,日本的花道、香道、茶道等传统文化是日本文化的重要组成部分,而"轮岛涂"漆器在这些传统文化活动的场所都会出现。也可以这样说,没有"轮岛涂"漆器,这些日本传统文化就会相对失色很多,有了"轮岛涂"漆器,这些传统文化就会增添更多的光彩。

图4-1 轮岛涂《水仙枣》共箱

在日本传统的工艺人里面,存在着一种"匠人之魂"或者"匠人精神"的说法。在日本的传统工艺里面,比如在日本酒、漆器、和纸、金箔、陶艺、日本刀、人偶等的制作过程里面,可以说都包含着一种"匠人精神"。"匠人"其实是一个非常"亚洲性"的说法,应该是亚洲地区"师徒制度"的一种演变和积淀。在日本任何一个传统手工艺世界中,要想出人头地,徒弟必须先在师傅家里生活,从做杂务开始,一边经受各种磨炼,一边学艺甚至是偷艺,最初的三四年要具备吃苦、忍耐的能力,第五年如果仍然没有成绩的话,就会被扫地出门。现在,人们可能对被扫地出门的事情已经不在意了,认为它不过是一种"解雇"而已。其实,这是一种很严厉的惩罚,一旦被某个师傅扫地出门,就等于被认定为没有成为工艺人的可能,其他的师傅也不会接收,整个手工艺界也就不会认可了。被扫地出门的弟子必须背井离乡,但日本社会的集团意识非常浓重,背井离乡并不意味着可以简单地被另一个工艺集团接纳,有可能从此就被完全地排除在任何一个工艺集团之外。正因为如此,日本的"匠人精神"第一个表现是在"忍耐"上面。有了忍耐,等于就有了目标。在这个世界上,没有目的的忍耐是不存在的。所以,有了忍耐就会努力,就会精益求精。"匠人精神"的第二个表现是固执,或者说是顽固。他必须坚持自己的追求,必须恪守祖传的工艺,而不能像银行等机构那样宣传"顾客第一"。匠人如果总是想取悦顾客,就会改变自己的工艺。不管是在材料的选用上,还是工艺所需的时间上,都不能"说得过去就行"了。"匠人精神"的第三个表现就是对"品"的追求。这种"品",包含着品位、品格、品性。对于漆器来说,它本来就是一种非常有品位的工艺品,因此,在制作工程中包含着对"品"的追求与传播,就可以拿出精品来。可以说是"轮岛涂"漆器里面包含的"匠人精神"。这种精神,今天在日本的社会里面仍然可以看到。日本的花道文化、茶道文化、香道文化里面都不可缺少漆器。因此,对于日本人来说,一旦漆器工艺失传,日本这个国家的传统文化也就将失去存在和展现的基础。

辩证性思考

1. 旅游工艺品设计的重要性。
2. 旅游工艺品设计与旅游产业的关系。
3. 旅游工艺品设计与产品设计的关系。

第一节 旅游工艺品设计满足旅游需求

教学目标

1. 理解旅游工艺品设计与旅游的关系。
2. 深入理解旅游工艺品设计的重要性。

第四章　旅游工艺品设计的方法

一、旅游工艺品设计满足旅游审美需求

美学家叶朗曾说："旅游，从本质上讲，就是一种审美活动，离开了审美还谈什么旅游？旅游涉及审美的一切领域，又涉及审美的一切形态，旅游活动就是审美活动。"旅游审美活动拥有丰富的内容和多样的形式，人们通过旅游可以了解各地的风景、人文以及通过购买旅游纪念品等纪念旅游的经历；目前许多地区结合秀丽的自然资源，开发了民族特色表演，民俗活动等旅游项目，将审美欣赏与娱乐活动相结合，提升了旅游审美活动中的文化内涵，让旅游主体体验到更多文化美的趣味与欢乐。

旅游工艺品集材质美、工艺美、功能美、装饰美于一身，是心与物、才与艺、用与美、形与神的和谐统一，是令人赏心悦目的旅游客体。旅游者们可以从对旅游工艺品造型鉴赏中感悟到历史变迁的沧桑与民族融合的宝贵；在驻足观赏旅游工艺品的过程中，体味到手工艺为紧张、繁忙的现代生活中注入的一丝舒缓；从旅游购物中体味到的拥有高水准的旅游工艺品是一种生活的精致。

德国艺术史家格罗塞(Ernst Grosse)曾说过，"美感与需求、缺少或不满足相关，我们欣赏的都是我们缺少的"，游客在旅游中可以感受到日常生活中缺失的自然之美、人文之美。全国各地景区不同特质的旅游资源给游客们带来不同的审美体验。

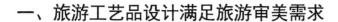

案例 4-1

台北故宫的文创生意

2013 年 7 月 4 日，台北故宫的粉丝团在某社交网站上贴出了一款写着康熙朱批"朕知道了"的纸胶带的照片，引发两岸网友疯转，并很快激起了一轮销售热潮。据台北故宫的网络商城透露，"朕知道了"纸胶带在网络上的受询问度极高，不仅本地观光客喜爱，连中国其他地区的顾客也抢买，1000 多份很快就销售一空。

近年来，台北故宫博物院以自身收藏的国宝为基础，衍生出丰富多彩的文化创意产品，通过一系列商业创意，让文物"活"了起来——这些产品不但吸引了更多游客的目光，也走进了普通百姓的家中和心中，更带来巨大商业价值。

据了解，"朕知道了"这款纸胶带，其创意来源于台北故宫博物院院长冯明珠于 2005 年策划的《知道了：朱批奏折展》，该展导览手册由时任研究员的冯明珠执笔主

编，目前已再版九次，封面即印有康熙皇帝满汉文朱批真迹"知道了"（见图 4-2）。今年 6 月被开发成纸胶带产品后，更是一炮走红。

据中国新闻网报道，在 7 月 4 日该纸胶带网上亮相之后，5 日台北故宫礼品部的该款纸胶带就被抢购一空，6 日一早，礼品部出现了排队人潮，准备抢购 11 时开卖的这款产品。有位当地台商说："儿子昨晚特地从广州打电话回家，要我今早一定要来帮他买'朕知道了'纸胶带。"而来自北京的梁小姐则对中新社记者表示，这款纸胶带非常有趣，要多买几份回去送朋友。

图 4-2　纸胶带《朕知道了》

据台北故宫礼品部经理吴桂芳介绍，这是台北故宫首次推出皇帝朱批纸胶带，一组有黄白红三款颜色，每组售价新台币 200 元。台北故宫从 6 月开始推出这一产品以来，目前共已推出五款，分别以"乾隆御览之宝"及乾隆各式玺印等设计，在现场与网络商城均有贩售。未来纸胶带系列会推出 20 款，意大利籍宫廷画家郎世宁的《百骏图》相关产品也即将上市。

网友甚至由此萌发奇想，希望台北故宫可以推出"贱人就是矫情"、"本宫乏了"、"圣旨到"、"跪安吧"等创意纸胶带。毕竟现在清宫剧的爱好者众多，肯定会引来无数的追捧。

不管台北故宫此举是否主要出于某种商业目的，这些纸胶带产品确实为传统文化赚足了人气。

《北京青年报》有评论文章认为，泱泱故宫能有如此新奇而顽皮的创意，成功地接

第四章 旅游工艺品设计的方法

上了现代人的地气,旧朝奏折里那沉埋的文字突然间就被唤醒了生命,这样的"穿越"对于频频告危的中国传统文化来说是一件好事。

设想一下,这霸气的"墨宝"粘贴在纸张或礼盒之上时,那封存之物立刻就有了岁月的色泽,又会因皇上的"一笔参与"而身价倍增。这些皇帝朱批纸胶带"稳准狠"地抓住了年轻人的心理,既有文化历史感,又能在实用的基础上幽人一默。

更有媒体翻出旧账指出,其实买卖皇帝的朱批不算什么,台北故宫可是连皇帝的脸面都敢卖。比如他们卖的一款便条纸叫"宗心为你",是把馆藏画作里的唐玄宗头像设计成卡通可爱版人物,三撇小胡子、两个红脸蛋,一下子把皇家气象变为现代动漫。而用噘着小嘴的唐朝仕女卡通人像制作的另一款产品则叫作"想入妃妃"——这样别致独创的设计,即使是对唐朝文化不感兴趣的人也会被吸引。

一位大陆媒体人告诉记者,近年来中国传统文化的流失颇令各方有志之人叹息与焦急,但是台北故宫的"朕知道了"的走红,足以让人们知道中国的古老文化与年轻人之间并非如同远隔光阴的两岸难以跨越。再看大陆的一些文化纪念品,仅仅有着"到此一游"的"短视"功能,帽子、T恤、绢人、扇子、刺绣、钥匙扣、图册,多年来千篇一律、做工粗糙,而且无论从形式到内容都缺少地域特色和艺术魅力。每到长假,北京故宫都人头爆棚,但大家去看的都是什么皇帝的宝座、慈禧的住处……却没有什么文化产品能够留存在手边。

文化的传承要从打动人心开始,虽然一两件文化创意产品在这种历史传承中的力量非常微小,而且难免带着商业的印记,但是这样的星星之火恰恰更能照亮社会文化风气的细节,更能验证创意者本身对于传统文化的了解与热爱。

实际上,纸胶带的热卖只是台北故宫一系列成功的商业开发案例的冰山一角。许多精美的文创小商品已经给台北故宫带来了巨大的商业价值。

翠玉白菜是台北故宫的人气展品,以它为主题的商品始终高居台北故宫各项展品的销量榜首,比如翠玉白菜伞和翠玉白菜形状的移动硬盘等,一年的销售额达到了新台币1.4亿元。近来还有一款"冰山一脚"潮袜,结合北宋汝窑的冰裂纹及南宋龙泉窑青瓷设计,有热粉红、天空蓝、酷炫黑3种颜色,也卖得相当火。

据统计,目前与台北故宫博物院合作开发文化创意产品的厂商数量达92家,一年开发近600项新品,其中授权厂商数23家,每年都为台北故宫博物院带来非常可观的经济效益。

在台北故宫礼品部，仅仅是胶带纸、便条纸这类设计文具就多达588种，更别提各种设计和做工精致的出版物、艺术纪念品等。如果说文化是软资产，那么在这一点上，台北故宫显然很擅长经营。而反观内地的许多博物馆，让人见识其文化的途径似乎只有邮票一途。

近来，国内各地纷纷开发文化创意产业，似乎好的创意唾手可得。比如荷兰的大黄鸭刚一登陆香江，内地便群起而效仿，结果观众们对这种机械的模仿根本不买账。也正因为如此，许多地方花大价钱建起的文化基地几乎成了旅行团的天下，游客们只是急匆匆地一瞥，"知道了"然后就走，商业开发方面非常粗糙。而台北故宫多年积累的商业创意，却可以让人在潜移默化中领略前人文化精华中的神韵。

(资料来源：http://www.huaxia.com/tslj/flsj/wh/2013/07/3441422.html)

二、旅游工艺品设计满足旅游发展的文化需求

旅游工艺品对民间工艺的传承传播，世界民族文化交流具有不可替代的作用。旅游的发展注重发掘旅游客体的文化特质，强调文化旅游，没有文化，没有特色文化，就无法在旅游业这一重要文化产业的竞争中获取优势。

各具特色的旅游工艺品满足游客对不同文化的诉求，在旅游经营者与游客之间形成一种文化交易的模式。经营者经营旅游工艺品，游客到各个景区享受、消费旅游工艺品。各景区依旅游工艺品艺术的依托得到了发展，卖的就是文化，成为其旅游发展的实质，通过旅游工艺品艺术文化品牌的打造，符合并促进了当地文化旅游的发展。

桃花坞木刻年画博物馆开专卖店

桃花坞木刻年画博物馆专卖店开门迎客，图4-3为桃花坞木刻年画《一团和气》。

据悉，专卖店将展出桃花坞木刻年画博物馆出品的十几种作品，如天官五子、花开富贵、麒麟送子、刘海戏金蟾等，生动再现了绘、刻、印、裱等年画制作的传统手工技艺。专卖店中除了年画和利用桃花坞元素开发的相关工艺纪念品外，并有桃花坞木刻年画继承人在现场进行刻板、印刷表演。

第四章　旅游工艺品设计的方法

图 4-3　桃花坞版画《一团和气》

由于木刻年画的制作工序耗时颇长，单单是刻一套版，就需要 2 个月到半年的时间。专卖店的负责人介绍，传统手工艺制作最重要的一点就是强调作品的原真性，也就是作品中所耗费的人的劳动。这不是机器可以代替的，由于从原料、工具至工艺全部为纯手工制作，因此每幅年画都体现了"功夫"的价值。如选用的原料均为梨木，因为它的纹理细腻，质地坚硬，不易变形。但它必须存放两年以上，然后在经过拼装、打磨才可进入下一环节；而有些年画由于传统工艺复杂，用量大、选材高，如刻印一张"门神"就需要 10 块梨木板，为此桃花坞木刻年画博物馆专门从山东购置了 30 吨梨木进行创作。而且，桃花坞传统手工艺制作的年画还有防伪办法，除了在成品上有一个明章外，艺人还在印、拓环节设置了 4 个桃花坞年画专有的暗章，消费者如果买了年画，可以前来请专家鉴定。

三、旅游工艺品设计满足旅游购物的需求

旅游者具备多余的金钱、闲暇的时间和旅游的动机三个条件，成为能够自由支配时间与金钱的闲人。在旅行途中不以赚钱为目的，反以花钱为乐趣。在消费时代，旅游购物成为游客消费的重要部分，销售旅游工艺品作为旅游业的食、住、行、游、购、娱六要素之一，旅游购物是否发达，已经成为衡量一个国家或地区旅游业发展是否成熟的重要标志。旅游工艺品最本质的特性是体现旅游经历，传递异域体验及满足感的有形物。旅游工艺品是一种很好的文化载体，它的流通可以促进景区与客源地的交往，起到形象

宣传与唤起人们对目的地旅游美好回忆的作用。

案例 4-3

中国客青睐日本南部铁壶

中新网 2011 年 1 月 25 日电　据日本《中文导报》报道，不知道何时，日本刮起一股南风，那是日本东北岩手县的一股南部铁壶风。南部老铁壶目前在中国市场上都价值不菲，很难入手。无奈很多中国游客远赴岩手县，纷纷抢购南部铁壶，其中 10 万日元以上的铁壶最受欢迎。继日本电饭锅之后，南部铁壶成为中国游客新宠。

1 月 20 日，记者远赴岩手县盛冈市，专访了南部铁器馆。南部铁器馆类属于株式会社岩铸(岩铸铸造所)，位于岩手县盛冈市南仙北 2-23-9。据该社观光部的鳟泽秀雄介绍，南部铁器以烧开水用的"铁壶"为代表，属于岩手县的名牌产品。公元 1633 年，本地的统治中心由现在的青森县八户市迁移到岩手县的盛冈市以后，统治者从甲州(现在的山梨县)招来铸工，并鼓励制造铁器，由此便开创了南部铁器的历史。当初是以铸造烧开水用的铁锅为主；后来由于鼓励"茶道"，这种开水锅便越做越小；再到后来，它的形状就演变成了有出水口、有提把的"铁壶"。现在，南部铁器除了生产铁壶，还生产风铃、螺丝锥、烟灰缸、壁挂、装饰品、花瓶等大约 35 个品种的铁器(见图 4-4)。

1975 年，南部铁器被指定为日本国家传统工艺品。

鳟泽秀雄表示，岩铸铸造所自明治 35 年创业以来，一直秉承遵守传统技术，作为南部铁器的第一制造商，一年所制造的铁器高达 100 万件，均送至各位顾客手中。重达 150 公斤、高 1.5 米、直径 1.1 米、容量为 380 升的世界第一铁壶，就在南部铁器馆内展示。日本顾客一般购买的是 2 万日元左右的铁壶，而中国游客则购买 10 万日元以上的铁壶，不仅自己使用，而且还购买更加高级的作为私人收藏。不仅铁壶受青睐，连 2 万日元以上的茶壶也成抢手货，据说是馈赠亲朋好友的佳品，深得中国游客的爱戴，一买就是几个。5 年以前，南部铁器深受中国台湾游客的喜爱，不知不觉间已经成为中国大陆游客的厚爱。

"铁瓶"制作过程约有 68 道工序，从最初设计到成品完成一般耗时将近 2 个月。一个精致的铁壶，需要做壶体的手工匠和做壶把的手工匠两个人的精湛技艺共同来完成。

图 4-4　日本铁壶

鳟泽秀雄还介绍说，铁壶煮水具有提高温度、均衡水质等特点，它比一般不锈钢壶的温度要高出 2～3℃，且保温时间也更长，利用高温水泡茶，可激发和提升茶的香气。为此，铁壶已越来越多地成为中国玩家级茶友们赏茶、斗茶、鉴茶以及开展茶会活动必备的专业茶器。再者，铁壶煮过的水因为含有二价铁离子，所以会出现山泉水效应，非常适合冲煮各式茶饮。除了可以补充人体需要的铁，还能预防贫血，亦可有效去除茶中的杂味，提升茶的品感。

四、旅游工艺品设计满足休闲体验需求

传统的旅游审美强调一种非功利性的静观，孔子曾说过，"知者乐水，仁者乐山"。古代的文人雅士们看重从自然造化中汲取精神营养，并把游山玩水看作是具有内涵雅趣的活动。

随着经济的发展，不同的消费文化与消费理念在当代中国各阶层各领域有不同程度的扩散，休闲主义与实用美学的流行，快乐哲学或快活主义大行其道，使人们的旅游审美开始分化，不再完全如古人一般在游山玩水中寻求超脱，更加趋向于以休闲娱乐为中心的体验参与，催生了消费时代以休闲体验为主的旅游活动。

休闲体验型旅游的开发有注重文化娱乐、注重体验的特质，旅游工艺品艺术观赏性、参与性的特点，为游客提供了体验与实践地域文化的可能。很多旅游工艺品加工作坊在向游客高水平展示旅游工艺品艺术的同时，邀请游客参与旅游工艺品制作，可以引发游客共鸣，满足游客们自我表现、自我实现的高层审美需求，参与设计制作旅游工艺品等

旅游工艺品设计与制作

活动的设置,能增强旅游的知识性和娱乐性,在使旅游者获得丰富旅游体验的同时促进文化交流,推动独特地域艺术文化的保护与推广。

五、旅游工艺品设计满足"搭车"经济发展需求

"搭车"是指获得某种物品的利益但避开为此支付的人或组织。旅游工艺品作为一种商品进入市场以后,其中包含的工艺、文化、人力等产生经济效益的资本,每一个商品生产者都是最大经济效益的追逐者,旅游工艺品的生产者们也不例外,很多旅游工艺品的加工制作保留了手工艺生产的文化特色,难以利用节约生产时间来提高利润,只有尽可能地运用各种方式来降低生产成本以获取最大利润。对于旅游工艺品加工生产者来说,原材料价格的涨跌与交易数额的多少是难以估计的,唯有充分利用国家发展带来便利交通以及较为成熟发达的旅游市场,以降低旅游工艺品的生产成本、营销成本、渠道成本、组织成本和信息成本,让旅游工艺品艺术搭上了"旅游产业"的便车来获取最大利益。

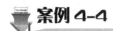
案例 4-4

浙江义乌搭世博顺风车　零售经济吸引中外游客

中新网义乌 5 月 2 日电(见习记者朱丽珍)　作为"世界超市"的浙江义乌,与世博会早有渊源。早在 1915 年,义乌红糖代表中国物产参加巴拿马万国博览会并获得金奖。如今,世博会在"家门口"上海举办,流淌着经商血液的义乌人瞄准商机,不少店铺一改"概不零售"的姿态,做足"零售文章"吸引中外客商。

有"小商品的海洋,购物者的天堂"之称的义乌,因物美价廉的小商品名扬海内外。近日,义乌国际商贸城出现了不少从上海世博会转道而来的中外游客,如特色手链、挂件、脸谱等具有"中国特色"的商品,成了市场的香饽饽。

"我们准备五月中旬参观上海世博会,有个朋友在义乌上班,我们是慕名来到义乌国际商贸城游玩购物的。"来自法国的一对夫妇表示,走进义乌国际商贸城,犹如走进了一个小商品的海洋,"化妆品、工艺品、饰品,还有玩具,什么东西都有,我们从来没有见过这么大的市场。准备挑一点比较有中国特色的纪念品回国送给朋友。"

在国际商贸城,搭着上海世博会的"顺风车"到义乌的中外游客不在少数。"我们

之前是不零卖的,主要以批发跑量为主。店里就放一些样品。但是上海世博会有零售商机,尤其像我们这种扇子,是颇具中国特色的,之前就有不少老外来问产品的价格,想买回去送人。"在国际商贸城经营纸扇的吴女士介绍,前来采购的中外游客是上海世博会送给义乌的"礼物",随着到世博会参观的游客逐渐增多,转道义乌的采购商人数也会水涨船高。"既然有这么多潜在的客户,那我们也不会放弃,很多款式现在都推出了零售。"

而吴女士介绍,不少精明的义乌商人都已蓄势待发,准备从世博会"捞一桶金"。"其实平时国际商贸城大部分店铺都不零售的,不过世博会这个特殊时期,像玩具、饰品等不少店铺,都推出了零售。"

如今,"精彩世博看上海、全球采购到义乌"已成为义乌人的口号。记者了解到,"世博会全国财富之旅"、"全国百城进世博"和"世博体验之旅"都出现了义乌的身影。而商城集团针对世博会,还开辟了购物旅游特色专业街、进口商品馆、生产企业直销中心等购物旅游专区和5000多个"购物旅游推荐商位",接待从世博会转道义乌的全球游客。

评估练习

旅游工艺品设计满足哪些需求?

第二节　旅游工艺品设计的内在驱动

教学目标

1. 掌握旅游工艺品设计本体需求。
2. 了解旅游工艺品设计的传承内容。

一、传统工艺传承面临困境

传统工艺是民族文化的瑰宝,值得传承与保护,但在各种不同文化和审美价值观的影响、大量工业化产品迅速进入人们日常生活的今天,传统工艺受到了前所未有的冲击,工艺传承的模式被打破,造成了工艺与工艺品面临失传、消亡的局面,主要表现为以下形式。

(1) 利用现代科技和机械化生产的现代工艺品迅速进入人们的日常生活，以廉价、美观和实用迅速取代了传统的手工艺品，民间艺人失去了实用市场后不得不减少或停止生产。

(2) 随着现代生产方式、生活方式、娱乐方式与科学技术的普及，各种与传统价值观念相适应的手工艺品不再满足新的文化娱乐与生产生活，逐渐退出历史舞台。

(3) 受各种传媒的影响，年轻一代不断追逐各种外来价值观与审美观，迅速丢弃自己的文化传统。

(4) 由于各族人民，尤其是年轻一代欠缺对自己民族文化的文化自觉，把世代相传的手工技艺看作是单纯的生计能力，当技艺失去谋生的作用后，便随着艺人的去世而流失。

随着人类生活现代化的进一步发展，现代工艺品将更大范围地取代各种传统手工艺品，传统工艺传承的必要性和紧迫性增强。

案例 4-5

即将消失的绒花

南京绒花故事多，曾是昔日正月里的时尚。

过去，老南京人在过年的正月里，讲究把自己打扮得漂漂亮亮的，小媳妇和大姑娘们喜欢头插绒花作为装饰。传统工艺绒花在南京曾经流行了数百年，如今，这个昔日的时尚却消失得干干净净。

绒花是一种以蚕丝为主要原料的手工饰品，明清以来，一直是南京的传统民间工艺品。如今，南京市面上已难觅其足迹，但它却曾是王室贵族和百姓人家广泛使用的吉祥饰物。

绒花，谐音"荣华"，寓有吉祥祝福之意，故南京有"一事三节"(即婚嫁喜事和春节、端午节、中秋节)以绒花作为装饰的习俗。每到此时，妇女、孩子都会在发髻、发辫或两鬓，插一支色彩艳丽的头花作为装饰。

绒花品种很多，除头花还有脚花、帽花、罩花、戏剧花等类，后来又发展出绒制凤冠、鸟兽鱼虫、盆景建筑等(见图 4-5)。

第四章　旅游工艺品设计的方法

图 4-5　南京绒花传承人赵树宪先生

绒花的造型与内容亦多选用民间祥瑞题材，表达吉祥之意。如传统头花"万事如意"，就是以万年青、柿子、如意等谐万、事、如意之音。在绒花的品种中，"凤"被视为极品，行业里称"绒花凤打头"。因此，南京过去的绒花艺人的艺名最后一个字都取"凤"字，如赵习凤、周家凤，听起来像女人的名字，实际上他们都是男性。

绒花工艺相传始于唐代，到明代，南京绒花有了专门的作坊，生产也具一定规模。这大概与当时南京云锦业的发展有一定的关系。绒花的主要原料是蚕丝的下脚料，而生产云锦的过程中会产生大量这样的材料，为绒花工艺的兴起提供了条件。

清代，对于进贡朝廷所需绒花的生产更加规范和严格，当时的南京，官府专门设有"七作二房"，七作即银作、铜作、染作、衣作等。"二房"是帽房和针线房。专供朝廷的绒花就是花作的工匠们所制的。据记载，当时七作的工匠有1000多人，而二房所管的女工也达到1100人之多。

过去，南京制作绒花的作坊和店铺大都集中在三山街至长乐路一带，清朝时称花市大街，各种绒、绢、绫花都集中于此，尤以绒花盛极一时。苏、皖、赣、豫等地的商人，经常到南京采购绒花。绒花的制作与销售，一般都是前店后作坊，工人以同一家族的妇女为多。

每家作坊都有自己的特色产品。绒花的销售四季皆宜，而生意最好的当属过年前后，那些名为"全福花"、"如意花"、"寿星花"的绒花最受欢迎。

除了专门的作坊和店铺外，当年南京还有一些走街串巷的绒花艺人。刚解放那段时

旅游工艺品设计与制作

间，南京大街小巷还经常可以看到身背圆屉，手执长柄镗锣的绒花艺人，他们边走边吆喝，手中的镗锣不时发出清脆的叮当声响。遇到客户，他们就放下身后的圆屉，把一层层绒花抽出，放在地上，供人欣赏和选择。圆屉一般有4～5层，每层装有不同样式的绒花。他们还备有半成品的绒条，可以根据顾客的要求即兴创作，作品往往是独一无二的。

制作绒花的工具主要是剪子、镊子和木制搓板，主要原料为蚕丝、铜丝(宫廷用白银拉丝)、菜籽、松香油、绉纹色纸等。蚕丝一般为缫丝厂的下脚料，有生丝和熟丝之分，生丝坚挺，宜做大型的鸟兽鱼虫，熟丝柔软，适宜精细的花型。主要工序为拣丝、染色、下条(钩条)、打尖、传粘等。绒花的制作过程，全部为手工操作，非常烦琐。

20世纪50年代，南京市人民政府把从事绒花生产的个体作坊和绒花艺人组织起来，成立了艺美绒礼花合作社，厂址就在今天的绒庄街。从20世纪50年代到80年代，是南京绒花的生产与销售的鼎盛时期。老艺人周家凤等人的作品《龙舟》、《龙凤呈祥》、《龙凤喜烛》等作品还在全国工艺品美展中屡屡获奖。

如今，随着时代的发展，人们的生活方式和审美观念发生了很大改变。南京绒花由于成本高、产值低、式样老套等诸多因素早已停产，大部分年轻人已不知道什么是绒花，制作工艺正面临着人绝艺亡的危境。

二、旅游开发对旅游工艺品设计的要求

在民间传统工艺整体面临困境的时候，众多旅游工艺品却在旅游开发中找到了新的市场，将古老的手工艺文化传承延续下来。旅游工艺品在旅游开发中的发展传承主要具有以下特点。

(1) 提升旅游工艺品的审美价值，适应旅游需求的审美性。旅游业的发展要求旅游工艺品的设计制作更加突出审美价值，需要不断研发设计新的器型与装饰纹样，研发新的功能属性，改进旅游工艺品的包装、宣传，使之成为令游客赏心悦目的旅游产品。游客对旅游工艺品的需求促成旅游工艺品市场的兴盛，加工生产者获得经济效益是促进其传承与发展手工艺的良好方法。旅游工艺品在旅游业的发展中不仅获得经济效益，还将各地区的民族文化展示给游客，展示给世界，最终也将古老的手工艺传承下来。

(2) 继承手工生产的同时，引进新的加工工艺和生产技术，开发新的旅游工艺品，在发展与创新中继承与发扬新旅游工艺品，手工艺是旅游工艺品的文化特色之一，利用

第四章 旅游工艺品设计的方法

先进的科学技术与生产工艺制作出的各种现代旅游工艺品也丰富了旅游工艺品的种类，扩大了旅游工艺品的销售市场，在具体旅游工艺品品牌日益提升的时候，为地域性技艺的传承与保护创造了良好的环境与契机。

三、旅游工艺品设计要求传承特质

中国传统的手工业要在当代复兴，成为旅游工艺品的中坚力量，其结果与面貌定会与历史传承有所不同，从众多传统旅游工艺品在旅游业中获得传承发展的成功的例子中可以得出复兴传统手工业有以下几种特质。

(1) 传统手工艺品成为游客们在观光旅游中，以及在选择旅游工艺品中争先购买的文化商品，是民间传统手工艺在旅游经济中找到的生存发展之路，也是人们了解传统工艺文化的模式。

(2) 传统手工艺品作为旅游产业的附属产品，获得规模化、产业化的创新发展、使民间传统手工艺走向新生，获得发展。

(3) 注重产品样式多样化与个性化，注重多功能化，最大限度地满足人们物质、精神层面的需求，在创新中传承民间传统工艺文化。

(4) 原料仍以天然为主体，也不排斥恰当地使用人工材料，工艺仍以手工制作为主体，也会根据需求运用相应的先进技术与工艺，扩大传统手工艺文化艺术的外延，形成新的工艺品，从中传承发展民间传统工艺文化。

案例 4-6

扬州漆器装点现代家具制造

第 22 届深圳国际家具展，扬州漆器厂也组团参加，并且包下了一个 44 平方米的大展位，展示企业与合资方共同生产的现代漆器家具。漆器厂有关负责同志还透露，在今年"烟花三月"期间将举办的中国扬州漆器文化艺术节上，有一项重要内容就是漆器家具展示。

传统的漆器如何融入现代生活？扬州漆器厂一直在探索着扩大传统漆器市场，走出漆器只能成为艺术品、礼品、陈设品的传统思维，通过现代装潢进入不同的市场。

随着现代宾馆业的兴起，传统漆艺在装饰工程中得到更为广泛的运用，近年来，扬

旅游工艺品设计与制作

州漆艺作品屡屡被高档酒店和涉外场所选中。其中，雕漆地屏《江山入画图》入选中南海紫光阁；《清明上河图》、《郑和下西洋》、《江苏胜境》等一批大型漆艺壁画则被上海新锦江大酒店、锦沧文华大酒店、江苏大厦等五星级酒店安放在最显要的位置。目前，漆艺壁画已占据扬州漆器厂销售份额 1/4 强，成为新的增长领域。扬州漆器厂相关同志介绍说，目前国内星级酒店的评定越来越注重传统文化元素的考量，文化分已从五年前的 10% 上升至目前的 30%，这就为扬州漆艺提供了一个极好的发展机遇。

除此之外，去年，扬州漆器厂又与有关方面合资成立扬州经典漆器家具有限公司，以扬州传统漆器工艺为蓝本，吸取欧美及中国传统家具的造型艺术和表现手法，运用雕刻、镶嵌、镀金、描银、饰玉……将扬州漆器的制作工艺融入家具中，产品一面市大受欢迎，当年的销售就超过了 300 万元。

评估练习

举例说明旅游工艺品设计的传承内容。

第三节　旅游工艺品设计的原则

教学目标

理解并掌握旅游工艺品设计的原则。

一、参与性原则

体验重视游客的参与，游客体验的感受与参与的程度成正比，参与体验程度越深，感受越丰富，效果越好，反之则感受越淡薄，不能留有深刻的印象，全身心投入的参与能满足旅游者在参与感上的喜悦，因此，增加旅游者的参与性是使游客获得深刻体验的重要途径。

二、个性化原则

旅游市场的竞争性强调旅游体验型产品的独特性，体验型旅游产品的生命力与其个性化的程度休戚相关，要使体验型旅游产品迅速占领旅游市场，必须强调体验型旅游活动的个性化,打造属于自己的体验品牌;所谓个性化就是与众不同,而拥有个性化物品将使拥有者感觉自己与众不同从而带来自我满足感,或者使他们容易获得别人的注意而产生自豪感。无论是自我满足感还是自豪感,这些积极的良好的体验都是可以从拥有这种个性化的物品中获得的。这正是人们越来越喜欢和追求个性化产品的根本原因。因此随着物质均质化的结束,个性消费成为人们新的消费热点。

三、差异性原则

差异性是在参与性、个性化原则上提出的更高要求,不仅要做别人没做过的,还要做得更好、更特别,保持体验活动的独特个性,保持良好的竞争优势。

四、文化与商业结合的原则

文化才是体验型旅游商品的真正内涵与生命,旅游活动不仅是一种经济活动,也是一种文化活动,把握好商业与文化的结合,以文化体验为基础,规划好旅游体验活动的发展方向,以吸引更多的游客前来参与体验。

五、情感化的原则

我们人类是有情感的动物。当我们和别人交互时,通过观察别人的面部表情和肢体语言,可以了解他们的内部心理状态和感知他们的情感变化。正是因为我们具备了这种能力,我们用它来感知周围的一切,甚至是对无生命的物体,也是如此。人们喜欢把我们自己的情感、信仰、动机加给动物和无生命的物体,赋予它们人性。对于这些"有情感"的物品,很容易让我们赋于它们人性,使我们的情感作出积极的反应,从而感受良好的情感体验。

六、娱乐化的原则

德国思想家席勒在《审美教育简书》中有个著名论断:"只有当人是完全意义上的人,他才游戏,只有当人游戏时,他才完全是人。"而伴随社会的发展,人们的生活节奏越来越快,压力越来越大,人们长时间地处在紧张的工作状态中。因此,人们希望自己的生活变得丰富、快乐而且轻松。一些以娱乐和游戏为目的的有趣的产品越来越受到欢迎，人们从它们那里获得了快乐。

案例 4-7

吉卜力主题店香港海港城

已有二十六年历史的"Donguri Republic"，店铺遍布全日本，汇集了"Studio Ghibli"的经典人气动画电影包括《龙猫》、《魔女宅急便》、《千与千寻》为主题的各式各样精美产品，在日本得到广泛支持。吉卜力工作室作品享誉世界，屡获国际电影殊荣，深受全球影评热烈赞赏及支持(见图4-6)。日本各地的 Donguri Republic 商店里也常见海外旅客到访购物，近年来更有人数上升的趋势，于是会社决定开设海外店，以方便海外的顾客。

图 4-6 吉卜力主题店

香港不仅常有吉卜力工作室新电影上映，吉卜力工作室全部电影的 DVD 光碟，亦可以随时在香港购买得到。加上电视经常播放吉卜力工作室作品，更增加香港新一代对吉卜力工作室的支持，令其拥有相关产品的渴望提升。选择在最大型且汇聚世界各地旅客到访的尖沙咀海港城 LCX 开设第一间海外店，就是希望无论是否是吉卜力工作室粉丝，香港人以及海外游客，也能在该店购买到日本的正版产品，以及专为香港粉丝设计的限定版商品。

作为 Donguri Republic 在日本国外首间店铺的海港城 LCX 海外店，除了可以找到"吉卜力工作室"各种衍生商品，更是一间只要踏进一步，便令人有如置身吉卜力工作室动画世界的地方。Donguri Republic 的入口，有一只栩栩如生的巨型龙猫欢迎各位。然后大家只要穿过一条森林隧道，便有如置身"Studio Ghibli"电影的世界一样。

Donguri Republic 盼望能成为一间使顾客心情平静和温暖的地方，令香港的宫崎骏及吉卜力工作室影迷，还有世界各国的旅客到访 Donguri Republic 海港城 LCX 店时都能充满欢笑，在店内选购的时候，能将观赏吉卜力工作室作品时的心情、回忆和欢乐，分享给身边重要的人。

评估练习

旅游工艺品设计原则的规范意义。

第四节　旅游工艺品设计的属性

教学目标

理解旅游工艺品设计的属性。

一、装饰性

装饰性要求运用夸张、变形的手法，超脱自然的形象，强调造型同元素的特征来适应工艺的制作与服从意境和情调的需要，具体从形象的概括(夸张美的部分)、构图(强调形式美)和细节三要素来把握。工艺品的制作要强调细节的处理，曲线的弯度、打点的装饰等细节的体现决定了工艺品的优劣。

案例 4-8

装饰艺术运动

装饰艺术运动是一个装饰艺术方面的运动，但同时影响了建筑设计的风格，它的名字来源于 1925 年在巴黎举行的世界博览会。当其在 20 世纪 20 年代初成为欧洲主要的艺术风格时并未在美国流行(大约 1928 年)，快到现代主义流行的 20 世纪 30 年代前才在美国流行。Art Deco 这个词虽然在 1925 年的博览会创造，但直到 20 世纪 60 年代对其再评估时才被广泛使用，其实践者并没有像风格统一的设计群落那样合作。

Art Deco 演变自 19 世纪末的 Art Nouveau(新艺术)运动，当时的 Art Nouveau 是资产阶级追求感性(如花草动物的形体)与异文化图案(如东方的书法与工艺品)的有机线条。Art Deco 则结合了因工业文化所兴起的机械美学，以较机械式的、几何的、纯粹装饰的线条来表现，如扇形辐射状的太阳光、齿轮或流线型线条、对称简洁的几何构图等，并以明亮且对比的颜色来彩绘。例如，从亮丽的红色、吓人的粉红色、电器类的蓝色、警报器的黄色，到探戈的橘色、带有金属味的金色、银白色以及古铜色等。同时，随着欧美帝国资本主义向外扩张，远东、中东、希腊、罗马、埃及与马雅等古老文化的物品或图腾，也都成了 Art Deco 装饰的素材来源，如埃及古墓的陪葬品、非洲木雕、希腊建筑的古典柱式等。

这种最早出现在法国博览会临时展示馆，看似既传统又创新的建筑风格，结合了钢骨与钢筋混凝土营建技术的发展，让象征着资本主义教堂的摩天大楼成为可能，并且于资本主义中心国家的大城市里得到了实践场域。典型的例子是美国纽约曼哈顿的克莱斯勒大厦(Chrysler Building)(见图 4-7)与帝国大厦(Empire State Building)，其共同的特色是有着丰富的线条装饰与逐层退缩结构的轮廓。除了这些举世闻名的建筑物外，在其他类型的建筑物，无论是私人或公共建筑、纪念性或地域性，都可以看见 Art Deco 的影响，如方盒状的公寓、巨型的发电厂与工厂、流线型且充满异国色彩的电影院、金字塔状的教堂等，都因其寓意式的装饰或花纹状的浮雕而被称作 Art Deco 建筑。

图 4-7　克莱斯勒大厦(纽约)

二、功能性

旅游工艺品的设计要注重美与功能的统一，不同功能的器物为纹样、造型的设计提

第四章　旅游工艺品设计的方法

供了多变的形态，造型、纹样的设计不仅要考虑加工工艺是否能够达到，同样要考虑到最后成品的使用效果。

产品的功能是指产品与人之间那些能够满足人的某种需要的相互作用。大范围而言，实用、象征、审美、表征等都可称为产品的功能。而此处所述特指产品的实用功能，即指设计对象的实际用途或使用价值。如标枪可以用来捕捉猎物，陶瓷可以用来盛食物，床可以用来休息等，都属于实用功能。

在产品功能性语意的塑造中，功能通过组成产品各部件的结构安排、工作原理、材料选用、技术方法及形态关联等来实现。如在汽车设计方面，无论是结构还是形式，都首先从汽车功能(运送乘客服务)这一目标出发，强调功能性原则。在设计上把注意力放在消费者的需要和现代科技的发展上，要求汽车能适应不同的环境，以此推动产品的更新。

此外，产品功能性语意的塑造还应来源于对原有功能的再认识，经常不断把头脑中不成型的印象，直接与现实中的事物保持接触，延展出新的功能组合，进而创造出与新功能相符的新形态，即进行功能语意的创新。只有这样才能推动设计的进步。功能是产品中普遍而共同的因素，它能使全人类做出同样的反应，可以使设计达到跨国界、跨地域、跨民族、跨文化的认同。因此，我们应该树立功能分析的概念，注重对功能的改良和创新，运用理性的思维方式设计出能被大众理解和接受的造型。

功能性要求产品容易理解。现代工业出现以后，设计与工艺制作过程脱离，造成了产品形式与功能的脱离，对于不熟悉新产品的使用者来说是难以操作的。产品要为人们所理解，必须要借助公认的语意符号向人们传达足够的信息，向人们显示它是怎样实现它的功能，从而让使用者确定自己的操作行为。语意的塑造就是要求产品设计师找到一种能准确传达情感的语意符号，来表达设计师的思想和产品的操作方式，进而通过这种语意符号达到与使用者在语意学的领域内建立人性的关系，从而引起消费者在使用方式和情感上的共鸣，以达到情感的沟通和交流。

同样的功能或用途可以有不同的组合方式，即用不同的符号表示相同的意义。如家具抽屉的拉出方式，既可以是外显的，用不同形式的把手加以指示；也可以是隐含的，用一定空间间隔指示出暗槽的部位。因此，示意性语意的塑造要求设计师掌握基本的形态语意特征。只有掌握这些特征才能使"意"的表达更加准确。产品应当使使用者能自教自学，自然掌握操作方法。使用者通过观察、尝试后就能够正确掌握它的操作过程，学会使用。

三、风格属性

旅游工艺品的设计有其民族的风格、时代的风格和作者的风格，在相同或是相似的历史背景、经济文化、风俗习惯中设计创作的作品虽有共性但也具有各自不同的风格，工艺品的创新设计应该带有制作者不同的风格，并运用鲜明的形式表现出来。

南 桃 北 杨

桃花坞年画是中国江南主要的民间工艺木版年画，因产地在苏州城北桃花坞而得名，与天津杨柳青年画并称为"南桃北杨"。它始于明代，盛于清雍正、乾隆年间。此后江南各地受其影响，陆续开出画坊，其作品内容丰富，题材广泛，形式独特，强调了江南水乡百姓欢度佳节的喜庆气氛和祈求幸福生活的美好愿望，谓能"巧画士农工商，妙绘财神菩萨"，并且"尽收天下大事，兼图里巷新闻"。

桃花坞木刻年画采用了夸张的造型，丰富的构图，流畅的线条，鲜明的色彩，极具意趣。苏州这个富庶的江南名郡当时不仅商业繁荣、风情独特，而且文人辈出、书画集结，于是孕育了一大批民间美术匠师。到明末清初时，桃花坞木刻年画达到了最繁盛时期，当时的画铺约有四五十家，大部分设在苏州的枫桥、虎丘、三塘街和阊门内桃花坞至报恩寺塔一带。在最鼎盛的时期，桃花坞木刻年画年产量达到百万份以上。

桃花坞年画还能"说唱"。当时摊贩们把桃花坞年画带到中国各地，每到一处，摊开画后，为吸引购买者，便通过说唱来讲述年画的内容。说唱的曲调和唱词各有祖传，内容也不尽相同。如《金鸡报晓》中唱道：大公鸡，半夜三更喔喔啼，黄鼠狼想吃鸡，垂口水，嗒嗒滴，偷鸡不到蚀把米……如此生动的说唱表演，给人们留下了深刻的印象，也促进了桃花坞年画的销售。

最早的年画其实是由驱鬼的"桃符"演变而成的门神画，每逢过年的时候，在门上贴两位怒目圆睁的守门神，图的是驱鬼避邪，祈福来年平安，所以年画也只有过年才贴的。在苏州这样文人、富商云集的地方，贴年画的名堂也十分讲究：大门由门神秦叔宝、尉迟云把守，客厅的门上则多贴《花开富贵》、《一团和气》，卧室里挂的是《麒麟送子》，书房里大多贴《五子夺魁》。

桃花坞年画独特的一版一色的木版印刷法更体现了画、刻、印的完美统一，形成了浓郁的地域特色和鲜明的艺术个性，其作品享誉海内外，尤其是对日本江户时代的浮世绘产生了极大的启发和影响。桃花坞年画被国外博物馆、美术馆收藏，在美术史、民俗史上占有一席之地。

四、工艺性

《考工记》的观点："天有时，地有气，材有美，工有巧。合此四者，然后可以为良。材美工巧，然而不良，则不时，不得地气也。"意思是：只有将天时、地气、材美、工巧四个条件紧密配合起来，所制作出来的器物方称得上是精良。后一句则强调了在天、地、材、工四者中，天时、地气的决定作用。这句话揭示了中国古代一个重要的造物原则和价值标准。所谓"天时"指天有时令、节气和阴阳寒暑的变化，所以"取六材必以其时"。所谓"地气"指不同地区有气候、方位和土脉刚柔的区别，所以有"南橘北枳"之变。所谓"材美"是说物质材料要求美好，是肯定人对材料质地品性的选择性，要求工匠根据实际需要去主动地利用材料的各种属性。所谓"工巧"，则是在"材美"的基础上施以精巧的加工工艺。在2500多年前，古人就注意到"天时"、"地气"这些客观的自然因素对造物活动的影响，注意到造物活动应该与自然规律相适应、相协调，同时也体现了早期的造物活动对自然较强的依赖性。"材美"、"工巧"更多的是强调造物活动中人的主观能动性。现代工艺的进步早已突破了"天时"、"地气"的局限圈囿，"材美"、"工巧"的造物思想反而在材料科技的快速发展、制造工艺的日新月异的现代设计中凸显得愈发重要。

设计是"根据事先对物品的材料选择，经过制作加工到产品完成并得到使用的全过程而进行的设想行为"。所谓"好设计"是指那些能够把传统手工艺、自然材料和现代用途结合得很好的设计。在现代设计行为中，材料的叙事功能是通过材料的形状、形态、肌理及其特性加以传递的。比如，每一种木材都有其特有的一系列物理的和工艺方面的特性，如吸湿性、易腐性、柔软性、脆弱性、纹理结构特征。所有的特点在很大程度上决定了这些木制品所产生的触摸感、强度和外观。因此，当我们决定对某种材料进行加工之前，不仅要从材料本身的角度考虑其工艺的特性，还必须从使用者和环境的角度考虑到材料与人机界面的特殊关系，考虑其工艺与周围环境的有机联系等问题，真正选择与器物设计、与材料适合的工艺。

材料不同的内部结构决定着材料不同的物理和化学性能。如木材内部的纤维素与木质素结构决定着它的吸湿性和抗变形性，塑料的分子结构决定着它的耐磨性和绝缘性。而材料的特性又决定了一定的工艺加工方法和艺术造型特征。如木材的锯、刨、凿、烤、钉、榫接工艺等，塑料的挤、压、延、吹、喷射、发泡等一系列与之相应的工艺技术，都建立在不同材料自然属性的基础上。

工艺与材料相辅相成，与造物活动更是息息相关。材料是工艺的材料，工艺是处置利用材料的工艺，而器物则是材料与工艺共同作用的结果，是造物活动的实现目标。丰厚的物质材料是"材美"的凭借，先进的技术工艺为"工巧"提供支撑。在造物活动中，首先要求"材美"，即根据实际需要去主动地体认材料的各种属性，进而选择恰当的材料。只有主动地了解材料，才能因势利导地发挥材料的"材性"，即用材料的工艺技术所创造的"型性、构性、工艺性"来弥补"材性"的不足，这是"工巧"的基础，也正是人类主动适应自然的表现，体现了设计的作用。

"型性"是指材料与工艺对器物造型的限制。在造物活动中，一般会以材料容易加工出的造型来弥补材料自然属性的不足。比如，采用塑料制作矿泉水或果汁的包装瓶，特意在瓶身上设计一圈凹槽的造型，有效增加了塑料瓶的抗压能力。

"构性"是器物结构对受力的抵抗形式与能力。在造物活动中，通常会采用某种稳定的结构来弥补材料机械性能的不足。比如，瓦楞纸就是以特殊的内部结构有效增强了纸的抗压强度，而中国传统木器中的榫卯结构则是最典型的事例。针对不同的结构需求制作相适应的榫卯结构形式，使木制品适应冷热干湿的变化，以"构性"弥补木材"材性"的不足，从而达到坚实牢固的目的。

"工艺性"是指材料工艺的特点、条件、限制、禁忌等。在造物活动中，是指以合理的工艺弥补材料的加工性能、化学性能、机械性能等的局限。比如，将普通退火玻璃加热后快速冷却加工成钢化玻璃，从而有效弥补了普通玻璃易碎、抗冲击力低的材料缺陷。木材因其吸湿性而极易变形和虫蛀，所以传统木器在制作之前都会采用特殊工艺给木材去性，这也是现在传世的许多红木家具历时百年却不走样的原因。

设计是探寻、革新的过程。研究设计是求证设计的产生、发展的历史进程，我们今天研究设计的目的不仅仅是了解设计本身，更是为了知道设计的缘由何在。从以手工制作为基础的传统工艺到以机械生产为基础的现代设计，虽然"天时"、"地气"早已不

第四章 旅游工艺品设计的方法

再是制作良器的决定性因素,但"材美"、"工巧"所倡导的科学合理的选材、用材的思想理念,在现代设计中依然闪耀着璀璨的智慧光芒。传统的内容不会消亡,它总是以新的形式再次出现。我们应该结合时代特征,体悟中国传统造物文化的精髓,领悟其与现代设计相通的造物思想特质,创造属于本民族的现代设计文化。

案例 4-10

明式圈椅

中国古代遵循"丹漆不文,白玉不雕。宝珠不饰,何也?质有余者不受饰也,至质至美"的艺术传统,因此产生了造型淳朴精练,简明生动,不事雕琢,强调天然材质美的明式家具。"云林清秘,高悟古石中,仅一几一塌,令人想见其风致,真令人神骨俱冷。故韵士所居,入门便有一种高雅绝俗之趣。"因此,明人对于陪伴自己日常起居的家具也必求简约、单纯、典雅,努力去表现种种脱俗超然之不凡的形体和式样,取得尽善尽美的造型效果。

明中叶之后,硬木家具开始流行。在以苏州为中心的江南地区,并受到了文人阶层的青睐和倡导,以花梨木、紫檀、铁力木、榉木、红木等为主要用材的家具产品,成为一种崭新的社会时尚。在明清两代家具中,新颖的高级硬木家具与传统的漆氏家具,已经完全形成两种不同类型的家具。时人将时尚的硬木家具称谓"细木家具"或"小木家伙",把它与民间原先使用的"银杏金漆"家具相区别。

明清硬木家具以崭新的面貌展开了中国家具的新篇章,体现了时代发展的新趋向,使中国的传统家具形成了一种新的风格和新的类型。所以,将明代出现的,其造型、式样、品质、风格都充满新的时代精神的硬木家具称之为"明式家具"。一方面将它有别于明代的漆家具,另一方面因这类家具由明入清,在江南一些地区,一直到清代中晚期仍有继续生产,不受时代所限,故称作"明式"(见图4-8)。

明人文震亨在《长物志》中将花梨木、杞梓木、香楠木等称之为"文木"。因材质变化而产生的新颖结构,集古代卯榫构造大成而产生的架式结构,以及天工开物的造型设计,这些是"明式家具"最突出的文化特征。

明清家具生产的黄金时代,是明式家具成就最高的时期,其最主要的产地是以苏州为中心的江南地区,故苏州常被称作明式家具的故乡。正是这一特定地区和特定时期,包括其独特的历史条件和文化背景，孕育了明式家具鲜明独特的艺术特色和隽永卓绝的典雅品质。

图4-8　明式圈椅

明式家具通过舍弃传统的漆饰工艺技法，充分地展示了细木工艺的优秀技能和材料独特的艺术效果，并创造性地运用"线"来塑造、表现、传达形体造型的式样，成功地构建起了明式家具别具一格的造型艺术形象。线是中国造型艺术的独特语言，中国绘画、雕塑中自古以来都是以线造型，古代人物绘画中的铁线描莼菜条等用笔线条开创了中国用线造型的先河。明式家具主要用"线"来体现家具形体的"轮廓线"和构件加工产生的"线脚"，从而使明式家具表现出隽永卓绝的线条美。如椅子的"S"背板曲线和案桌反马蹄腿足的曲线走势，都是直接传达中国家具民族风格的典型形式。

为了增进明式家具的线条美，木工匠师在家具上创造性地运用了"线脚"的处理手法。明代午荣等人著《鲁班营造式》一书中记载有"剑脊线"，"棋盘线"、"勾脊线"等。这种线脚也就是我们经常在明式家具上看到的程式化的线形。民间师徒相传沿袭下来的线形还有所谓的阳线、凹线、洼线、碗口线、鲫鱼背线、泥鳅背线、鳝肚线等几十种。这些名称，大多是凭直觉来命名，意象什么就叫什么。

明式家具不事雕琢，装饰部件结构化，结构部件装饰化，从而使形体产生了简洁明快、材美工巧的审美价值。材美工巧是明式家具的另一个风格特点。"丹青无定法，象外运神机"，明式家具依靠精美的用材和精巧的工艺，取得了别具一格的装饰美。例如，老花梨木家具，不但呈琥珀色调，棕黄发亮，而且在稠密的纹理中还嵌有斑驳的棕眼，富有晶莹的质感。再如，紫檀木家具，由于木质坚韧而细密，带有棕紫或黑紫色的闪光，因此，家具打磨后无需揩漆，就能呈现出一种富丽的光泽和色调，使家具呈现得十分高贵。

评估练习

举例说明旅游工艺品设计的属性。

第五节　旅游工艺品设计的构思

教学目标

1. 掌握设计构思的方法。
2. 应用设计构思的方法。

旅游工艺品是游客们旅游经历的物化记录，能够满足游客表达和延续其旅游经历的需要；旅游工艺品的设计与制作实现现代与古代调和、匠心与技术调和、文明与文化调和、设计者与消费者调和、人与自然调和；是功能与美和谐统一，感性表现与理智规范的和谐统一，满足人们物质上与精神上的审美需求；具有独特性、艺术性、便携性等特点，是各景区旅游购物的重要组成部分，旅游工艺品的设计开发直接影响到文化的传承与发展、生产者的经济利益、地方旅游业发展前景等问题。

旅游工艺品的创新设计强调产品艺术内涵与地域民族的人文蕴含，应该立足于本土，不能一味追求标新立异、四处借鉴模仿，脱离原文化根基。旅游工艺品的设计是内容与形式、功能与美、理智与情感的辩证统一，创新设计要注重艺术构思与表现技巧。艺术构思决定着设计的深度、意境、倾向，设计技巧则对设计构思的表达起着关键的作用。

我国古代制型精巧、装饰精美的百工之作是旅游工艺品创新设计的丰富资源，可以从中挖掘出适合现代审美观念与审美趣味的造型，使旅游工艺品的创新设计既保证其民族性，同时也具备现代感。当然仅仅是在旅游工艺品的形制上下功夫是不够的，形制装饰的设计与制作工艺的完善也缺一不可，以下是从设计的构思来探讨工艺品的设计创新。

一、寻找情感

人类具有"同情"和"通感",对情感的表达,通过"同情"很容易让人们的情感系统做出积极的反应,产生愉悦的情感体验。因此寻找情感进而开发的旅游工艺品也会使旅游者感到愉悦。情感化产品从商品角度讲就是指具有表达情感状态特征的产品,通过形态、材质、使用方式以及相关的背景故事,吸引消费者,并营造快乐的情感特征,让生活充满感动和快乐。设计者可以从传统工艺品的形态、功能、肌理以及工艺品的背景和相关的故事等出发,寻找能够吸引旅游者,使旅游者产生一定的共鸣的元素,从而创造出具有审美体验的产品。如古人总以玉、莲、梅等自然物"比德",这些物会被人性化和感情化,因此用物的情感化设计出的旅游工艺品就将富含文化内涵,而显得格外珍贵。

对于旅游者来说,当地很多富有特色的旅游工艺品只是有所耳闻,如大家所熟知的北京景泰蓝、苏州的刺绣、景德镇的陶瓷等,但对其历史背景、制作工艺、制作流程及相关知识等真正了解的又有几个呢?所以如果先让旅游者能够体验到这些传统工艺品的深厚的内涵,而对其产生文化和心理上的认同感,那么也就无须你多介绍,旅游者也会自掏腰包,争相购买了。

所以,如果能在开发设计时,从旅游者的视觉、触觉、味觉、听觉和嗅觉等各个方面进行细致的分析,突出旅游工艺品的感官特征,为旅游者创造良好的情感体验,那么旅游工艺品一定会受到旅游者的青睐。

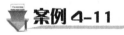

阿莱西设计

2007年ALESSI与台北故宫博物院的跨界合作,由他设计出一组以西方趣味观看东方文化美学的"清宫家族 The Chin Family"系列(见图4-9),摩登清新的清宫娃娃造型,引起抢购风潮,产品销售量为ALESSI其他商品销售量的三倍以上。而第二年再次合作的"东方传说 Orientales"系列,如天堂鸟椒盐罐组、莲花小碗、石榴糖罐、百合池寿司盘组、猕猴瓶塞、秘鱼漆盒等,每件都充满活力、结合幻想与乐趣的生活精品,其结构皆分别铸模成型，辅以手工绘制，再经 31 道手续制作完成，再次引起全世界争相购买。

图 4-9　阿莱西设计"清宫家族"系列

荷 兰 木 鞋

木鞋是荷兰最具民族特色的工艺品，是民族风俗文化的缩影。木鞋也是荷兰的"国粹"，是最具民族特色的工艺品，是民族风俗文化的缩影。目前荷兰还有二十来家木鞋厂，年产量大约在 450 万双；其中 1/3 是用来实际穿着的，另外的 2/3 则是作为纪念品出售的(见图 4-10)。

图 4-10　荷兰木鞋专卖店

旅游工艺品设计与制作

木鞋为荷兰创汇已逾亿万美元,今天,荷兰木鞋的实用价值大减,已少有人穿了。倒是观光客喜爱不已,成了必购的纪念品,因为木鞋的造型很可爱,整个样子像一艘小船,可做装饰品,还可以做花瓶。

现在木鞋从设计到制造整个工艺流程完全实现了电脑化和自动化,90%以上的工序由机器完成。据说电脑里储存近千种鞋样可供销售商选择,而每种鞋样的颜色和鞋面雕刻的花纹可以千变万化,从电脑里能调出成千上万种不同款式、型号、色泽、花饰的木鞋设计图样。现在制作一双木鞋只需十几分钟,只要木料不出问题,制作过程中废品率几乎为零。车间里十几台精密机床都由电脑控制。每制作一双木鞋,需由两台机床来完成。先将两块含有水分的上乘白杨木固定在车床上,然后在电脑里选定所需鞋样,设定好程序后,只几分钟,一双造型美观、刻有各种图案的木鞋外形就做好了。再将实心木鞋固定在镗床上,机器启动后,只见刀头如人手般灵活自如由外向里伸进,像挖地道那样逐渐将鞋内掏空,最后将鞋内表面磨光。制作木鞋最后一道工序是上色和刷油,需要手工操作完成。刷好油色,穿上新衣服的木鞋顿时光彩照人。

二、打造个性

"二战"后科技发展所带来的物质极大丰富,使得追求个性化成为人们自觉的消费选择。但纵观全国旅游工艺品市场却呈现式样雷同、品种单一的状况。在旅游景区到处可见那些珠串饰品、木雕人像、水晶玻璃等工艺品作为旅游工艺品出售,缺乏鲜明的地域特色。如何从千篇一律的旅游工艺品中脱颖而出,就需要进行旅游工艺品的个性化开发。如绘画、雕刻、编织、陶艺等表现形式的工艺品开发就可以让旅游者自己参与到制作过程之中,满足其亲身体验、追求个性的要求,同时也提供了从业者近距离了解旅游者对旅游工艺品审美倾向的机会,从而可以有效地指导生产开发,使其产品更符合游客的口味。还有,可以根据旅游者的需要,定制一些当地的旅游工艺品,如织绣品、靠垫、挂毯、椅垫等。由于这种旅游工艺品充满个性并带有个人化色彩,定会吸引旅游者的目光。

每个人的个性不尽相同,这就意味着人与人的需求也存在着个体差异性。当人们的自我意识越来越强烈,越来越希望表现自我、宣扬自身的独特性时,个性化需求就油然而生了。正如马斯洛的需求理论指出,人的五种基本需要:生理需要、安全需要、归属和爱、尊重需要和自我实现的需要。所以当人们达到了物质上的满足后,就会通过表现

第四章　旅游工艺品设计的方法

个体的独特价值来寻求尊重和自我肯定。所谓的个性化需求就是人们表现自我，提高个体识别性的需求和行动，是一种自我肯定的方式。对应上文提到的个性的四个特征可以得出个性化需求的以下几点设计策略。

案例 4-12

英王室推官方版纪念品

英国王室宝宝的诞生迅速带动了英国当地的消费产业，各大供应商铆足了劲推出系列纪念品。而英国王室也不甘落后，近日发布了官方版系列纪念品。然而，要想一起留住这份美好的记忆，热心民众可要摸摸自己的口袋了。据悉，这次官方发售的陶瓷系列纪念品最高售价可达 195 英镑(折合人民币 1832 元)。而这一系列包括一个甜品盘，一个马克杯，一个糖果盒以及带有圣诞装饰的婴儿车造型的工艺品。就这次发布的纪念品而言，最便宜的就是饮茶时用的毛巾了，售价 8.95 磅(折合人民币 84 元)。但只要跟陶瓷沾边，这些纪念品的价格就飙升了。比如淡蓝色的陶瓷小马克杯，售价 20 英镑(折合人民币 187 元)；陶瓷糖果盒，售价 30 英镑(折合人民币 280 元)；如果还想要配套的陶瓷点心盘，那你还要多掏 45 英镑(折合人民币 421 元)。当然，跟最贵的大马克杯比起来，这些都太小儿科了。仅在 2013 发售的限量版"爱的陶瓷杯"售价竟高达 195 英镑(折合人民币 1832 元)，虽说与小王子高贵的身份匹配，但也真真是"贵气逼人"。

(一)多样性

多样性就是给消费者提供尽量多的选择可能性，这是对消费者个性化需求的尊重，可以使他们根据自己的需要进行个性化的选择和搭配。同一个品牌会根据不同类型用户群推出多种不同风格、不同功能倾向的产品，或偏重于娱乐，或偏重于商务。同一种产品也会推出不同的色彩、材质系列和少许的细节差别，供消费者选择。现在电子产品行业盛行"换壳"的风潮，一款产品推出时会随之配有多种外壳。还有一些专门生产外壳的周边行业，更给消费者提供了广阔的挑选空间，可以根据服饰和环境来选择。

消费者的个性化需求是非常微妙和多变的，设计师有时很难精确地揣测他们的需求点，所以提供尽量多的选择是产品个性化设计的手法之一。但是必须注意的是，多样性并不是以牺牲经济成本为前提的，我们可以在细节、或颜色上的稍微改动创造另一种风格的设计，而不用完全重新设计制造模具、流程等。

案例 4-13

威尼斯面具

在错综复杂的小街巷，各式各样让人眼花缭乱的小店铺里流连，无意中会邂逅不同坐落在巷角的手工作坊。相比一些出售各种纪念品杂货的小店，面具手工作坊往往显得低调与专一得多。往往这些小作坊和门面相连，门口会常常只挂着各式面具。走进其中，你可以自由试戴面具，以找到适合你脸型和风格的面具(见图 4-11)。

图 4-11 威尼斯面具文化

这些手工坊主会说英语、法语等好几种语言，会向游客介绍各种面具的缘来与意义。据介绍，其中最著名的"Bauta"是一种源自 18 世纪的较古老的面具类型，它可以覆盖在整个脸上，下颚轮廓清晰、硬朗，没有嘴巴，时常配有很多装饰物；"Jester"则是威尼斯很具有特色的一种面具，面具上方有长三角形的装饰物，十分华丽；"Colombina"在意大利文中意为小鸽子，这是一种只遮盖眼鼻部分的面具，由于掩盖面部的部分并不完全，人们还是可以隐约猜测佩戴者的容貌。据手工坊主说，这种面具最为年轻女性购买者钟爱，每年的生产量也最多，看起来小巧轻盈。其实面具的制作工艺十分烦琐，不得不说这是一门独特的艺术。手工坊主也会展示面具的制作过程，首先就是使用面具模子与一种特别的材质制作出白色面具底模。每一种面具都会有好几个型号不同的模子，为了满足不同脸型大小的客人需求。接下来就是为这些白色的面具涂画上华丽的色彩。然后就是装饰美化环节，手工作坊主用灵巧的手在面具上装点上闪片、羽毛、水钻、流苏等各种装饰物，这个环节至关重要，它决定了每个面具不同的风格。坊主一边做着，一边重复着一句话："你不可能在店里找到两只一模一样的面具。"作坊主会随着灵感而创作，手下的每一只面具，都是这个世上独一无二的艺术品。最后，一条漂亮的绑带被固定在面具上，一只完美的面具就完工了。此时，坊主在面具的背面盖上一个威尼斯制造的印记以及手工作坊名，以证明它的诞生处。工匠的手艺与用心，加上威尼斯的光辉历史，决定了这里的面具并不只是一个简单的旅游纪念品，更是当地手工艺人想传达给游人的关于历史与艺术的一个完美绝伦的载体。

(二)差异性

俗话说森林里不可能找到完全相同的两片树叶，人与人之间的需求有共同的方面，也有不同的方面。由于遗传因素和环境因素的不同，世界上没有两个人的需求系统是完全相同的。需求差异性实质上就是个性化的一种表现，各种不同的需求区分了大众群体，构成了形形色色不同的个性群体。例如，人们在服装的选择上，每一个年龄层都有属于自己的着装准则，你可以一眼认出哪些是上班族，哪些是嘻哈的自由学生。同时，每个人又有自己独特的喜好品位，虽然人们会推崇时尚流行，但大多数人是无法忍受"撞衫"事件的，因为这与人们个性化的需求相违背。所以，同质化的时代已经过去，要满足人们的个性化情感需求，首先就要创造差异性的设计，给消费者多种选择的权利。差异性有以下两层含义。

(1) 与同时期的同类产品有明显的差异性，要有自己的个性化特征。我们知道人们由于经济、地位、年龄、职业的不同分成了很多特色群体，每一个特色群体又根据价值观、审美的差异在选择和喜好上又有所不同。每个群体都渴望用符合自己身份和品位的元素来彰显个性，而这些元素是与同类事物有所区别的，是必须具有群体特征的，可以是色彩、外形上的差异性，也可以是操作方式、功能上的差异性。所以，个性化设计要根据不同人群的具体特征、同类产品的比较调查，做出符合他们的个性化产品。

(2) 要超越传统在原来的基础上不断创新进步，即革新的个性化。"喜新厌旧"是人的本性，人们对于新事物的追求和喜好也是个性化的表现之一。从陌生到熟悉，再到习以为常，从某种程度上来说就是个性化渐渐减弱的过程。谁都不会把常规视为个性化。可以看到人们总是在努力地打破常规、一反传统，尝试陌生新鲜的东西，所以才会有一波又一波的流行：韩流、日流、波西米亚风、哥特风……不断点缀着个性化的需求。而一些更为前卫大胆的设计师们也正在做着新的尝试，推崇不拘一格、自我的精神。各种强烈对比的色彩、材质；不同时期的流行式样，工艺手法都以前人无法接受的方式进行组合，这些组合从优雅到怪异，无所不有。诸如，皮革和电子产品的结合，蕾丝和牛仔组合的时装，用皮毛包裹的锥形高跟鞋……这样的创新很快赢得了追求个性的人们的喜爱，并成为当前颇为流行的时尚。

当然超越传统并不是抛弃传统，我们要尊重优秀的传统文化。在众多成功的个性化产品设计中，有很多借助传统文化成功的例子，例如诺基亚的倾慕系列。我们创造性地利用传统文化，同样能使设计的作品具有个性化。

案例 4-14

空 气 罐 头

空气罐头(Canned air)，指在各种各样精美的瓶瓶罐罐里装着来自各地的新鲜空气。购买它的人，可以在开瓶的那一刻感受到，来自大自然最清新的那一瞬间，或是某一个地方的特殊气息。这是来自于日本的创意，也是一种非常有趣的纪念品，并侧面反映了对低碳生活的认知(见图 4-12)。

图 4-12　富士山空气罐头

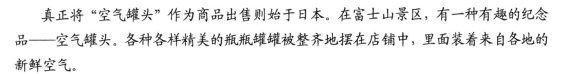

真正将"空气罐头"作为商品出售则始于日本。在富士山景区,有一种有趣的纪念品——空气罐头。各种各样精美的瓶瓶罐罐被整齐地摆在店铺中,里面装着来自各地的新鲜空气。

美国富翁诺克到日本的富士山来观光旅游,他发现当地的空气特别好,让他心旷神怡,忽然之间有一个念头出现在他的脑子里面,把这个空气拿到市场上去卖。于是,他就找了一些研究人员,在市场上大肆宣传,空气好的各项指标,以及它能够为人体健康产生如此这般的促进作用,它把富士山的空气装进一个一个的罐头里,把它叫成富士山空气罐头。用一个制造生产厂把它推广到日本的各地,空气对人来说应该是一个非常司空见惯的事情,谁也没注意这个空气也能卖,结果由于空气污染越来越引起人们的注意,富士山空气罐头反而在日本非常畅销,并进一步打开美洲和欧洲的市场。

(三)自主化

产品设计故意保留空间,使其留有余地启发游客的自主化,此种设计形式正在逐渐兴起和传播。所谓自主化就是指在产品中给消费者预留一定的自主空间,可以让消费者根据自己的意愿和习惯,对产品进行改造和再设计,使其完全符合自己的需要。这种设计为消费者提供了更大的思考空间,能充分调动起他们的参与激情。自主化产品因为是由消费者直接参与的,根据不同个体会呈现出不同的设计结果,所以是最具有个性化的产品形式。如到景德镇旅游的外地游客,对传统陶瓷制作技艺的现场感受。该技艺自进入国家级非物质文化遗产名录后,外地游客更是接踵而至,到"瓷圣"之地寻找神奇之源,已成为引起他们兴趣的动力。自主化设计主要有以下几方面。

(1) 制作半成品让消费者自主设计。针对消费者多样性的需求和不同的审美倾向,现在很多厂家推出了半成品,需要消费者自己来设计、装配、表面处理、制作最终效果。这种方式要充分考虑到消费者操作的难易程度和安全性。

(2) 利用材料、结构的可变性让消费者自由变化造型。有些产品在某些部位采用易于改变形态的材料或结构。例如,采用弹性、韧性、可塑性良好的可以随意弯折的材料,或是采用活动自由度较多的机械结构,等等,使消费者参与再造型的过程,实现产品特定功能的实现。

(3) 模块化组合。这里的模块化组合是指产品根据结构或功能被分割成了不同的模块区域，并且提供多种相应的替换功能模块。消费者可以根据自己不同的需要，选择相应的模块进行个性化的组合。现在模块化设计的应用领域很广，在家具、电器、电子产品，以及网络产品中都有出现。

案例4-15

体验台湾旅游DIY项目

台湾旅游流行的DIY项目，颠覆了传统的旅游模式，游客有了更多的自主权和参与度。

在台湾旅游，除了领略好山好水好心情外，很多景点都设有DIY项目，以求增强互动，让游客亲自体验个中乐趣。到了苗栗县，就不能不去石壁工坊，探寻一番泰雅人染织的神奇。

位于南庄乡东河村东河社区与石门之间，有一大片如斧削般巍峨耸立的山壁，绵延数里直达加里山，壮观无比。因此，从前居住此地的泰雅人便以"Raisinay"来称呼，意为"峭壁"，后人则以"石壁"称之，而居住在这里的泰雅人亦称作"石壁部落"。

就在这片鬼斧神工的峭壁之下，居住着一对夫妇，他们经营的旅游场地不大，内容包括染织工坊、自然农场、彩虹民宿、染织植物园，两个人照料得井井有条。如果想体验泰雅人的生活情趣，到他们家留驻是一个很好的选择。

女主人林淑莉高中时就读复兴商工美工科。高三那一年，对"原住民"文物非常有兴趣的她，决定以此为题找寻创作灵感。那一年，向天湖正举办着赛夏人的十年大祭矮灵季，林淑莉与社团半夜走路上山寻求毕业展题材。毕业展结束后，林淑莉便深深地为"原住民"文化所着迷，又一人独自拎着背包上山，也正因为此，后来她与泰雅人的先生结识并嫁入部落。

1993年起，台当局开始重视少数民族文化，林淑莉开始在屏东县玛家文化园区跟老人家学习织布，1996年回到南庄后，便在东河国小旁边正式成立了石壁部落文化工作站，还担任南庄东河社区发展协会总干事的"要职"，培养族人社区总体营造的观念，并建立部落共同产销制度。除了从事染织教学的工作，林淑莉也不断地进修学习，也因此结识很多志同道合的朋友。

2000年，原本随着部落迁到东河小学附近的林淑莉，与丈夫一起回到石壁盖起房子，石壁染织工坊由此开幕，石壁成为部落最有气势的门牌，也撑起了部落的对外发展。

三、呈现幽默

在人际关系中,那些幽默风趣的人总能得到大家的青睐,同样能引起人们会心一笑的产品永远会让人们趋之若鹜,爱不释手。幽默风趣正被广泛应用到旅游工艺品的设计中,用一种轻松愉悦的手法表现着与众不同。现在幽默风趣的设计手法很多,有的是利用形态达到幽默的效果,例如很多卡通、搞怪的产品形态设计;有的是利用图案,例如夸张的颜色、扭曲的图形;但其中最具效果的是能够讲述故事的幽默设计,那样的设计往往会向你诉说某个故事,引起你的回忆,甚至让你觉得产品是有生命力的。

案例 4-16

沪语密码锁荣获上海旅游纪念品设计大赛冠军

"撒宁来塞"、"阿拉晓得"、"吾晓得"……标记着这些字样的是一把荣获旅游纪念品设计大赛一等奖的"沪语密码锁"。9月24日,2011上海旅游节旅游纪念品设计大赛评选结果揭晓,与以往相比,这次的纪念品更亲民和实用。

此次获得2011上海旅游节旅游纪念品设计大赛一等奖的是一把名为沪语密码的锁(见图4-13)。在沪语密码锁上,标注着不少上海话的字样,转动这些字样可以拼接出"撒宁来塞"、"阿拉晓得"、"吾晓得"等上海话。据介绍,在这次的获奖作品中,以沪语为密码的锁、外白渡桥多功能文具盒、微型的外白渡桥挂件、上海变迁图戒指、小笼包计时器等,都在以往追求"形似"胜过"神似"的基础上有所进步提升。

图4-13 沪语密码锁

据介绍，纵观今年的决赛入围作品，已初步摆脱往年以"上海地标建筑"为设计雏形的桎梏。在大赛"经典上海"的主题指引下，选手设计者们开始关注挖掘上海的当地文化。

四、树立非物质

一方面，在走向信息化社会的过程中，我们正从一个基于制造和生产物质产品、讲究良好形式与功能的社会过渡到一个基于服务、非物质和多元文化呈现的社会。社会的经济形态也由有形的产品经济开始转向了无形的体验经济。

另一方面，随着技术的进步，产品开始出现短小轻薄的发展趋势，甚至还会现微型、到隐形的可能性，产品的物质化程度正在降低。随着这一变化趋势，消费者购买的范围也就随之扩大了，其中既包含有形的工业产品，也包含了一组按自己的要求实施的非物质形态的活动，如服务和体验。例如，现在根据不同消费者多样化的需求出现了很多主题餐厅。在热带雨林咖啡厅中，用餐者会置身于浓密的植物、袅袅而升的薄雾、甚至令人震惊的闪电和雷鸣，在这样的环境下他们享受着热带美味，消费的不仅仅是食物，而是来自热带雨林的综合体验。可见现代意义的产品概念应该是：由有形的物质产品及其无形的外延服务共同组成的体验过程。

所以，旅游工艺品设计的发展趋势之一就是要逐渐从有形扩展至无形，从狭义的个性化设计拓展至广义的个性化设计。这要求设计师和企业更加深刻地了解消费者的个性化需求和认知习惯，将个性化设计应用至产品、服务等其他有效领域。

案例4-17

三里屯"气味图书馆"

说起图书馆，大家都不陌生。近来，朝阳区三里屯 village 内出现了一家"气味图书馆"。这个图书馆，并不看书，闻的是气味儿。湿湿的泥土味、清新的洗衣房味、甜甜的巧克力味……里面有很多不同味道的香水，就像一个图书馆，让香水也成为一本本精致的图书。

走进这家"气味图书馆"的人，立刻会被新奇的陈列柜台吸引。店铺装修得很简洁，纯白色的家具和墙壁，一个个试闻盒，上面写着一个个不可思议的气味儿名。展示台就

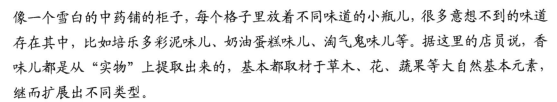

像一个雪白的中药铺的柜子，每个格子里放着不同味道的小瓶儿，很多意想不到的味道存在其中，比如培乐多彩泥味儿、奶油蛋糕味儿、淘气鬼味儿等。据这里的店员说，香味儿都是从"实物"上提取出来的，基本都取材于草木、花、蔬果等大自然基本元素，继而扩展出不同类型。

据了解，这家"气味图书馆"的创立人是美国的两个大男生，他们拥有一座收集了800多种香味的香味图书馆，立志要以"串联香味与记忆"的方式来调制香水。两人的创作灵感来自生活，帮助别人找回遗忘的嗅觉记忆。

"没想到还能在这里找到洗衣房的味道，因为很久以前，人们没有洗衣机，就去洗衣房，很多像我这个岁数的人都有这个回忆。"一名中年女子说，也许有一天全世界都被污染，再也闻不到这个世界上很多味道的时候，只有这些"气味"才能带我们回到过去。

据悉，该店共有近300种气味，他们希望能通过不同的气味，唤起人们对过去生活的回忆。日本名导演黑泽明曾在自己的回忆录中描述，小时候保姆常在黑暗中带他去上厕所，长大后只要闻到厕所的味道，就会想起小时候常在黑暗中摸索着走进厕所的回忆。

除了对这家另类"图书馆"的好奇，有一些人也表示了自己的担心。"正常的气味还能接受，像什么蚯蚓、大麻、烟草等特殊的气味可能会对年轻人起到不好的影响。"一名家长担心地说，由于孩子的好奇心强，如果让孩子们接触这些气味，会导致他们误入歧途。

五、实现再循环

在当代文化语境下，旅游工艺品再循环设计呈现出崭新的面貌，其表现形式包括：意义再循环、设计再循环、体验再循环、实体再循环、使用再循环五个方面，这种分类只是说明产品再循环设计不同形式的偏向性，而不是绝对化地生搬硬套，把每种产品归为某种再循环设计形式。因为设计活动往往采用多种方法且呈现出多种表现形式，其内涵极其丰富。不能仅仅用一个方面进行简单的一刀切、绝对化类型的概括。

在现实生活中，并不见得再循环的物品就能直观体现产品再循环或再循环理念。消费者很难看出一张纸是再生完成的，并且很难从一张再生纸看出再循环的过程以及其中蕴含的理念。消费者也不可能发现所穿的衣服是使用塑料进行回收再循环生产出来的。这些都是再循环中以技术和环境为中心的方面。设计师在其中则很少有机会进行理念的传达。产品再循环设计的表现形式多样，与其他设计理念的交叉融合使得再循环设计越来越体现强烈的人文特征。

(一)意义再循环

意义再循环是指在产品再循环设计中通过新产品的设计表达再循环的意义。

意义再循环其实并没有任何材质经过再循环设计和活动。工厂生产全新的产品。消费者没有看到田园般的牧场和牛棚，也没有看到仓库里那货物堆积如山的景象。这都只存在于设计师营造的氛围中和消费者依据以往经验而生发的想象中。这也使得产品再循环设计和绿色设计产生了不同之处。产品再循环设计在生产和销售过程中是按照绿色设计的原则进行的。这就像是宜家家居的生产和销售过程，从原材料的获取和加工过程，到产品的销售和使用。这些都是在绿色设计的原则下完成的。但是只有通过再循环理念的引入才能使得最终的产品具有更高层次的精神价值。值得强调的一点是，上述事例的产品在销售中是作为奢侈品销售而非满足大众生活需求的一般消费品。从这一点看来，产品再循环设计的消费人群并不能进行简单地分类为是满足大众的还是满足高消费的。

巴黎设计师山姆·巴隆(Sam Baron，1988—)是目前巴黎最炙手可热的设计师之一，也是西方最具有商业号召力的设计师之一。他的作品"100%wood"是为现代高档场所设计的长凳(见图4-14)。字面上翻译就是全实木的意思。通过该设计，可以看出设计师在传统家具造型中试图寻找到新的突破，而这种突破也正是符合和满足现代西方消费者关于情感诉求具有故事性和情境感的设计。

设计师为什么要取这么耐人寻味题目呢？功能上，作为长凳设计师已经很好地满足了坐的需求。通过对作品材料的分析，该作品采用木屑作为长凳的坐面包裹材料，内部支架还是采用传统的木质结构。木屑的使用使产品具有再循环的意味。几乎所有的客户在看到这个设计的时候都会感觉到该设计是一个真正的再循环作品。因为设计师大胆地使用了木屑作为凳子装饰的主要材料，材料本身也体现了两个方面的意味。

第四章 旅游工艺品设计的方法

图 4-14　100% wood

  首先，作为木屑材料的使用，会很容易让顾客联想到在农场里垫牛棚的草料堆。把农场里经常使用的材料移植到家具上，这种时空的对比，会很容易让居住在城市里的人感受到强烈的农场气氛。

  其次，该设计让消费者能体会到一种强烈的再循环意味，客户在购买凳子的时候，能够向周围的社会表达一种态度，所谓这种态度也是欧洲及全世界目前较为推崇的以自然为模板的态度(MODEL=NATURE)。在人类漫长的历史进程中，对自然的认识逐渐加深，对自然的感情和眷恋使现代人有着一种浓浓的渴望回归自然之感。自然界往复的物质循环也是人类发现并学习的榜样。一切与自然有关的理念和情感都被认为是正确的和合理的，都得到了全人类的普遍认同。在西方国家，大众对技术进步的痴迷已经不是全社会的主流，技术的高度进步和物质的极大丰富使人们的焦点已经不再停留在对新技术的关注和渴望。极具科技感的造型和新技术的不断涌现和翻新对市场的吸引力也不如以前。当代技术引发的一系列社会和环境问题也导致了西方社会对技术利弊的担忧。把焦点转向对大自然的关怀和借鉴便是很自然的事情了。

  值得注意的是，该设计的出现并不是通过对废旧材料进行加工处理的传统意义的再循环，而是仅仅在于注重再循环的意义所在。该设计所使用的木屑和木框架等材料都是全新的。都是通过工厂的加工制作而成，有着考究的工艺和严格的制作标准以及精巧的设计。其生产过程并没有通过回收和改造得到任何的生产原料。

  "TO DESIGN=TO LIE"是目前西方较喜欢引用的一个公式，设计活动其实就是在寻找借口(噱头)，目的在于给消费者带来一个美好的假象和真实的谎言。这里的一件全新的，通过工厂制造出来的家具通过设计活动赋予了再循环的意义，而不是真正地通过材料的再循环简单地表达再循环意义。

另一个范例是比利时服装大师马丁•马吉拉(Martin Margiela，1957—   )，2009年采用帆布面料设计制作的高级时装(见图4-15)。马吉拉作为欧洲高级时装品牌，一直是西方时装界向前推进的标杆之一，其高昂的价格和高水准的设计也得到了很多上流社会人士的追捧。该设计采用仓库包装货物的包装袋作为原材料生产高档成衣，使顾客不仅仅把设计作品当作穿的衣服，更重要的是让顾客感受和思考此原始材料的来源，与顾客产生信息的交流。值得注意的是，马吉拉是欧洲高档服装品牌。如此高档的服装品牌却使用非常廉价的材料作为制作服装的原料，这其中也传达了一种现代欧洲社会高消费的理念。这和我国许多企业采用名贵原材料打造奢华感觉的设计初衷相距甚远。也可以看出商业文化是通过现代设计来体现的，作为生活在特定文化圈中的设计师还必须设法努力以各种具体的设计手法来适应不同的商业文化。在今天高速发展的社会里，新的功能要求、新材料、新技术与新思维层出不穷，各种文化相互影响，东、西方文化的进一步融合都带来了观念的多变，各阶层的人以及他们不同的爱好和趣味都需要在现代设计中得以表现。

图4-15 马吉拉时装

(二)设计再循环

设计再循环是偏重于设计本体的再循环。同一个设计在形式不发生变化的基础上针对不同环境和对象，满足不同环境的要求，从而产生千变万化的设计效果。

设计再循环体现了设计师对设计本体的深刻认识和对传统的突破。同时也是对消费

第四章　旅游工艺品设计的方法

者的大胆启发和积极鼓励。传统意义的消费者总是被排斥在设计活动之外，设计被神圣化只为了说明只有受过专业技能培训和高等教育的设计师才能从事的活动。而普通消费者只能处于被动接受的情势。在思想层面上其不仅是杜尚装置艺术理念在产品设计领域的简单继承，同时也是思维活跃，具有创新能力，崇尚亲自动手和操作的现代人心理诉求的满足。

班牙设计师马蒂·圭希(Marti Guixé，1964—　)的设计现实虚拟作品"胶带相框"是体现设计再循环的经典范例(见图4-16)。马蒂·圭希作为欧洲最有影响的设计师之一，其近年推出的设计给欧洲的消费者带来不断的惊喜。1994年，他发展了一套全新的方法去理解设计作品的文化。他非传统的见解为好奇的重要性提供了既卓越又简单的演绎。圭希从不掩饰他对传统设计的厌恶，其作品追求改变传统审视和思考事物的方法，而不止于改变现有物品的外观。圭希视设计为一个强大的平台，去质疑、形象化和影响当代人类行为。

图4-16　胶带相框

该设计的诞生源于装置艺术理念的发展和成熟。最早要追溯到1910年马赛·杜尚(Marcel Duchamp，1887—1968)将一个现成的男用小便池签名之后送入蓬皮杜艺术中心展出，这件具有划时代意义的艺术品便使得由现成产品演变而来的装置艺术开始从不可理解、不被关注的边缘艺术样式，逐渐进入了当今艺术界的主流领域。杜尚的《泉》意在质疑人们关于什么是艺术品的传统观念。生活中很少会有什么东西会让人们思考艺实际上是什么，或它是如何被表达的问题。人们只是假定了艺术要么是绘画，要么就是雕塑。所以才会很少有人会将《泉》视为一件艺术作品。几乎所有的人都会问道："这个小便器可能是件艺术品吗？"在小便器摇身一变成为艺术品的过程当中，名字的变化原来是如此的重要。正是这个名字的变化，变得不同寻常，使得人们审视物体的角度也发生改变。

使用产品再循环理念进行分析后我们可以看到，杜尚在普通的商店购买的最普通小便器只是签下了作者的签名，然后摇身一变成为艺术作品。这里体现了产品再循环的意义，再循环产品一般具有两个甚至多个生命周期。再循环过程之前被定义为第一个生命周期，再循环过程之后被定义为第二个生命周期。小便器的第一个生命周期是在家居用品商店里，作为大家都认识的卫浴洁具出现，此时只具有使用功能性。当小便器被杜尚购买之后，其第二个生命周期开始展开，小便器的功用消失后再也不是小便器了。新的思考点出现了，所有进博物馆参观的游客首先会联想到小便器的第一个生命点，而后会想象由第一个生命历程转化为艺术品的历程。此时再循环也出现了，我们从此叫它艺术品。当然，这里的小便器也是全新的，也不存在对使用过的产品进行回收清理再利用的过程。所以这也提示我们要超越传统单线的再循环思维和观念来看待再循环问题。

马蒂·圭希学习了装置艺术的理念，借鉴了杜尚的理论。提出每个人都可以创造出真正的艺术品。由此产生了"胶带相框"的设计。任何人把他们的物品摆在画框中间都是一件艺术作品。其可以是实用目的的作为张贴海报的固定胶带，也可以作为墙面装饰。每个人都可以通过自己的行为进行设计本体的再循环创造出真正独一无二的艺术品。这也是该设计的关注点所在，以及设计师所要传达的全新理念所在。

(三)体验再循环

"体验是个体对生命价值及其意义的富有情感的把握，是他心理能力特征——敏感度的表现。体验不同于经验——那只是感官对某一事件感受的汇录，而体验是主体对种种同类事件经验的抽象总结，这是自觉层次上的、强烈的心理活动。"

对于个体而言，通过产品表达使用者所向往和有意愿诠释的体验和经历。个体通过具有再循环意义的产品，展现和表达具有一定成熟度和阅历的世界观和价值观。体验再循环偏重个体或者群体主观理念的表达。任何设计都包含了体验的因素，因此对体验再循环的认识也不能绝对化，作为再循环设计的特征之一，体验再循环揭示了再循环设计

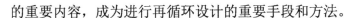

第四章　旅游工艺品设计的方法

的重要内容，成为进行再循环设计的重要手段和方法。

以牛仔裤文化为例，其传播到世界各地，现在已经成为全球范围的文化现象。具有做旧效果和破洞的牛仔裤成为年轻人追捧的设计(见图4-17)。当然，这里谈到的牛仔裤也是全新的。这体现了全新的产品再循环理念，即每个人都有自己独特的再循环体验，都追求体验的再循环。做旧效果和破洞隐含了背后的某种故事和经历。我们都能体会到带有破洞和磨损效果的衣物往往反映了使用者所经历的某种特殊环境，代表了使用者的经历。一个满是泥泞的鞋子说明了穿鞋的人刚从乡野或者工地等较为污浊的环境归来，浅颜色的服装说明了穿着者一定不从事体力和较污浊环境接触的活动。这些都是符号学所研究的内容。因此，服装的质感往往体现某种具体的环境和经历。也代表了服装往往具有和隐喻过去经历从而讲述人生的故事。这也是穿着牛仔服装的人所追求的内在心理诉求。目前，追求具有时间纵向和故事横向的服装成为当下年轻人的思潮。通过牛仔裤，年轻人可以向周围社会传达个人的精神和情感意义。带有破洞等做旧装饰的牛仔裤在中国的流行，开始于20世纪90年代。牛仔服饰的流行，也经历了几个不同阶段。从刚开始时为了劳动需要而制作的类似工装的结实厚重款式，到后来的以穿着舒适塑造形体为本的贴身轻巧款式，再往后则因对时尚的追求而出现了手磨猫须、钉珠绣花等各种特殊工艺的二次处理。20世纪中期，带有破洞和做旧效果的牛仔裤在西方社会一出现，就引来了年轻人群的追捧狂潮，自20世纪60年代起，嬉皮士们就费心将自己的牛仔裤磨得破破烂烂，使其裤脚袋口露出一点毛边，让自己的衣着看起来颓废，这应该改算是这种不羁风潮的起源。经过这些年的发展，破烂牛仔裤从起先低调的磨损、补丁到现在的大洞、残败不堪，一直未从流行舞台上褪色。走在时尚尖端的明星们自然也对这种不羁的风潮宠爱有加，年轻人纷纷也将牛仔裤割几个破洞作为时尚人士的标志。

最初发明破洞牛仔裤的人并不是为了向公众炫耀时尚，而是出于其他的目的。割破牛仔服的风尚是由美国人发明的，由于前面提到的破旧衣物所体现穿衣者生活状态的符号学价值，设计者借此表达个人及所属阶层对主流文化的抵制和突破。在经济领域里，减少一个人的商品购买力，减少商品消费被视为抵制高消费社会，反抗消费社会顽疾的被视为一种姿态。牛仔服本来面料比较结实，使用过程中需要很长时间才能穿破，才需要购买新的牛仔裤，而现在则把破了的牛仔裤堂而皇之地穿出来展示于公众，显示了一种对高消费社会的鄙视和挑衅。

旅游工艺品设计与制作

图 4-17　时尚牛仔裤

穿破洞牛仔裤在文化领域里的意义更加明显，比起在经历一个矛盾的符号，因为真正的穷人是不会借助时装来宣告贫困的，所以最终破洞牛仔裤还是成了有钱人显示自己叛逆精神的符号，其精神内核被彻底地抽空了。穷人当然时刻希望自己的穿着更加干净和笔挺，有钱人却把自己打扮得感觉落魄和邋遢，时装对人类社会心理的反射被淋漓尽致地展现了出来。破洞牛仔裤与看起来又脏又旧的牛仔裤一起，在当今欧美上流社会也非常流行。上流明星和富豪身上的一条表面上看起来几个月没洗、布满污垢与破洞的牛仔裤，动辄可能都是上万元的天价名牌，出自大牌设计师之手。在精美绝伦的高级定制已不为豪门所独有的今天，西方社会真正的豪门显贵干脆以街头流浪汉的形象标榜自己的与众不同。但是，他们当然也是与众不同的，几万元只买一条破裤子，这才是真正当今社会的挥金如土。不过，如今许多年轻人爱上破洞牛仔裤和这些文化背景已经没有多大关系。对休闲时尚玩得滚瓜烂熟的潮人，对破牛仔的喜爱纯粹从摩登的视觉效果出发，或许顶多带一点年轻人的本能叛逆，因而，他们也就可以把破牛仔穿得格外轻松，格外体现性格。

(四)实体再循环

实体再循环是产品再循环设计比较容易理解的方面。其是把第一生命周期结束后失去使用功能的产品进行功能的调整和外观的修补、改造，从而使产品在第一个生命周期结束后展开第二个生命周期。实体再循环偏重再循环过程中实体本身存在价值的延续。

法国 5.5 designers 设计团队一群年轻设计师对破损家具的修复项目(见图 4-18)。配

第四章 旅游工艺品设计的方法

色所选用的绿色是法国垃圾桶的标准颜色。绿色的塑料构建有两个功能：首先是修复的功能，使产品重新具有使用功能。其次是让人们思考，到底什么是损坏的东西？究竟损坏的东西在我们的生活中还具有什么样的意义？通过思考来解决和合理安排物品的再循环和利用问题。不仅让本来废弃的家具得到了重新利用，同时你又得到了一件独一无二的设计，这种破损和修复形成强烈的视觉吸引力让你引发联想，修复并不是只意味着让物体尽可能回到原来的状态，而是让它重生。同时，经济上也是最值得推崇的。这有点像当代中国的老街古镇修复，老街的修缮和古镇的规划几乎不可能回到原始的老街状态，而只能在尽可能保持原有状态的基础上，使老街的生命力和底蕴得到重生和发扬。通过满足现代人的消费习惯和欣赏习惯，从而吸引游客的光顾，通过旅游促进老街古镇旅游的良性循环。也只有这样才能继续维系老街的人文生态稳步发展。

图 4-18 椅子修复

荷兰 DroogDesign 设计团体设计的牛奶瓶吊灯便是产品再循环设计的经典范例(见图 4-19)，设计背后隐藏了很多设计师们的思考，可以说该设计是面对大众的，是向大众展示再循环设计的方法和思维方式。教会大众如何在身边发现设计和再循环的灵感来源，如何遵循一个比较合理的环保理念。可以说是引导和鼓励大众的再循环消费和认知而不是研究和满足大众一般消费需求。DroogDesign 所体现的 Droog 精神带来了人文风格的回归。12 支牛奶瓶组合而成的让人过目不忘的吊灯，连材料都是现成的牛奶瓶，而 12 支的数量来自荷兰惯用的牛奶运送模式，这也是 DroogDesign 惊动设计界的巧思之一。以 Droog 为名的这支荷兰设计生力军拥有着为数众多的天才想法，他们利用各种早已存在的家具、产品元素，对大众常识提出挑战，生产出各种看似简单却又妙极的居家产品。Droog 在荷兰语中是"干"的意思。在 Droog 设计团体眼中，用"干"来形容他们的设计是一种最高的礼遇，就是说他们的设计简单、清晰、没有虚饰，其设计的重点永远是创意、简单直接地表达出清晰且新颖的概念，以及作品的实用性。Droog 在设计领域中开创了一种新的设计方式，也使得荷兰再循环设计在国际设计界有了自己的坐标。"干"设计强调设计为实用，而不是为了"玩造型"迷失自我，这都是相当实用的荷兰哲学。

图 4-19　牛奶瓶吊灯

(五)使用再循环

使用再循环偏重再循环过程中使用功能的传递，是产品再循环设计的传统外延之一，其并不作为最新的理念，但作为产品再循环的外延很好地阐释了再循环的理念。使用再循环是设计师在设计活动中通过预先设想或消费者自发创意，在产品第一个生命周期结束后非设计师参与的再循环活动。使用再循环过程中，物品没有发生任何形体和性质的改变，而是发生了使用功能的流转。

三宅一生(Issey Miyake)设计的依云矿泉水瓶子是包装设计的典范(见图 4-20)。该设计让人体会到一种向上的朝气。在消费者喝完瓶子里面的矿泉水后会非常愿意把瓶子保留下来当做花瓶和橱柜摆件。瓶壁图案上的鲜花使得矿泉水显得格外纯净和健康。印刷工艺的花卉图案不用浇水又永远不会枯萎。实际上消费者在购买依云产品的时候专注于两件东西：一是健康的矿泉水，二是极具美学的瓶子。也就是说虽然消费者购买的是一

第四章　旅游工艺品设计的方法

件商品，但心理上是表达两种需求。功能上，矿泉水瓶子也存在两个生命周期：第一个生命周期是在未饮用之前作为矿泉水的功能性包装，起到了装水的盛器作用。同时，作为商业产品的包装展示，起到了与其他产品进行对比差异化并赢得消费者购买的品牌作用。

图 4-20　三宅一生设计的"依云矿泉水瓶"

这可以用商业文化影响消费的有价问题来解释。具有相同或相近的物质使用价值的商品，因采用不同的商业文化方式，它的销路、售价、流通的情况就大不相同。商业文化内涵高的商品，商品价值往往会超过商品的使用价值。因此，追求商业环境的美以及商品的造型美、色彩美、商标信誉美，成为提高商品价值的必要途径。注入较多的商业文化的商品，就会高出一般商品的售价。商业文化内涵高的商品包含着更多的附加值，它的售价自然要高于一般的商品。因为消费者所求得的商品不仅在使用上得到满足，更大的程度上是在精神上得到享受。在饮用之后，作为极具设计感的器皿，很少有人舍得丢弃，其装饰功能就完全地发挥了出来。这也是其第二个生命周期，再循环过程的开始。

提到使用再循环，很多人都会想到 Fuseproject 公司设计的 Y Water 瓶子(见图 4-21)。Y Water 是针对孩子的一种低卡路里饮料，考虑到肥胖对孩子身体健康的不良影响，Y Water 公司总裁 Thomas Arndt 在生活中为他的两个孩子寻找低卡饮料时没有找到任何合适的产品，就产生一种自己创造一种适合孩子饮用的低热量饮料的念头，他找到维斯·贝哈(Yves Béhar) 创办的 Fuse project 设计公司，维斯·贝哈在设计界以擅长围绕品牌进行开发，从烘托品牌形象的角度去设计而著名，被称为"Brand Man"。经过维斯·贝哈的创意便设计出了经典的 Y Water 饮料。通过设计来创造品牌核心的信息，Y Water 分为四种：分别是 Bone Water、Brain Water、Immune Water、Muscle Water，直接传达了所包含的产品功能信息，因为当家长对孩子讲述钙元素有利于人体骨骼生长时，孩子未必能理解并接受这个抽象的信息，而这个产品从开始设计到包装以至最后的市场营销：比如网站的宣传和销售始终围绕着这个品牌所要传递的信息。Y Water 的 Y 型瓶子除了带来一个鲜明生动的形象，而且当喝完饮料后这个瓶子就成为一个玩具，有一个 Y 结(Y Knots)将这些瓶子连接起来，从而通过把这些瓶子变成玩具或积木来延长瓶子的使用寿命。所以很多瓶子的组合就成为 LEGO 一样的玩具。当然制造这样的瓶子很难用普通的 PET 注塑法来实现，因此 Y Water 产品的制造使用了吹塑工艺完成，材料使用了 Eastman 的 Eastar copolyesters(共聚酯)。很多介绍 Y Water 产品的文章会将其归类为绿色设计，因为废弃的瓶子成为一个全新的智力玩具，但究其本质被归纳为产品再循环设计则更加精准。

图 4-21　Y Water

下图的胶合板凳子是著名芬兰设计师阿尔瓦·阿尔托(Alvar Aalto)于 20 世纪 30 年代设计的(见图 4-22)，由芬兰 Artek 公司生产，它经典的款式从被设计之后，就被散播至全球每一个角落，至今依然畅销。大多数的消费者虽然不知道这款胶合板凳子是谁设计的，但是对其款式非常熟悉，人们似乎感觉不到这款凳子是设计出来的，好像它们本来就应该是这样。

图 4-22　Artek 凳子

这些陈旧的 Artek 凳子不是展览用的样品，而是商品，以 2nd Cycle(再循环)的品牌推出，由汤姆·迪克森(Tom Dixon) 领导(Tom Dixon 也是积极的可持续设计倡导者)。这些陈旧的 Artek 凳子有的收集自工厂，有的从船厂或者跳蚤市场收集而来，它们被从各地收集起来并且被重新销售。这些经历了各种使用环境，具有不同层色的凳子仿佛身上写满了不同的故事。不管它们从什么地方收集而来或者被卖到什么地方，它们所蕴含的故事永远不会被时代抛弃。每件商品上面都有一个条码标签，使用者可以通过手机扫描登录互联网读取每件产品背后所独有的故事和历史。使用者也可以在网上更新和记录在使用产品的时候所发生的故事。这里可以看出人们其实不是购买二手凳子的使用价值，而是购买其背后所蕴含的情感价值，这种价值会随着使用者的参与继续增值。正如设计者 Alvar Aalto 所说："Nothing is ever reborn，but neither does it totally disappear. And that which has once been， will always reappear in a new form."（"没有什么东西能够重生，但是它也不会全然消逝，曾经存在，将不断重现"）。

六、做到系列化

系列化是在人们物质文化生活的不断提高，情感需求多样化、个性化的发展过程中提出的。系列化手段是情感化设计的重要方法之一。系列化设计即是要求产品设计围绕某一主题或风格形式前提下进行多款式、成系列的设计，系列产品中主题元素是系列产品的核心，系列化要解决的就是统一元素和特色元素在产品中的构架组合。

在旅游工艺品方面，种类繁多，市场上不同商家同一类型的产品更是数量众多，面对如此高的商品密度，依靠单一商品战胜竞争对手困难重重，要想在市场上赢得消费者的注意，产品必须自成系列，成为具有整体性视觉化的商品体系，内含意象的连贯性，建立起商品统一而强烈的视觉阵容。系列化的产品不但可以增加视觉冲击力，消费者再购买一种商品后，出于产品放置家中的协调性考虑，也会购买同一系列的产品。再者，就一类日用品而言，诸如餐具、茶杯……其产品与产品之间本身就表现出明显的系列化特征，因此在日用品设计中非常适合贯彻系列化的手法。

日用品系列化的构成中主要分为形态的系列化、色彩的系列化、装饰图案的系列化、材质的系列化。

(一)形态系列化

形态系列化指的是产品在外形形式上具有某种形式元素的统一性、相似性、连贯性和延续性。值得提出的是，这里对"某种形式元素"的理解不能狭隘地理解为相同元素，应重视对相似性、连贯性和延续性的理解。

(二)色彩系列化

色彩的系列化主要有以下两种表现手法。

(1) 同种形态的色彩变化，或者说是产品的色彩方案，它诉求的是产品色彩的多样性，不同的色彩为消费者提供了更多更广的选择空间，也增强了视觉冲击力，符合人类情感和审美的多样化特征，现实运用中取得了很好的效果。这种手法虽属于色彩的应用，但准确地说并不是以色彩为系列的主题元素，是一种流于表面的系列化。

(2) 是真正以色彩为系列化的核心的，通过色彩的基调来统一。所谓色彩的基调，也可以称之为主色调，在系列化产品中可以从已确定的色彩体系中选择一种或两种颜色作为主导用色，其他色作为点缀用色，构成以这一两种颜色为基础的倾向色调。由于使用的是同一色彩体系，所以系列化产品之间的基调既具有密切的联系，又富于活泼的跃动。

(三)装饰图案系列化

装饰图案系列化即是指以产品表面的装饰图案或文字为系列化的核心，由此达到整体产品最终具有连贯性、统一性。

(四)材质系列化

材质系列化指产品以相同的材质、质感、纹理为系列化的核心。

案例 4-18

好 神 公 仔

台湾的便利商店每平方公里的店家密度为全世界第一。因此,各便利商店品牌每季皆推出赠品吸引人气。便利商店推出 Hello Kitty 的公仔造成收集流行与话题性后,其他便利商店品牌亦希望利用独特的公仔来创造相同效应,但始终无法超越 Hello Kitty 的公仔兑换率(见图 4-23)。

图 4-23　好神公仔

在市场消费景气萎缩的压力下,台湾便利商店的第二大品牌:全家便利商店,欲创造出与众不同的风格,故邀请橙果设计运用设计力创造市场独特性,且超越 Hello Kitty 效应。

橙果设计认为要突破 Hello Kitty 的领导地位,须将公仔的主轴架构于在地文化上,因为只有在地文化的深刻体验能打动消费者的心。橙果设计强调在地文化和台湾精神作为主要设计概念。

近年来,台湾消费者信心指数普遍偏低。因此在习俗的影响下,民众对于神明的依赖性不断增加。借由宗教信仰或物品寻求心灵寄托变成生活的趋势。于是橙果设计设计了以中国神明为外形的系列公仔(见图 4-23)。将台湾习俗文化中神明化身为现代具有故事性的主体，并以鲜明色彩和时尚线条呈现，赋予每位神明各自独特风格，让传统的表征更年轻、精品化。

第一波的好神公仔创下全台累计高达410万只兑换纪录，达到公仔热潮之巅峰；并为全家便利商店当季创下新台币十亿元业绩新高纪录，2007年获利逆势成长并超越同行竞争品牌，改写便利商店公仔兑换风潮之历史。

评估练习

试论述本地特色旅游工艺品概念创意设计的内容。

第五章

旅游工艺品的制作工艺

【学习目标】

通过本章的学习，要求理解旅游工艺品模型制作的目的和作用，掌握旅游工艺品模型的分类和材料，熟悉旅游工艺品制作的原则，了解旅游工艺品模型制作的工艺，熟悉不同材质旅游工艺品模型制作的相应技法，形成对旅游工艺品模型制作实践活动的整体认知。

【关键词】

材料　质地　色彩　技法　工作程序

旅游工艺品设计与制作

引导案例

龙泉宝剑制作工艺流程

龙泉宝剑是我国十大名剑之一,是诚信高洁之剑。龙泉的宝剑是名闻中外的民间艺术品,距今已有 2600 多年的历史。其以锋刃锐利、寒光逼人、刚柔相济、纹饰巧致四大特色而著称。铸剑鼻祖欧冶子开创了龙泉宝剑传统的锻制技艺,多年来历经历代大师们匠心独运的创造,龙泉宝剑已经成为一种剑文化象征,熠熠生辉,光彩照人。

龙泉宝剑的制作过程有 28 道主要工序(见图 5-1),由于社会的进步,大致铸剑的流程如下:先把钢制成和宝剑差不多的形状——宝剑的"粗坯"(现在一般可以用机器——冲床代替人工打造,这样不但节省了人力,而且还加快了生产速度)。然后把宝剑粗坯放到熊熊的炉火中烧到一定的温度,剑坯渐渐变软,就马上把剑坯拿出来进行手工冲打。冲打后,把剑坯放入水中浸一下,这就是我们说的"见水"。传说龙泉宝剑的祖先是春秋时期的欧冶子,他制作宝剑时只有用龙泉县城边"剑池湖"的水来见水,才能造出最好的宝剑。第一次见水后,再把剑坯燃烧、冲打,再进行第二次见水。两次见水后,再燃烧、冲打后,就不是见水,而是见油。见油就是把基本成型的剑坯放入油中适当浸泡。见油是为了使宝剑更加柔韧。另外,还需要对宝剑进行磨光、泡光,都是用手工来磨光,再采取防锈处理。至此,剑身就制作好了。

图 5-1 锻打工艺

龙泉宝剑主要有两大类:硬剑和软剑。据说硬剑一次性可劈开八个叠在一起的铜板,

而剑韧却完好无损；软剑可以弯曲当腰带使用。

关于剑壳也有好几类。普遍是以花梨木制作的，还有黑檀木、红檀木，以及真皮、蛇皮、鱼皮等，剑身配上剑壳后一般还会手工包上铜套，并在铜套上雕刻花纹图案，使宝剑更加美观。至此，一把漂亮的宝剑就做好了。龙泉宝剑制作工艺——剑鞘的制作：剑鞘木材多采用花榈木，花榈木(学名鄂西红豆树)质地坚硬，纹理秀美，色泽褐黄，古色古香，不必加漆，越用越亮。也可按需要选用乌木、红木、紫檀、黄花梨、鸡翅木等。无论采用哪一种木材，在制作前必须经过干燥处理，以防开裂变形。先按剑的形制大小取料，然后开片、开槽、胶合。如选用材质较硬的木材，应先在内层衬上较软的薄木片，以便于保护剑刃。待胶合牢固后将外形刨削成椭圆，使之造型美观，符合设计要求，且表面光滑无痕。好的鞘须剑身入鞘松紧相宜，确保剑身不易滑脱。杂木制的剑鞘要上色漆，涂、喷、淋均可。有的木剑鞘要包裹鲨鱼皮或表面雕刻龙凤。

辩证性思考

1. 什么是知识产权？
2. 旅游知识产权在我国旅游业发展中起什么样的作用？
3. 旅游工艺品设计如何申请设计专利？

第一节 旅游工艺品模型制作的目的与作用

教学目标

了解模型的价值。

一、旅游工艺品模型制作的目的

当代旅游工艺品的设计与开发不同于传统手工作坊式的创制模式，已经与产品设计与开发紧密结合，具有市场潜力的旅游工艺品更不等同于工匠世代技艺的传递与沿袭，成功的旅游工艺品就是成功的产品、成功的设计、成功的市场运作。因此工艺品制作的目的是设计师将设计的构想与意图综合美学、工艺学、人机工程学、哲学、科技等学科知识，凭借对各种材料的驾驭，用以传达设计理念、塑造出具有三维空间的形体，从而以三维形体的实物来表现设计构想,并以一定的加工工艺及手段来实现设计的具体形象化的过程。

工艺品在设计师将构想以形体、色彩、尺寸、材质进行具象化的整合过程中,不断地表达着设计师对设计创意的体验,为与工艺师或生产技术人员进行交流、研讨、评估,以及进一步调整、修改和完善设计方案、检验设计方案的合理性提供有效的实物参照。也为制作工艺品原型和工艺品准备投入试生产提供充分的、行之有效的实物依据。

在设计过程中的工艺品制作,不能与机械制造中铸造成型用的模具工艺相混淆。工艺品制作的功能并不是单纯的外观、结构造型。工艺品制作的实质是体现一种设计创造的理念、方法和步骤,是一种综合的创造性活动,是新工艺品开发过程中不可缺少的环节。

在设计过程中,工艺品模型制作具有演示和研究的意义。演示性以三维的形体来表现设计意图与形态,是工艺品的基本功能。在工艺品制作过程中以真实的形态、尺寸和比例来达到推敲设计和启发新构想的目的,成为设计人员不断改进设计的有力依据。以合理的人机工学参数为基础,探求感官的回馈、反应,进而求取合理化的形态。以具体的三维的实体,翔实的尺寸和比例,真实的色彩和材质,从视觉、触觉上充分满足形体的形态表达、反映形体与环境关系的作用。使人感受到工艺品的真实性,从而更好地沟通设计师与消费者彼此之间对工艺品意义的理解。

二、工艺品的作用

无论是手绘的工艺品效果图还是用计算机绘制的效果图,都不可能全面反映出工艺品的真实面貌。因为它们都是以二维的平面形式来反映三维的立体内容。

在现实中,虚拟的图形、平面的图形与真实的立体实物之间的差别是很大的。例如,人们在网络购物的时候总不会只看淘宝卖家的图片就匆忙下单,很多人会去实体店查看实物的样貌,说明图片和实物是有差距的。一个在平面图上,各部分比例在视觉看上去都较为合适的形态,做成立体实物后就有可能会显示出与设计创意的初衷的比例不符。形成这些差别的原因是人们从平面到立体之间的错觉造成的。另外,计算机模拟的效果图或二维平面的视图中,对工艺品的色彩和质感方面的表达也具有相当的局限性。通过工艺品制作能弥补上述的不足。工艺品能真实地再现出设计师的设计构想,因此工艺品创作是工艺品设计过程中一个十分重要的阶段。

在设计的过程中，工艺品模型制作提供给设计师想象、创作的空间，具有真实的色彩与可度量的尺度、立体的形态表现，与设计过程中二维平面对形态的描绘相比，能够提供更精确、更直观的感受，是设计过程中对方案进行检讨、推敲、评估的行之有效的方法。正是工艺品模型制作提供了一种实体的设计语言、这种表达方法，才能使消费者与设计师产生共鸣。所以工艺品制作也是沟通设计师与消费者对工艺品设计意图理解的有效途径。

工艺品原型制作是工艺品设计过程的一个重要环节，使整个工艺品开发设计程序的各阶段能有机地联系在一起。工艺品制作可作为工艺品在大批量生产之前的原型，避免因设计失误产生的损失，成为试探市场、反馈需求信息的有效手段，在缩短开发周期、减少投资成本方面起着不可低估的作用。

评估练习

1. 为什么要制作模型？
2. 模型有哪些价值？

第二节　旅游工艺品模型的分类与材料

教学目标

1. 理解和掌握模型的分类。
2. 了解模型制作的材料。

一、旅游工艺品模型的分类

在设计过程中，设计师在设计的各个阶段，根据不同的设计需要而采取不同的工艺品模型制作方式来体现设计的构想。

工艺品模型的种类，按照在工艺品设计过程中的不同阶段和用途主要可分为三大类：研讨性工艺品模型、功能性工艺品模型、表现性工艺品模型。

(一)研讨性工艺品模型

研讨性工艺品模型又可称为粗胚模型或草工模型。这类工艺品模型是设计师在设计的初期,根据设计的构想,对工艺品各部分的形态、大小比例进行初步的塑造,作为方案构思进行比较、对形态分析、探讨各部分基本造型优缺点的实物参照,为进一步展开设计构思、刻画设计细节打下的基础。

研讨性工艺品模型主要采用概括的手法来表现工艺品造型风格、形态特点、大致的布局安排,以及工艺品与环境的关系等。研讨工艺品强调表现工艺品设计的整体概念,可用作初步反映设计概念中各种关系的变化的参考之用。研讨性工艺品模型的特点是,只具粗略的大致形态,大概的长宽高度和大略的凹凸关系。没有过多细部的装饰、线条,也没有色彩,设计师以此来进行方案的推敲。一般而言,研讨性工艺品是针对某一个设计构思而展开的,所以在此过程中通常制作出多种形态各异的工艺品,作为相互的比较和评估。

由于研讨性工艺品模型的作用和性质,在选择材料时一般以易加工成型的材料为原则,如黏土、油土、石膏、泡沫塑料、纸材等常作为首选材料。

(二)功能性工艺品模型

市场上很多旅游工艺品都具有实用性,这些成功的产品不仅具有艺术性,还具有很强的实用性,有些旅游工艺品具有复杂的结构组成,功能性工艺品模型主要用来表达、研究工艺品的形态与结构、工艺品的各种构造性能、机械性能,以及人机关系等,同时可作为分析检验工艺品是否可以投产的依据。功能性工艺品的各部分组件的尺寸与机构上的相互配合关系,都要严格按设计要求进行制作。然后在一定条件下做各种试验,并测出必要的数据作为后续设计的依据。例如,瓷器造型设计在制作完功能工艺品模型后,可供在不同环境做各种试验。

(三)表现性工艺品模型

表现性工艺品模型是用以表现工艺品最终真实形态、色彩、表面材质为主要特征。表现性工艺品是采用真实的材料,严格按设计的尺寸进行制作的实物工艺品,几乎接近实际的工艺品,并可成为工艺品样品进行展示,是工艺品制作的高级形式。

表现性工艺品对于整体造型、外观尺寸、材质肌理、色彩、机能的提示等，都必须与最终设计效果完全一致。表现性工艺品模型要求能完全表达设计师的构想，各个部分的尺寸必须准确，各部分的配合关系都必须表达清晰，工艺品各部位所使用的材质以及质感都必须充分地体现，真实地表现工艺品的形态。具有真实感强、充满美感、具有良好的可触性、合理的人机关系、和谐的外形，是表现性工艺品模型的特征，也是表现性工艺品模型追求的最终目的。这类工艺品模型可用于摄影宣传、制作宣传广告、海报等把实体形象传达给消费者。设计师可用此工艺品与模具设计制作人员进行制造工艺的研讨，估计模具成本，进行小批量的试生产。所以这种工艺品是介于设计与生产制造之间的实物样品。

从以上的论述可以看出，表现性工艺品模型重点是保持外观的完整性，注重视觉、触觉的效果，表达外形的美感，机能的内涵较少。而功能性工艺品模型则是强调机能构造的效用与合理性。

在目前的旅游工艺品设计开发过程中，以上三种模型往往体现为模型制作的三个阶段。

二、旅游工艺品模型的材料

第一章已经对旅游工艺品设计实例有了初步的介绍，下面介绍一下旅游工艺品模型制作的常见材料。

(一)黏土材料工艺品模型

用黏土材料来加工制作工艺品模型，其优点是取材容易、价格低廉、可塑性好、修改方便，可以回收和重复使用。缺点是重量较重、对于尺寸要求严格的部位难以精确刻画和加工，工艺品干后会收缩变形或产生龟裂，不易长久保存。黏土作品常见的病变现象主要有空臌、剥落、酥粉、龟裂起甲、起泡、脱胶掉皮、画面褪色、变色及污染(霉斑、昆虫屎斑、烟熏等)(见图5-2)。黏土艺术要长期保存下去，重要的是创造良好的保护环境。采用黏土加工工艺品，方便快捷，可随时进行修改。一般可用来制作小体积的旅游工艺品模型，主要用于构思阶段中的草工艺品制作。

旅游工艺品设计与制作

图 5-2　惠山泥人《大阿福》

(二)油泥材料工艺品模型

用油泥材料来加工制作工艺品模型,其特点是可塑性好,经过加热软化,便可自由塑造修改,也易于黏结,不易干裂变形,同时可以回收和重复使用,特别适用于制作异形形态的旅游工艺品模型(见图 5-3)。油泥的可塑性优于黏土,可进行较深入的细节表现。缺点是制作后重量较重,怕碰撞,受压后易损坏,不易涂饰着色,油泥工艺品模型一般可用来制作研讨性草工艺品或概念模型。

图 5-3　油泥模型

(三)石膏材料工艺品模型

用石膏材料来加工制作工艺品模型的特点是具有一定强度,成型容易,不易变形,可涂饰着色,可进行相应细小部分的刻画,价格低廉,便于较长时间保存。以石膏材料制作的模具可以对工艺品原作形态进行忠实翻制。不足之处是较重,怕碰撞挤压。一般用于制作形态不太大,细部刻画不太多,形状也不太复杂的旅游工艺品(见图5-4)。

图 5-4 石膏林肯像

(四)玻璃钢工艺品模型

玻璃钢工艺品是采用环氧树脂或聚酯树脂与玻璃纤维制作的工艺品模型。首先必须在黏土或其他材料制作的原型上,用石膏或玻璃钢翻出阴模,然后在阴模内壁逐层地涂刷环氧树脂及固化材料,裱上玻璃纤维丝或纤维布,待固化变硬后脱模,便可以得到薄壳状的玻璃钢型体。玻璃钢材料具有较好的刚性和韧性,表面易于装饰,适用于设计定型的旅游工艺品制作和较大型工艺品的工艺品制作(见图5-5)。

图 5-5 玻璃钢草坪摆件

(五)泡沫塑料工艺品模型

膨胀树脂又称为泡沫塑料,是在聚合过程中将空气或气体引入塑化材料中而成的。泡沫塑料一般用作绝缘材料和包装材料、现在因为其材质松软、易于加工而广泛地运用于工艺品模型制作。

泡沫塑料可分成硬质和弹性的两种类型。工艺品模型制作经常使用的是硬质的泡沫塑料。与大多数工艺品制作所用的材料相比,膨胀树脂的特点是加工容易,成型速度非常快。不过它们的表面美感远不如其他材料好。由于表面多孔所以对这样的表面进行整饰时,程序繁复,效果较差。但膨胀树脂工艺品重量轻,容易搬运,材质松软,容易加工成型,不变形,价格较低廉,具有一定强度,能较长时间保存。缺点是怕重压碰撞,不易进行精细的刻画加工,不好修补,也不能直接着色涂饰,易受溶剂侵蚀影响。硬质泡沫塑料适宜制作形状不太复杂、形体较大的旅游工艺品或草工艺品(见图5-6)。

(六)塑料工艺品模型

塑料板材分为透明与不透明两大类。透明材料的特点是能把工艺品内部结构,连接关系与外形同时加以表现,可以进行深入细致的刻画,具有精致而高雅的感觉,重量较轻,加工着色和黏结都较为方便。缺点是材料成本较高,精细加工难度大。一般宜用于制作工艺品的局部或小型精细的工艺品展示工艺品，工艺上采用数控加工或3D打印制作完成。

图5-6　泡沫景观模型

(七)纸材工艺品

纸材工艺品一般用于制作工艺品设计之初的研讨性工艺品模型。用纸张来制作草模(粗模)，也可以用来制作简单曲面的成型或室内家具及建筑工艺品模型。纸工艺品的特点是取材容易，重量轻，价格低廉，可用来制作平面或立体形状单纯、曲面变化不大的工艺品。同时可以充分利用不同纸材的色彩、肌理、纹饰，减少繁复的后期表面处理。缺点是不能受压，怕潮湿，容易产生弹性变形。如果需做较大的纸材工艺品，在工艺品内部要作支撑骨架，以增强其受力强度(见图5-7)。

图5-7　纸艺作品

(八)木工艺品模型

木材由于强度好、表面不易变形、运输方便，表面易于涂饰，适宜制作形体较大的工艺品。木材被广泛地用于传统的工艺品模型制作中。虽然对其加工工艺有较高的要求，但木材仍可用简单的方法来加工。可以用来制作细致的木工艺品模型，或作为制作其他工艺品的补充材料。使用它做大型的全比例的工艺品，则必须在装备齐全的车间和使用专业化的木工设备来辅助完成。除了非常专业的需要，一般很少完全采用木材来制造大型工艺品。与其他的材料相比，木工艺品模型需要用到各种不同的整饰方法。通常用它与整饰性的材料(如纸张和塑料)配合用，可以节省时间、节省费用(见图5-8)。

图5-8　木雕工艺品

(九)金属工艺品模型

在工艺品模型制作中，金属经常作为补充的辅助材料。与木材一样，大的和厚的金属板、金属管和金属棒需要较重的加工设备和专业化的车间。采用金属材料加工制作的工艺品模型，具有高强度、高硬度、可焊、可锻的特性和易于涂饰等优点，通常用来制作结构与功能工艺品模型或表现性工艺品模型，特别是具有操作运动的功能工艺品模型(见图5-9)。

在工艺品制作中经常使用的是最细的和最软的片材金属，用来制作旅游工艺品中的结构。还经常使用纸板材料上涂覆金属的漆料来模拟金属效果。加工金属材料的幅面和数量要符合制作工艺品时快速、便捷的原则。如采用金属材料加工制作大型工艺品，加工成型难度大，不易修改而且易少锈，形体笨重，也不便于运输。

图 5-9　金属工艺品

评估练习

1. 举例说明不同材料的物理特性。
2. 结合设计实践，谈谈材料的选择。

第三节　旅游工艺品模型制作的原则

教学目标

理解和掌握模型制作的原则。

一、选择合适材料

传统的工艺品模型制作主要成型于黏土或木质的块体，较精确的工艺品常常采用塑料数控加工成型，或用聚酯加强纤维在模具中成型，这些成型方法都极为耗时和耗资，同时需要大型加工设备、专用的工具和加工经验，常要经过的加工工序包括塑造、翻模、成型、修整与修补、打磨与抛光、涂上封闭物或底漆、表面着色上漆。所以在模型制作中根据不同的设计需求选择相对应的工艺品制作构料是极为重要的。例如，黏土就不能作为一种结构件工艺品材料来使用，塑料和聚酯工艺品需要大量的时间，而且需要许多的设备和较大的费用投入。这意味着一旦工艺品模型制作完成后,设计师就不容易再做任何的改动,尽管有时这种改动和调整是必要的。纸和硬纸板则较易寻找,便于加工和造型处理。同时,对工具的要求也比较简单,也需要专门的工作场所,可以在任何操作台或小的切割台板上完成。纸对于工艺品模型是一种理想的材料,同时对于其他材料,它能被剪刀剪切和被快速黏结,在许多情况下它是最能快速操作的介质。纸又是成品材料,不需磨光,易于表面着色或其他后期处理。纸同时也是一种有多用途的介质。以纸来进行设计和制作工艺品模型,其表现的可能性是无限的。纸可以被成型为极轻巧的对象,如风筝、饰物、艺术品或用来建造大型结构,如包装和家具。纸虽薄却有强度,一个简单的折就可以将纸变成结构件材料。它的这种属性往往能够准确地描述出设计中结构的缺陷。尽管纸有各种不同的质量,但它的应用范围还是有限的,不可能适用于所有类型工艺品模型的制作。

能够满足廉价、省时、省材、省力的工艺品模型材料还包括泡沫塑料薄板。同时这些材料重量轻。容易进行加工处理,相对便宜,只需适当的设备就能进行加工。当今发泡材料日益为设计师所青睐,其最大的优点在于允许设计师塑造大型的物体。在塑造大型块体的成型过程中替代了需要耗费大量时间、运用大型加工设备的木材、黏土等材料,而成为新型的模型造型材料。

二、选择合适比例

工艺品模型材料和工艺品模型比例之间的选择有着严格的关系。因此,除非所制作的对象实体体积非常小,对比例不加考虑外,工艺品模型的材料与比例必须同时进行考虑。例如,纸材对于大型工艺品来说并不是首选材料,尽管在工艺品内部可以设置结构框架,但最终还是会扭曲变形。相反,泡沫塑料对于塑造大型工艺品模型形态来说则非常适合。塑料则更适合于制作各种比例的表现性工艺品模型。

当选择一种比例进行制作时,设计师必须权衡各种要素,选择较小的比例,可以节省时间和材料。但非常小的比例工艺品模型会失去许多细节。如1:10的比例对一个厨房工艺品来说恰到好处,但对一把椅子来说,特别是想表现许多重要的细节、就显得太小了。所以谨慎的选择一种省时而又能保留重要细节的比例,而且能反映工艺品整体效果,是非常重要的,应该特别强调的是1:2的工艺品模型往往带有欺骗性。旁观者常常会将按此比例制作的工艺品理解为全尺寸的小型工艺品模型。

第五章 旅游工艺品的制作工艺

如果可能的话，在工艺品制作中应按照1∶1选择与实际尺寸相符的比例。因为对于一个新的设计，原大尺寸的形体能使设计师从整体上更好地把握设计形态的准确性。

工艺品模型最内在的价值正是在于：通过它使人们更容易了解设计的真实体量感。

三、选择合适的形态

选择材料最重要的目的是要使设计的形态形象化、具象化。但往往让令人惊奇的是，在设计师脑海里设计的形象化比纸上谈兵直接得多。因为在设计过程的早期、许多设计的细节在设计者的脑海中并未完全形成。设计者只需构建出一个大概的雏形和若干有寓意的细节即可，比如各种中心尺寸和功能构件。但考虑这些构件的材料与细节对于构造一个工艺品来说都是非常重要的。

例如，制作一个有着尖锐边角的方形和表面有着大量图纹装饰的形态模型，就应该选择以纸来进行制作。其细节可以选用现成的物品和带图案的纸材来装饰。如果设计的对象有各种各样半径的图形倒角或柔和的曲线形态模型，那么用泡沫塑料或其他如油泥等可塑性好的材料就比纸更为适合。各种椅、桌的比例工艺品模型可以用塑料棒材或管材与纸材料进行组装。对于以线材为主的设计，各种直或弯曲的管材和棒状物都可以用来加工和组装成工艺品模型。

四、选择合适的色彩

工艺品模型制作还应考虑与最终工艺品的外观有关的因素便是色彩。这点从工艺品制作的一开始就必须以最终的设计效果为目标进行恰当的选择。选择某种符合最终表面设计需求的材料，或选择一种符合色彩要求的材料可以节省大量的设计与制作时间。

五、选择合适的质地

在选择工艺品模型材料时，对于工艺品的表面质地也应作为一个重要的因素来考虑。如纸材料用于制作研讨性工艺品模型和概念工艺品模型时，是很好的介质，但对于表面要求较高的外观表现性工艺品模型，虽然以纸作材料同样可以达到目的，但要投入更多的时间和精力。所以一般说来，表现性工艺品模型最好用多种材料结合进行制作(纸和木材，或木材和塑料、泡沫与纸)，这样能保证设计的表现不会因单一材料的质地限制而受到影响。

六、选择合适的真实度

工艺品外观的真实性取决于多种不同的因素。其中首要的是工艺品的质地、不同材料的选择、时间与精力的投入。首先要考虑的是工艺品模型材料的质地。很显然，一个表现性工艺品模型，要比一个用于设计过程中研究所用的研讨性工艺品模型需要更高的真实性。

虽然有些工艺品模型并不需要严格真实的表面特征，就能够从工艺品模型所表达出的形态特征上理解其设计的内在寓意。但材料与真实性仍然有着直接的关系。例如，极其真实的工艺品模型除了球型之外都可以由纸来构造。木材、金属和塑料的质地也能给工艺品模型以相当高的真实性，但是要用泡沫材料来塑造一个真实度很高的工艺品模型几乎是不可能的。

根据以上所述的工艺品模型真实性的价值。如果实现一个工艺品真实性所需的时间超过它的所得，可适当地牺牲一些真实性。为了得到一个雅致的工艺品模型，质地和整洁这两点是非常重要的。一旦选定了材料的种类、比例和将要达到的真实程度，就必须坚持将它们贯穿于工艺品模型制作的始终。在工艺品模型制作的任何阶段，随意改变主意往往会导致制作的失败。当制作工作开始后，随意改变材料、比例或试图增、减真实性的要求都会增加许多额外工作量，甚至最终成为一个结构丑陋的工艺品，在制作过程中，即使选错了材料，比例过大或太小，仍然可以锲而不舍地做下去，不要半途而废。或者立即放弃所做的一切，重新按原先想法将它完成，然后从中吸取经验教训，再做一个新的。

评估练习

1. 举例说明模型制作的原则。
2. 举例说明不同材料的适用范围。

第五章　旅游工艺品的制作工艺

第四节　旅游工艺品模型制作的工艺

教学目标

1. 了解旅游工艺品制作工艺。
2. 了解模型制作工具。

旅游工艺品模型的制作，是工艺品造型设计过程的一部分，是工艺品设计过程中的一种重要表达形式，是体现设计理念、方法和步骤的过程，是设计与实践紧密结合的过程，是个人的技巧智慧和创造力充分发挥的过程，是将工艺品造型设计从无到有、从抽象到具象、从构思到现实、从平面到立体的逐渐完善的过程。

在旅游工艺品模型的制作过程中，为了真实直观地将设计构思以三维形体的实物展现出来，只有充分了解各种工艺品材料的基本特性、加工工艺和各种工具与设备，才能给制作加工带来方便，才能制作出满足设计要求的工艺品实体，否则无法达到预期的目的。

一、旅游工艺品模型制作的方法及工作程序

(一)旅游工艺品模型制作的方法

旅游工艺品模型是由多种相同或不同材料采用加法、减法或综合成型法加工制作而成的实体。工艺品模型制作的方法可归纳为加法成型、减法成型和混合成型。

(1) 加法成型，是通过增加材料、扩充造型体量来进行立体造型的一种手法，其特点是由内向外逐步添加造型体量，将造型形体先制成分散的几何体，通过堆砌、比较、确定相互位置，达到合适体量关系后采用拼合方式组成新的造型实体。加法成型通常采用木材、黏土、油泥、石膏、硬质泡沫塑料来制作。多用于制作外形较复杂的旅游工艺品。

(2) 减法成型，与加法成型相反，减法成型是采用切割、切削等方式，在基本几何形体上进行体量的剔除，去掉与造型设计意图不相吻合的多余体积，以获得构思所需的正确形体。其特点是由外向里，这种成型法通常是用较易成型的黏土、油泥、石膏、硬

质泡沫塑料等为基础材料，多以手工方式切割、雕塑、锉、刨、刮削成型。适用于制作简单的旅游工艺品。

(3) 混合成型，是一种综合成型方法，是加法成型和减法成型的相互结合和补充，一般宜采用木材、塑料型材、金属合金材料为主要材料制作。多用于制作结构复杂的旅游工艺品。

(二)旅游工艺品制作的工作程序

(1) 设定方案。①从较多构思方案中，优选出一至两个方案。②用简易材料先做出草模进行初模分析。③确定各单元件的相关图画。

(2) 准备工作。①选择合适的材料，充分了解掌握使用材料的特性、材料的加工方法、涂装性能效果。②准备适当的工具和加工设备。

(3) 拟定完善的制作流程。①了解掌握工艺品的结构、性能特点，明确工艺品制作的重点。②制作较大工艺品时，应先制作辅助骨架后在进行加工。③在评判、分析的基础上进一步加工制作研究工艺品模型、结构功能工艺品模型、表现工艺品模型，经评议审核后定型。

(4) 表面处理对工艺品模型进行色彩涂饰，以及文字、商标、识别符号的制作和完善。

(5) 整理技术资料建立技术资料档案，供审批定型。

二、旅游工艺品制作的工具

(1) 量具。在工艺品制作过程中，用来测量工艺品材料尺寸、角度的工具称为量具。常见的有直尺、卷尺、游标卡尺、直角尺、组合角尺、万能角度尺、厚薄规、内卡钳、外卡钳、水平尺等。

(2) 划线工具。根据图纸或实物的几何形状尺寸，在待加工工艺品工件表面上划出加工界线的工具称为划线工具。常见的有划针、划规、高度划尺、划线盘、划线平台、方箱、V型铁、划卡、圆规、千斤顶、样冲等。

(3) 切割工具。金属刃口或锯齿，分割工艺品材料或工件的加工方法称为切割，完成切割的加工工具称为切割工具，常见的有多用刀、勾刀、剪刀、曲线锯、钢锯、木框锯、板锯、圆规锯等。

(4) 锉削工具。完成锉削加工的工具称为锉削工具，锉削工艺品工件表面上多余边量，使其达到所要求的尺寸、形状和表面粗糙度。常见的有各种锉刀、砂轮机、砂磨机、修边机。

(5) 装卡工具。能夹紧固定材料和工件以便于进行加工的工具称为装卡工具。常见的有台钳、平口钳、C型钳、手钳、木工台钳。

(6) 钻孔工具。在材料或工件上加工圆孔的工具称为钻孔工具。常用的有电钻、微型台钻、小型台钻及各种钻头。

(7) 冲击工具。利用产生重力冲击力的加工工具称为冲击工具。常见的有斧、木工锤、手锤、木锤等。

(8) 錾凿工具。利用人力冲击金属刃口对金属与非金属进行錾凿的工具称为錾凿工具。常见的有金工凿、木工凿、木刻雕刀、塑料凿刀。

(9) 攻丝套丝工具。在金属材料或工件上加工内螺纹或外螺纹的工具称为攻丝套丝工具。常见的有丝锥、板牙和板牙架。

(10) 装配工具。用于紧固或松、卸螺栓的工具称为装配工具。常见的有螺丝刀、钢丝钳、扳手。

(11) 加热工具。产生热能并用于加工的工具称为加热工具。常见的有吹风机、塑料焊枪、电烙铁、烘筒。

评估练习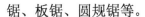

1. 如何根据不同材料选择工具？
2. 结合实践谈谈具体项目模型制作流程。

第五节　旅游工艺品模型的制作技法

教学目标

1. 了解几种主要材料的加工技法。
2. 了解由材料和技法所延展出的艺术门类。

旅游工艺品设计与制作

一、黏土工艺品模型的制作技法

(一)黏土工艺品模型概述

以黏土为主要材料的工艺品模型制作过程中，常要采用对材料进行雕塑的方法，并配备一定的模板工具和量具进行整形，以最终达到对工艺品形态的塑造和把握。通常所说的雕塑，无论作为造型形式还是技法手段，都是一个综合的概念。作为立体造型的一种方式，有雕与塑之别，而作为技艺手段，也有两种基本方法：一是"雕"，或称"雕刻"；二是"塑"，即通常所说的"塑造"。由于习惯上的影响，有时往往容易不加区别地把"雕"同"塑"混淆起来。二者虽然都是对立体形象的表现形式和制作方法，可是运用与材料的技法和性质是大不相同的。

"雕"或"雕刻"，主要是指在非塑性的坚硬固体材料上，借助具有锋利的刃口的金属工具进行雕、凿、镂、刻，去除多余的材料，以求得所需要的立体对象，如石雕、木雕、牙雕、砖刻等。其中"雕"同"刻"也小有差异："雕"一般是对较大面积材料的切除，常指对整体性立体对象的雕制；而"刻"则多相对表层或浅层小面积材料的剔除，如扁体性的石刻、木雕等。但无论是"雕"还是"刻"，都是由大到小，由外向里，把材料逐步减去而求得的造型。

"塑"就不同了。"塑"的主要特点，是利用柔韧的可塑性材料(易于塑造变形的性质)，主要通过手和工具的直接操作，从无到有，从小到大，由里向外来完成对形体的塑造。用可塑性材料逐层添加的方法把立体对象的形体垒积构筑起来，如泥塑、面塑。人们之所以不把它们称作"泥雕"、"面雕"，就是出于这个道理。试想，当用泥或其他软质材料捏小人或小动物的时候，总是从无到有，由小到大，一部分一部分地将材料捏成适合于所要塑造对象的立体形状，把这些形态彼此黏结起来，即先捏出躯干再粘头、粘上头、粘上四肢；还可以边捏边粘，也可以捏差不多了再粘上去；也可以粘上之后再继续捏，直到捏出一个完整的形象。这就是最简单的"塑"。

一个较复杂的立体的塑造形象，其塑造过程自然也会是比较复杂的。无论如何、必须明白的是"雕"与"塑"的基本概念具有本质的差别。可见，雕塑中"雕"与"塑"本质的不同是的材料本身的不同性质所决定的。在一般情况下，对于"雕"与"塑"的概念在习惯上的某种笼统理解，大可不必追究。只要当涉及特定的技巧方法时，应能够

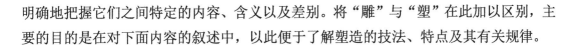

明确地把握它们之间特定的内容、含义以及差别。将"雕"与"塑"在此加以区别，主要的目的是在对下面内容的叙述中，以此便于了解塑造的技法、特点及其有关规律。

(二)黏土工艺品的材料与工具

制作泥工艺品的黏土材料，可以分为水性黏土及油性黏土两大类。黏土以其可塑性强，易于加工修改，常被应用于设计初期的研讨性工艺品。特别要强调的是：设计制作工艺品捏用的黏土是以油性黏土为主的。例如，最近流行的软陶工艺品就属于油性黏土。采用缩小比例的泥塑研讨性工艺品，是为设计人员提供研究、修正、研讨之用。由于泥工艺品材料受气候、温度、湿度的变化影响会产生的收缩和变形，所以对尺寸精度有严格要求的设计，通常要求采用质量稳定、塑性较好的黏土作为工艺品的塑造材料。因此，黏土的品质是工艺品质量好坏的关键，选择质量好的泥塑材料有利于塑造过程的顺利进行。

(1) 水性材料。水性黏土，按颜色大约可外为三种：白色黏土、灰色黏土、棕褐色黏土。水性黏土是用水调和上质地细腻的"生泥"经反复砸揉而成"熟泥"。其特点是黏合性强，使用时以柔软而不粘手。干湿度适中为宜。这种泥取材方便，可塑性大，从捏塑小泥稿到大型雕塑的泥塑创作都可选用熟泥来塑造板型，泥土的颜色有多种，极适合创意工艺品的制作。

陶土，是由多种微细的矿物质组成的集合体。多呈粉状或块状，其矿物质成分复杂、颗粒大小不一致，常含有粉砂和砂粒等。其含有有机杂质，因而颜色不纯，往往呈灰白、黄、褐红、灰绿、灰黑及黑色等。陶土具有吸水性和吸附性，所以加水糅合后即具有较好的可塑性。

黏土，在自然界中分布广泛，种类繁多，储量丰富。其主要化学成分是氧化硅、氧化铝和少量的氧化钾，具有矿物质细粒，经破碎、筛选、研磨、淘洗、过滤和水掺和而成泥的坯料可用于雕塑及需要拉坯成型的工艺品，陶土、黏土工艺品的主要工具是手和手工塑造工具。由于陶土、黏土均属含水性材料、干后易裂。不便保存，一般多用于工艺品设计创意阶段的制作或翻制石膏工艺品之用。

由于水性黏土材料干燥后容易龟裂，塑造后的工艺品不易保存。因此，往往将塑造后的工艺品，再翻制成石膏工艺品。以便于进行长期保存。当拌和泥时，免不了有时会把泥和得干燥不匀，因此也不能用于塑造工艺品。泥太稀黏性大而过软，妨碍大型塑造，易黏附在手和工具上，同时随着泥土中水分的蒸发，泥土收缩性增大，工艺品表面全龟裂。如果塑造泥料过于湿软，可按所需的量取其一部分，进行反复揉炼，以加速泥内水分的挥发。也可将湿泥放置于洁净而干燥的石膏板上，使之充分浸润，至适当湿度时再将泥料糅合均匀，或将泥分成薄块置放于背阴处，晾干一段时间，再敲打使用。不要把稀泥放在阳光下晒干，这样做会使表面干硬的泥块经敲打后接合在泥中，造成泥体的不均匀，使用时极不方便，应注意避免。

塑造中用过的泥料，或已干固的泥料，可敲碎放回泥池或泥缸。加水闷湿，反复使用。塑造时需注意泥的保洁，勿粘混杂质，保持泥体的润洁。在塑造过程中，如果工艺品模型表面的泥块湿度与里层泥的湿度一致，泥与泥之间黏合力就强。若泥的表里不一致，黏附力则受到影响，即使黏合在一起，一旦遇水，表层的干泥便会脱落，特别对工艺品的细节的塑造影响很大。塑造用的泥土的干湿软硬程度，是以手指轻捻即可变形，不裂又不粘手指为易。黏土过干会使塑性变小、变硬，塑造时上泥费力，不易"塑型"。黏着力小，容易剥裂。过湿则粘手，也不便"塑型"，且承受力弱、易坍塌，收缩性及干裂的可能性较大，整个塑造过程中的用泥最好保持在相对接近的湿度状态。

综合对泥物理性质的了解，传统的泥塑技艺，泥塑的模制一般分为四步：制子儿、翻模、脱胎、着色。制子儿就是制出原型，找一块和好的泥，运用雕、塑、捏等手法，塑造好一个形象，经过修改、磨光、晾干后即可，有些地方还要用火烧一下，加强强度。翻模就是把泥土压在原形上印成模子，常见有单片模和双片模，也有多片模。脱胎就是用模子印压泥人坯胎，通常是先把和好的泥擀成片状，然后压进模子，再把两片压好泥的模子合拢压紧，再安一个"底"，即在泥人下部粘上一片泥，使泥人中空外严，在胎体上留一个孔，使胎体内外空气流通，以免胎内空气压力变化破坏泥胎。最后一道工序是着色，素有"三分塑，七分彩"之说。一般着色之前先上一层底色，以保持表面光洁，便于吸收彩绘颜色，彩绘的颜料多用品色，调以水胶，以加强颜色附着力。例如，天津"泥人张"彩塑是清道光年间发展起来的，自张明山先生首创，流传至今已有180年历史。泥人张彩塑具有鲜明的现实主义艺术特色，能真实地刻画出人物性格、体态；追求解剖结构，夸张合理，取舍得当；用色敷彩，典雅秀丽。泥人张彩塑适于室内陈设，一般尺寸不大，约40厘米，可放在案头或架上。它所用的材料是含沙量低无杂质的纯净胶泥，经风化、打浆、过滤、脱水，加以棉絮反复砸揉而成的"熟泥"。再经艺术家手工捏制成型，自然风干，再施以彩绘。

(2) 油性材料。油性泥是一种人工制造的材料，比普通水性黏土强度高、黏性强。油泥是一种软硬可调、质地细腻均匀，附着力强，不易干裂变形的有色造型材料，主要成分由滑石粉、凡士林、石蜡、不饱和聚酯树脂等根据硬度要求按一定比例混合而成。在室温条件下的油泥硬固，附着力差，需经加热变软后才能使用。但如果加热温度过高则会使油泥中的油与蜡质丢失，造成油泥干涩，影响使用效果。油泥工艺品在一般气温变化中胀缩率小，且不受空气干湿变化而龟裂，可塑性好、易挖补、颜色均匀，适于塑制创意工艺品及较精细的工作工艺品。油泥的缺点是不能用于拉坯成型。

油泥具有不易干裂的特点，常温下可以长时间地反复使用。在温度较低的情况下油泥则会变硬；在温度过高的情况下油泥会变软。过硬或过软都会影响油泥的可塑性。所以在冬季使用油泥时，室内最好要有取暖设施，将温度升高，并保持常温。若无取暖条件，也可以用热水温软油泥，使用时倒一盆温热水。将油泥分成块放入盆中隔水加热，待软后取出使用。夏季天气炎热，环境温度高，油泥极易软化，塑造时，应避免阳光直射在工艺品上，应选择在阴凉通风处进行塑造作业。油泥黏性好，韧性强，不易碎裂，适合于塑造形态精细的工艺品(见图5-10)。

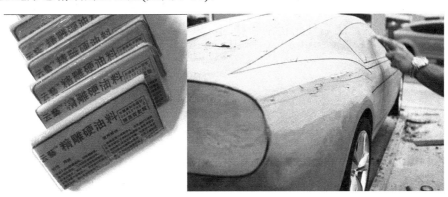

图 5-10 油泥料及模型

油泥在反复使用过程中不要混入杂质，以免影响质量。不用时可用塑料袋套封保存，可长期反复使用。由于油泥材料的价格高于黏土材料，在制作较大的油泥工艺品时可先用发泡塑料做内芯、骨架，使油泥的利用既经济又充分。塑造的辅助材料有木质、金属、塑料等材料。辅助材料是在塑造过程中为增强工艺品牢固性且可充当工艺品的骨架材料。木质材料有木板、木块等；金属材料有铁丝、薄铁板；塑料材料有塑料板、棒、管等都可以用来扎制工艺品的内骨架；综合材料有泡沫塑料等。在塑造中可用作"填充料"以增大工艺品的内部体积，减少表面加泥量，能够有效地减轻工艺品的自重。但对于体量不大的工艺品则没必要使用，对于大、中型工艺品尤为适用。严格地讲，油泥是有机与无机物的混合体。油泥遇明火易熔融滴落，燃烧后会成为黑灰色灰烬。因其具有与水性雕塑泥相同的可塑性，故与黏土归为一类。油泥的可塑性好，稍加热后可以用刮板进行顺畅的加工造型。油泥类型有很多种，但应选择具有颜色均匀、颗粒细、随温度变化而膨胀收缩量小、易填补、具有良好外观品质的品种。

把加热后软硬合适的油泥铺包在填充料外部，往模型胎基表面上油泥我们称为填敷(也有称为填墩、上泥)。填敷油泥就像做雕塑要先"上大泥"一样。但填敷油泥不能像做雕塑将泥土一坨一坨地按在支架上，然后要用棒使劲地敲打压紧。填敷油泥的主要方法有"推"和"勾"。"推"是用大拇指和手掌缘向前推进填敷；"勾"是用食指弯曲，用其内侧向后勾拉填敷，不要用其他手指。填敷油泥只能是一层接一层地敷贴，并且第一层油泥不要敷得太厚。应该是适当用力并尽量均匀地先填敷薄薄的一层。然后再照此方法一层一层地填敷较厚的油泥。但不要过厚，可以多填敷几次，保证油泥之间的贴合，直到填敷满整个胎基。之后便是粗刮和精刮，以得到完美的造型。

案例 5-1

宜兴紫砂工艺

宜兴陶土资源丰富，品种繁多，主要分布于南部丘陵山区。当地一般把陶土分为白泥、甲泥和嫩泥三大类。白泥主要含矿层为晚志留茅山群，晚泥盆世五通下段和二迭系上流龙潭组。它是一种灰白色为主颜色单纯的粉砂铝土质粘土。甲泥含矿层位于泥盆系上统五通组上段及石灰系下段高丽山组。它是一种以紫色为主的杂色粉砂质粘土，又叫石骨，材质硬、脆、精。嫩泥主要产于二迭系上统龙潭组上段地层中。它是一种以土黄色或灰白色为主的杂色粘土，材质软、嫩、细。由于陶土中含有不同比率的氧化铁，泥料经不同比例调配，烧制的茶壶就呈现黑、紫、黄、绿、褐、赤等各种色彩。

宜兴紫砂壶所用的原料，包括紫泥、绿泥及红泥三种，统称紫砂泥。紫砂方壶的制作步骤如图 5-11 所示。

紫泥是甲泥矿层的一个夹层，紫砂泥矿体形态呈薄层状、透镜状，矿层厚度一般在

第五章　旅游工艺品的制作工艺

几十厘米到一米左右，稳定性差，有时不延续而灭尖。原料外观呈紫红色、紫色，带有浅绿色斑点，软质致密块状，斑状结构，烧后外观为紫色、紫棕色、紫黑色。由于它具有较强的可塑性，收缩率小等优点，所以成为生产各种紫砂陶器的主要的泥料，目前仅产于丁蜀黄龙山一带。

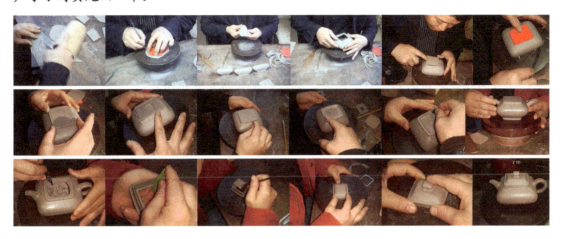

图 5-11　紫砂方壶制作步骤图解

紫砂壶原料分类如图 5-12 所示，有绿泥、红泥等几种泥。

图 5-12　紫砂壶原料分类

绿泥是紫泥砂层中的夹脂，故有"泥中泥"之称。团山泥则是紫泥和绿泥混杂共生在一起的泥料。绿泥量小，泥嫩，耐火力低，一般多用作壶身的粉料或涂料，增强紫砂陶的装饰性。

旅游工艺品设计与制作

红泥(又称朱泥)是位于嫩泥和矿层低部的泥料,矿形不规则,琐碎,主要分布于丁蜀西香山附近。红泥的土质特点:含氧化铁成分高,故烧成后壶成为红色的主要原因。其泥质娇嫩,制作成型工艺较高,泥土收缩率较高,故成品率低,一件大壶佳作更是难求。

从矿中开挖出来的紫泥,称为生泥,泥似块状岩石,经堆放在露天稍事风化待其松散,然后用锤式破碎机初碎,轮碾机粉碎,泥料过60目筛,湿水后通过真空练泥机捏练,便成为供制坯用的熟泥料。绿泥、红泥的制备与紫泥相同。

为了丰富紫砂陶的外观色泽,满足工艺变化和创作设计的需要,可以把几种泥料混合配比,或在泥料中加入金属氧化物着色剂,使产品烧成后呈现天青、栗色、深紫、梨皮、朱砂紫、海棠红、青灰、墨绿、黛黑等诸种颜色。若杂以粗砂、钢砂,产品烧成后珠粒隐现,产生新的质感。近年来还试制成功了醮浆红泥,仿金属光泽液等化妆土,丰富了产品的色彩。

紫砂陶的成型,经过历代艺人们的探索和改进,技艺日臻完美。主要有手工成型、注浆成型、旋坯(机制)成型和印坯成型。其中手工成型是传统的制造方法,凡是工艺产品(如壶)的成型,全系手工搓制而成。紫砂泥具有良好的可塑性能,较小的干燥收缩,较高的生坯强度,为多种多样造型提供了良好的工艺条件。丰富多彩的造型,千百万化的线条,对制作技巧不断提出新的要求,促使手工成型达到了高度的水平,形成独特风格。而精巧的手法,超群的技艺,促成了紫砂工艺陶器造型丰富多变的特色。

手工成型的方法基本上可分为"打身筒"与"镶身筒"两大类。

"打身筒"法适用于圆形类产品,将泥料打成泥片,用归车等工具划出泥片形状放在转盘上,用手工拍打成空心体壶身,再黏结上用手工搓制成的壶嘴、把、颈、脚、并另加制壶盖,以至作品坯体完整。

"镶身筒"(又称镶片法),是将泥料打成泥片,按设计意图,配成样板,依样裁成泥片,镶合而成,然后方法同上加工制成,一般适用于方器作品。

现在所见的砂壶器型以多种器型交融诸多,通常所见分为以下几种。

(1) 方器,它是由长短不等的直线组成,如四方壶、僧帽壶等。其特点为:轮廓分明、线条流畅、平稳庄重,其盖任意调换方向,其线均于壶体对称,与壶口吻合严密。

第五章　旅游工艺品的制作工艺

(2) 圆器，主要有各种不同方向的曲线组成。其特点为："圆、稳、匀、正。珠圆玉润、比例协调、骨肉均匀、敦庞周正。像掇球壶、仿鼓壶为圆器典型作品。正如"方非一式、圆无一相"所说，千姿百变。

(3) 自然型，又称为"花货"。是对自然界花、草、果等采用"雕、镂、捏"等技法进行仿制及装饰，造型自然古朴，常见以松、竹、梅为题材诸多。

(4) 筋纹型：筋纹器特点是将形体的府面作若干等分，把生动流畅的筋纹，组织于严密的结构之中。常见有瓜棱、花瓣等式样。其作品特征为：上下对应、身盖齐同、纹理清晰、深浅适度、形体和谐，如半菊壶、瓜棱壶等。

二、石膏工艺品的制作技法

(一)石膏工艺品概述

泥工艺品虽然采用湿布、喷水的方法来保持泥工艺品的水分和防止杂质的混入，但毕竟这种方法仅能保持短暂时间的不变形，时间一长，水分逐渐消失，仍然会导致工艺品的收缩变形和干裂。为了使旅游工艺品模型可以长久保存下去，人们通常采用将泥工艺品模型翻制成石膏工艺品的方法来保存作品，以便长久地保留所塑造的工艺品形态，同时也可以通过制作石膏模具的方法进行多次复制原形。

由于采用石膏模具的方法翻制旅游工艺品成本低，不需运用太多的工具，操作占地面积小，操作简单，所以一直被广泛地应用于艺术设计、工艺品制作的领域。在工艺品成型技法中，这是一种重要的、也是最常用的成型方式。石膏模具法是石膏成型技法中翻制工艺品惯用的一种方法(见图5-13)。通常，石膏模只是在已塑造完成的黏土或油泥工艺品母体上，抹上一层脱模剂(通常使用肥皂水)，在泥塑母体上浇注上一层具有一定厚度的石膏浆，当石膏浆完全凝固后，再取出泥塑的原型，形成中空的石膏模具。

石膏模具与原泥塑工艺品成为形态上正好相反的阴性模关系。这时泥塑原型已被破坏，而利用阴性的石膏模具来复制保留原来的作品。在阴性的石膏模具型中，浇注石膏浆，待石膏浆凝固成型之后，敲碎阴性的石膏模具，或分片、分部地分开阴性石膏模具，就可以得到复制工艺品，即石膏的作品原型。

图 5-13 石膏粉及石膏制品翻制

石膏工艺品能较好地保留设计者原创作品的形态。如果翻制完美，石膏材料能百分之百地复原出所设计工艺品的原型，很好地保留和传递作品的形态。石膏工艺品更有利于保存，假若石膏模具被分片、分部分地剥离，复制出来的石膏工艺品母体不被损坏，便可以多次复制，复制出多个相同的作品。

(二)石膏工艺品的材料与调制方法

生石膏即天然石膏，是一种天然的含水硫酸钙矿物，纯净的天然石膏常呈厚板状，是无色半透明的结晶体。由于它是含有两个结晶水的硫酸钙，故又称为二水石膏。将生石膏煅烧至120℃以上而不超过190℃时，生石膏中水分约失去3/4而成为个半水石膏。若再将温度提高至190℃以上时，半水石膏就开始分解，释放石膏中的全部结晶水而成为无水石膏即无水硫酸钙。半水石膏与无水石膏统称为熟石膏。工艺品石膏主要是二次脱水的无水硫酸钙。呈白色粉末状，石膏粉与水混合调制成浆后，石膏与水的配比一般为 1:1 或者 1.35:1。石膏凝固时间与水的比例有关，如果水少凝固时间较短，反之增长；另外，水的温度高凝固时间快，反之变慢；与搅拌也有关系，搅拌愈多愈急剧，凝固越快，反之较慢；通过化学方法，如加入少量食盐，凝固速度变快，加入一些胶液，则减慢速度。初凝不早于4min，终凝不早于6min，不迟于20min。

熟石膏粉可以在化工商店购得，但常因质量各异，所以在使用前需做凝固试验，用熟石膏制作模具有以下优点：①在不同的湿度、温度下，能保持工艺品尺寸的精确；②安全性高；③可塑性好，可用于不规则及复杂形态的作品；④成本低，经济实惠；⑤使用方法简单；⑥复制性高；⑦表面光洁；⑧成型时间短。

熟石膏粉具有很强的吸水特性。通常熟石膏粉都是一包一包地用塑料袋密封包装，所以一袋熟石膏最好一次使用完，如果不能一次用完，必须把剩余的熟石膏料密封包装妥当，置放于干燥的地方，隔次使用间隔时间最好不要太长。熟石膏粉本身具有的吸水性，制约了熟石膏的使用寿命，稍有潮湿就会影响它的硬化凝固性能，一旦熟石膏粉受了潮，就无法再次使用。

三、树脂工艺品的制作技法

(一)树脂工艺品概述

树脂工艺品是以树脂为主要原料，通过模具浇注成型，制成各种造型美观形象逼真的人物、动物、昆鸟、山水等，并可制成各种仿真效果，如仿铜、仿金、仿银、仿水晶、仿玛瑙、仿大理石、仿汉白玉、仿红木等树脂工艺品。

树脂一般认为是植物组织的正常代谢产物或分泌物，常和挥发油并存于植物的分泌细胞，树脂道或导管中，尤其是多年生木本植物心材部位的导管中。由多种成分组成的混合物，通常为无定型固体，表面微有光泽，质硬而脆，少数为半固体。不溶于水，也不吸水膨胀，易溶于醇、乙醚、氯仿等大多数有机溶剂。加热软化，最后熔融，燃烧时有浓烟，并有特殊的香气或臭气。

树脂分为天然树脂和合成树脂两大类，天然树脂是指由自然界中动植物分泌物所得的无定形有机物质，如松香、琥珀、虫胶等。合成树脂是指由简单有机物经化学合成或某些天然产物经化学反应而得到的树脂产物，如酚醛树脂、聚氯乙烯树脂等(见图5-14)。

图 5-14　树脂工艺品

(二)树脂与玻璃钢

由玻璃纤维及其织物(如玻璃纤维布、玻璃纤维丝、玻璃纤维带等)与合成树脂(环氧树脂,不饱和聚酯树脂、酚醛树脂等)复合而成的材料被称作玻璃纤维增强塑料(俗称玻璃钢)。分热塑性玻璃钢和热固性玻璃钢两种。这里应该明白复合材料的概念,复合材料是指一种材料不能满足使用要求,需要由两种或两种以上的材料复合在一起,组成另一种能满足人们要求的材料,即复合材料。例如,单一种玻璃纤维,虽然强度很高,但纤维间是松散的,只能承受拉力,不能承受弯曲、剪切和压应力,还不易做成固定的几何形状,是松软体。如果用合成树脂把它们黏合在一起,可以做成各种具有固定形状的坚硬制品,既能承受拉应力,又可承受弯曲、压缩和剪切应力。这就组成了玻璃纤维增强的塑料基复合材料。由于其强度相当于钢材,又含有玻璃成分,也具有玻璃那样的色泽、形体、耐腐蚀、电绝缘、隔热等性能,像玻璃那样,历史上形成了这个通俗易懂的名称"玻璃钢",这个名词是由原国家建筑材料工业部部长赖际发同志于1958年提出的,由建材系统扩至全国。玻璃钢的含义就是指玻璃纤维作增强材料、合成树脂作黏结剂的增强塑料,国外称玻璃纤维增强塑料。随着我国玻璃钢事业的发展,作为塑料基的增强材料,已由玻璃纤维扩大到碳纤维、硼纤维、芳纶纤维、氧化铝纤维和碳化硅纤维等,无疑地,这些新型纤维制成的增强塑料,是一些高性能的纤维增强复合材料,再用玻璃钢这个俗称就无法概括了。考虑到历史的由来和发展,通常采用玻璃钢复合材料,这样一个名称就较全面了。

(1) 热塑性玻璃钢。是以玻璃纤维为增强质和以热塑性树脂为黏结剂制成的复合材料。制作玻璃纤维的玻璃主要是二氧化硅和其他氧化物的熔体。玻璃纤维的比强度和比模量高、耐高温、化学稳定性好、电绝缘性能也较好。用作黏结材料的热塑性树脂有尼龙、聚碳酸酯、聚烯烃类、聚苯乙烯类、热塑性聚酯等,其中以尼龙的增强效果最为显著。

热塑性玻璃钢同热塑性塑料相比,强度和疲劳性能可提高2~3倍以上,冲击韧性提高2~4倍(与脆性塑料比),蠕变抗力提高2~5倍,达到或超过了某些金属的强度。例如,40%玻璃纤维增强尼龙的强度超过了铝合金而接近于镁合金的强度。因此,可以用来取代这些金属。

(2) 热固性玻璃钢。热固性玻璃钢是以玻璃纤维为增强质和以热固性树脂为黏结剂制成的复合材料。通常将热固性玻璃简称玻璃钢。热固性树脂通常分为酚醛树脂、环氧树脂、不饱和聚酯树脂和有机硅树脂等四种。酚醛树脂出现最早,环氧树脂性能较好,应用较普遍。

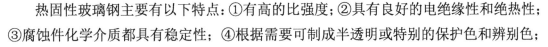

热固性玻璃钢主要有以下特点：①有高的比强度；②具有良好的电绝缘性和绝热性；③腐蚀件化学介质都具有稳定性；④根据需要可制成半透明或特别的保护色和辨别色；⑤能承受超高温的短时作用；⑥方便制成任意曲面形状、不同厚度和非常复杂的形状；⑦具有防磁、透过微波等特殊性能。

但玻璃钢的不足之处也较明显。其主要是弹性模量和比模量低，只有结构钢的1.5～1.1。刚性较差。由于受有机树脂耐热性的限制，目前一般还只在300℃以下使用。玻璃钢是用纤维或布作增强材料，所以它有明显的方向性，玻璃钢的层间强度较低，而沿玻璃钢经方向的强度高，在同一玻璃钢布的平面上，经向的强度高于纬向强度，沿45°方向的强度最低，因此玻璃钢是一种各向异性材料。此外，还有易老化和产生蠕变等缺点。

玻璃钢的重量轻，只相当于钢的1/4～1/5，比金属铝材还轻，机械强度是塑料中最高的，某些性能已达到普通钢的水平，这主要是由于合成树脂(如环氧树脂)对各种物质具有优异的黏结性能。

环氧树脂为热固性塑料。本身不能固化，必须加入固化剂(一般使用胺类固化剂)后才能形成关联结构的固化物。凝固后的环氧树脂具有较高的黏结强度，固化时收缩性小，其收缩率为0.5%～1.5%，且不易变形。不足之处是相对创作成本高，某些固化剂有一定毒性，难于修改、打磨、修整，制作工艺烦琐。树脂工艺品与石膏工艺品一样，也是作为模具制作与复制母体工艺品的一种常用方法和手段。树脂工艺品由于机械强度高、耐冲击，固化性能稳定，耐潮湿，防水，可以放置于室外，所以大多用来设计和制作定型的大型的工艺品。例如，用树脂来翻制城市雕塑、制作汽车工艺品、建造船体。树脂也适合于制作精确的、小体量的工艺品。

四、木雕工艺品的制作技法

(一)木雕工艺品概述

木雕的种类还分工艺木雕和艺术木雕两大类。工艺木雕通常是指流传在民间，有悠久的历史和强烈的民族传统色彩，讲究精雕细镂、巧夺天工的木雕工艺品。工艺木雕又分纯观赏性和实用性两类。观赏性木雕是陈列、摆设于橱、窗、台、几、案、架之上，供人观赏的小型的、单独的艺术品。它是利用立体圆雕或半圆雕的工艺技术雕制，表现的题材、内容广泛，有花卉、飞禽、走兽、仕女、历史人物等，还有一些反映现实生活、有思想意义的作品。如温州黄杨木雕，产品受清末文人画的造型风格和线条影响，刀法纯朴圆润、结构虚实相生，有诗情画意的特色。实用性木雕是指利用木雕工艺装饰的、实用与艺术相结合的艺术品。如：宫灯、落地灯、屏风、镜架、笔架、镜框、钟座、首饰盒、佛龛以及建筑部件、家具雕饰等。还有专为其他工艺品配制装饰的几、案、座、架。还有像玉器、牙雕、花瓶、首饰、瓷器等，这些艺术品配以木雕装饰，烘托了主体、丰富了整体，并增加了艺术欣赏价值。

在木雕艺术中，工艺木雕虽然是根据某种装饰需要(它们大到传统建筑、古典家具、寺庙、神坛；小到生活用具、案头摆设)，但却是雕刻艺术中的精华部分。由于这种木雕需要量大，应用范围广，所以一般是由经验丰富、技艺精湛的老艺人或工艺美术师设计雕制，再由工艺娴熟的工人大量雕刻复制的。因此在题材上表现形式上就有一定的规范和程式，制作工序也很明确，分出坯、修细、打磨、上光、配置、底座等流水作业。

艺术木雕通常是指构思精巧内涵深刻，有独创性，能反映作者审美观、艺术方法和艺术技巧的作品。艺术木雕一般都是由作者一手设计制作完成的，所以他能始终贯穿并把握创作的意念与追求。艺术木雕的创作方法除了与其他雕塑材料一样是用形体来表现客观世界的人和物，或写实、或夸张、或抽象，还要结合利用木材的特性，从原始材料的形态属性中挖掘美的要素，以及充分体现木雕艺术的趣味和材质美。艺术木雕的题材内容及表现形式一方面取决于作者的艺术素养及兴趣爱好，另一方面也是取决于木材的天然造型和自然纹理，也就是"因材施艺"。艺术木雕的表现手法丰富且不拘一格，有大刀阔斧、粗犷有力；有精雕细刻、线条流畅；有简洁概括，巧用自然美。好的艺术木雕不仅是雕刻家心灵手巧的产物，而且也是装饰、美化环境、陶冶性情、令人赏心悦目的艺术品，故具有较高的收藏价值。

与所有的雕刻一样，木雕的形式大致可分为两种，一种是"独立式"，另一种是"依附式"。前者是指可以用来自由放置，并且从任何方向任何角度都能看见的所谓三维空间艺术的圆雕，通常被作为室内的陈设品或案头摆件。后者是指用于装饰建筑物室内墙面或门窗等固定空间的浮雕。这类浮雕通常采用高、低、镂、透、通等多种手法来表现。雕像略微突出的称作低浮雕；雕像在底面上十分突出的称作高浮雕；浮雕的周围被镂空使雕像如剪纸般显出清晰的影像效果被称为镂空雕；雕像的构图层次多，一层一层雕进去，除了最后的背景，前面部分与底面没有关系的又被称为透通雕。透通雕的特点主要融合各种雕法在一个画面上,是表现多层次的作微俯立体型的全面镂空雕刻,作品有玲珑剔透的艺术效果,主要用于传统的古建筑木雕装饰上,如广东的金漆木雕就是把人物山水、翎毛花卉、走兽虫鱼和各种图案集中在一个画面上,并以"之"形与"S"形的径路来区分不同的情节和场面,镂通层次一般在二至六层,雕工细致已近于牙雕,层次丰富,立体感强,在狭小的面积上,表现出广阔的空间。也有一些浮雕本身就是独立的艺术品,可根据环境需要自由配置,亦属装饰性的壁挂或屏风等。

(二)木雕工艺品材料选择与创作方法

木材含水量的高低将直接影响到木雕工艺品的产品品质。木材的吸附性非常强,对于吸水来说,无论是气态还是液态的水分都很容易被木材吸收。水分含量过高有可能会发生木雕变形及开裂的问题,所以一般制作之前我们将对材质进行去除水分的工艺处理,使其达到制作木雕工艺品的含水标准。

木材密度影响木雕的精细度,所谓密度高低通俗地说就是制作木雕的原材料质地是否坚硬。通常我们选择硬木来制作产品,比如黄杨木雕所使用的黄杨木;制作高档木雕佛像时所使用的黄花梨;制作笔筒时所使用的小叶紫檀;制作屏风时所使用的红檀等。由于材质坚硬,适合于精雕及磨光,制作出的木雕成品非常细腻。

木雕的色彩主要分深色和淡色两种,作为专业的木雕生产厂家,除特殊情况(如作品需要仿古处理或彩绘、上金)外,不建议在木雕制品表面上油漆。仅仅打层蜡即可,这样既环保又可显出木材的本色,体现出木雕工艺品的价值。

根据用途选择不同档次的木雕材质,才能买到称心如意,物超所值的宝贝。比如自己收藏或馈赠贵宾的木雕小件,建议选用上等木材制作,而家庭或场地装饰的大件屏风、木雕摆件等,则建议选用一般材质。但不能太差,以免影响整体效果。如展会等临时使用,可以选用较软的低档木材。不过还需要能够适合您的雕刻要求。图形复杂,需要精雕效果的只能选用中等的硬木,太软无法满足雕刻要求。

木雕的创作方法有以下三种。

一种是面对一块比较普通,没有什么特殊形状的圆木、方木或是有规格的板材时(即经过人为地去绺去脏,将木料加工成有规则的料形,如正方形、长方形、圆形等),我们可以比较自由地去选择雕刻的内容与主题,然后再用大量地用切削雕凿去实现最终的艺术效果。这种方法看似简单,但也会受到一定的约束,由于木材的结构是由纤维组成,它的易断易裂性要求我们在创作构图上强调整体性、牢固性。一般来讲，艺术木雕不讲究拼接，否则就失去了木雕的特征。要在一段原木上做文章，就得避免张牙舞爪的动势，就要舍弃支离破碎的细节。为了突出木材的肌理，表现美丽的木纹，造型体积就不宜太小太多，要作大块大面状，追求浑然一体的效果。

第二种方法是随形就像，既"顺其自然"地依据材料本身特有的天然形状或纹理方向，凭感觉和想象赋予这块材料以特定的形象，巧加雕凿后便使其形象释放出来。所谓七分天成，三分雕刻。这种方法也叫"巧雕"，其构思过程比实际雕刻的时间应更多，而其中的乐趣亦无穷。"巧雕"是一种适形造型，也就是它要适应某种条件，这种条件是一种限制或是约束，似乎也会给作者造成麻烦，然而往往受局限的东西反倒会成为形成其艺术特点的决定因素，这种因素能予朽木以神奇。有的玉石雕刻之所以宝贵，就是体现在作者是以量形取材，因材施艺的方法，创造了绝妙佳品。

自然给我们以许多启示，有的材料拥有一个不寻常的特征明显的外形，对你的想象或灵感有直接启发；有的则不太明显，需要深思熟虑，苦思冥想；而多样的木纹又常常是影响作品艺术效果好或不好的因素；有些木料的"残片碎块"、不规则形状也能引发我们联想起某种形象的存在。因而许多雕刻家经常把一些"奇形怪状"的木头搜集起来长久地摆放在周围，时常琢磨和推敲，一旦考虑成熟便拿起刻刀，欲罢不能。

木雕创作的第三种方法是完全摆脱原始材料的形态属性，用人工或机械堆叠方法，使大大小小的木块木片按设计意图拼制成大致的形状与厚度，然后再进行雕凿。这种方法的好处在于它能随意增加木头的体积，大大减少切削木料的功夫，节省大块原木。假如是用不同颜色的木料堆叠黏合起来，呈木头形状的"三明治"，其木材外表经过雕制，会显现出清晰美妙的装饰性木纹，使作品产生独特的艺术效果。有些雕刻家还经常在雕刻物的任何部位增加想要增加的木料，他们用组合黏结的方法，以期望扩大木雕的比例和形状。还有一些雕刻家在运用木材创作时更加别出心裁，别具一格，他们把种在花园里的树木原地不动地雕刻成作品，有的还为它们加枝添叶，因势度形，创造出与自然同呼吸共生存的木雕艺术品。

木头原本是有生命的物体，它给人类带来数不尽的好处，而人类所能给予的回报应是将它们那种特别的温和与美丽，以及纯朴的品质尽量地体现保存下来，并赋予新的生命。

第五章 旅游工艺品的制作工艺

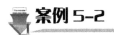

苏州核雕工艺

核雕的制作与其他的雕刻手法基本雷同。第一要精于选料，因橄榄品种繁多，须根据其大小、形状、颜色进行分类，一般以粒大、核厚、色红、饱满为佳；第二是设计，需根据核的形状进行构思，并将需刻画的形象在核上勾勒；第三是定形，即根据勾勒的图案打坯，即初步加工；其四是雕刻，即对整件作品的细部进行刻画；第五为修正，即对雕刻好的作品进行细部完善，特别是对人物的脸部、手部等重要部位作调整，使之更加生动；第六需打磨，一般以细砂皮打磨作品，使之光洁细腻；第七是抛光，抛光后的核雕作品细腻、润滑而富有手感。如果雕刻罗汉头这类常规作品，则无需在核上勾画草图，自殷根福始就形成了五刀"定位"的技艺，一直流传至今，即鼻头一刀，眼睛二刀，耳朵两刀，关键是下刀部位要准确。诚然，同样是雕刻罗汉头，其形象刻画也有高低之分、文野之别。

核雕制作工具有凿子、锉刀、扶钻三类。凿子有圆凿、线凿、平凿等多种，需自行制作，才能得心应手。圆凿，快口呈圆弧状，有大小之分，大圆凿可用来雕毛坯，小圆凿既可在核体较小的原料上履行代替大圆凿的功能，又能往深处挖，特别是透雕，往往需要用小圆凿来处理。线凿可用来刻细线条，如发丝、眼皮、眼黑、衣褶的细线条等，人物开相一般用线凿来完成，在一些细微处需清理的，小圆凿无法施展的地方，均可用线凿来代替。由于线凿灵活、雕刻有深度而被广泛应用。平凿用来雕刻块面，把物件轮廓勾刻出来，又可把橄榄核一些表层铲去，突出布局的立体感。毛锉以其细密的钢刺来修正橄榄核形状，使其达到圆整，扶钻则用来钻孔。

苏州核雕吸收了石雕、玉雕、木雕、竹刻、微雕等艺术精华，在保持果核外形的前提下，无论浮雕、圆雕、透雕均以"精、细、奇、巧"取胜，呈现出独特的地方特征。精、细，体现在核雕作品工艺细微，点睛之处既细如针尖，又形象生动。刻画的罗汉等人物刀法简洁，形神兼备，即使将其放大数十倍，仍栩栩如生。奇、巧，体现在核雕作品均有巧夺天工之奇效，如核舟(见图5-15)，不仅能在细微之间表现人物数十人，而且舟上门窗每扇都能开合自如，其落榫处以毫厘计算，令人难以置信。核雕体积虽小，却构思缜密，设计精巧，工艺细密，以小见大，其作品可作为颈项、衣带、折扇或绣袋的坠挂件，若穿成珠串，可作为手腕、颈项饰物。它曾是历代手工艺人生活的主要经济来源，代代相传，至今依然如故。当今悄然兴起的核雕市场，不仅使传统优秀技艺得以传承，而且将会不断光大，显示出中华民族非物质文化遗产的强大的生命力。

图 5-15　苏州核雕《核舟记》

五、金属工艺品的制作技法

(一)金属工艺品概述

金属工艺也称金属装饰，简称金工，是针对金属材料进行造型设计，并将其加工制作成金属艺术品和日用工艺品。它既不是单纯的艺术，也不是单纯的技术，不同的金属通过不同的加工技巧、工艺程序，能产生出不同的视觉美感和触觉美感。金属工艺之美是材质美、工艺美、艺术美的结合。与其他传统工艺不同，各种金属的化学性质不同，因此有不同的制作程序，又由于金属工艺的发展非常迅速，不同时代产生不同的金属材料，涉及面广，技巧繁多，故无法逐一记载。据现有的文献记载，金属工艺大概分为以下五类：打作与捶揲，鎏金与镀金，掐丝与金属珠焊缀，镂、錾刻和镂空，铸造、铆接、镶嵌和平脱。

(二)金属工艺制作工艺

传统金属工艺强调材料本身的特性和自身价值。物以稀为贵，由于受到材料的限制，制作的器物大都具有鲜明的功能性。传统金属工艺讲求技法，对技术的要求时时体现在作品中，传统金属工艺主要有以下五类。

(1) 打作与捶揲。"打作"泛指金属制作。"打作"一词在金属器皿刻铭中出现，是绝大多数器物成型前必须经过的工艺过程，目前常称作"捶揲"或"槌揲"。捶揲，即锻造、打制,其技术可以冷锻,也可以经过热处理。是利用金属的延展性,将自然或冶炼出的金属材料捶打成各种形状,供进一步加工使用。皿类中的碗、盘、碟、杯等大多数用捶揲技术制作。用捶揲技术制作器皿,充分利用了金属质地较柔软的特点,逐渐捶击使金属片材料按设计延展,做成需要的形制。一些形体简单、较浅的器皿便可以直接捶制出来。较复杂的器物也可以分别捶制,然后再焊接在一起。捶揲技术能够追求优美写实的艺术表现,既可以制作器物的形体,也可以制作装饰花纹。捶揲器皿形制或纹样有时需要衬以软硬适度、有伸缩性的衬底,古代用沥青、松香加毛草或砥石粉合拌松香制成。捶击金属片时底衬随之变形,达到成型目的。有的底衬为坚硬的底模,是事先预制的,金属片在捶制时按底模成型,也称为模冲。

(2) 鎏金与镀金。鎏金工艺历史悠久,汉代称为涂金、黄涂。鎏金,按现代的说法又叫火镀金、烧金或汞镀金。鎏金工艺最大的特点是鎏金层极薄,而且紧密,看不出刻意装饰。战国西汉时期鎏金工艺已经非常成熟,但大量运用于铜器上。鎏金工艺真正的兴盛在唐代。鎏金工艺分通体和局部鎏金。通体鎏金看上去和金器相同(见图5-16)。局部鎏金在唐银器中最为常见,即在花纹部分鎏金,文献中叫"金花银器",是把器物的质地与装饰结合在一起的称谓。局部鎏金有两种方法:一是刻好花纹再鎏金,二是鎏金后再刻花纹。前者主要流行于中唐前期,后者多见于中晚唐。

图5-16 鎏金杯

(3) 掐丝与金属珠焊缀。掐丝是一种精细、费时的做法,艺术效果却是玲珑剔透。其工艺是将捶打成极薄的金属片,剪成细条,慢慢扭搓而成,可以单股,也可以多股(见图5-17)。另外还有拔丝,是通过拔丝板的锥形细孔,将金属挤压而入,从下面小孔将丝抽出。较粗的丝也可以直接捶打而成。掐丝常和金属珠焊缀工艺同时使用。金属珠的制法是把金属片剪成丝，切成段，加热后熔聚成粒，颗粒较小时，自然浑圆。掐丝与金属珠焊缀结合的作品，广泛运用于首饰和装饰类器物上。掐丝、金属珠常用焊接的方法依附在器物表面，故焊接成为必不可少的手段。

图 5-17　铜掐丝

(4) 镂、錾刻和镂空。锲是用刀刻，镂是雕刻，亦为雕刻，"镂"也指雕刻纹样。现代也称为镌刻、錾刻、攒刻、镂刻、雕镂。最常见称为錾刻，是在器物成型之后进一步加工技术，多用于花纹。錾刻工艺十分复杂，工具有几百种之多，根据需要随时制作出不同形状的錾头或錾刀。一类錾头不锋利，錾刻较圆润的纹样，不致把较薄的金属片刻裂，由一段段短线组成；另一类錾头锋利如凿子，錾出较细腻的纹样。在制作实施时又分为两种：一种线条为挤压出来的，另一种为剔出来的。錾刻技术产生出丰富多彩的艺术效果，有时为平面雕刻，有时为花纹凹凸呈浮雕状，可在器物的表里同时使用。在金属器使用了捶揲技术之后，錾刻一直作为细部加工手段在使用，运用在铸造器物的表面刻画上，贴金、包金器物的纹样部分也采用此法(见图 5-18)。镂空，本来也是錾刻，要錾刻掉设计中不需要的部分，形成透空的纹样，称为镂空或透雕。

(5) 铸造、铆接、镶嵌和平脱。捶揲技术应用后，铸造方法便很少采用了。铸造技术很难制出薄胎器型。铆接、切削等工艺，主要运用于将接件和主体间凿出小孔，用钉钉牢，是器把、提梁常用的手法。金属平脱是唐代极为流行的工艺，主要出现在铜镜、漆木器上。平脱工艺主要出现在盛唐及唐稍晚时期的作品。

图 5-18　镂金

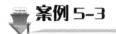

日本铁壶铸造工艺

铁壶铸造法大致有三种。

1. 硬模压力铸造法

一般用钢或其他耐高温金属为模具，利用泵浦将高温铁水注入模范中，多采用垂直脱模配置，也就是模具为左右两半，合成一个完整模，壶嘴处有一条明显的垂直脱模线。这条脱模线在较初期的现代龟纹仿品中并不加以修饰；此外，由于硬模压铸法使用金属模，制造出来的产品没有传统使用砂模具所产生的气孔肌理，所以成品壶内部表面光滑，感觉较为生硬，没有传统工艺的朴质感，这点只要曾是传统日本铸造法铁壶的使用者，应该可以轻易分辨。此法可一模制多个壶，量产过大，所以无论器形与图案多么精美复杂，但因为不具备独一性，这种壶价格至今不高，一般在几千到两万元之内。

2. 砂铸法

砂铸法是最为原始的自然重力铸造法。砂铸法制作铁壶采用倒置式配置砂模，一般除了壶底中央的浇铸孔外，在浇铸孔上下水平线多数可见两处小孔，是为浇铸时保持金属熔液流动的透气孔。砂铸法的明显特征是壶身有一道水平状的脱模线(最大直径处留有一圈合模遗痕线，称为"毛切")，且壶底中央脐眼的两侧各有一个小脐孔，这是铸造时留下的透气孔。壶脐也如同人的肚脐眼一样有美丑之分。现在我们使用的已经多数不是炭火了，而是平面的电热炉，所以壶的脐最好不要突出壶底过多，否则形成不倒翁式的状态就会影响壶身受热效果。

3. 脱蜡法

脱蜡法又称失蜡法。最早在中国青铜器等金属铸造时较为常见。做法是，用蜂蜡做成铸件的模型，再用别的耐火材料填充泥芯和敷成外范。加热烘烤后，蜡模全部熔化流失，使整个铸件模型变成空壳。再往内浇灌熔液，便铸成器物。以失蜡法铸造的器物可以玲珑剔透，有镂空的效果。灌后将砂模破坏取出成品，所以蜡铸法不需要在砂模成形后拖出内模，因此并无传统砂铸法的腰线，蜡铸法制作而成的作品，不会有任何的脱模线(腰线)与浇铸孔(包含透气孔)。采用此法，每壶天下仅有一只，尤显珍贵，可视为收藏珍品。例如，一把"安之介造七宝烧花草纹铁壶"在北京瀚海四季(第 70 期)拍卖上拍出约 18 万元人民币的价格。同场拍卖上，一把"19 世纪日本名人波多野正平造铁壶"拍出 20 万元人民币。还有一种工艺至今尚未"破解"制作方法，那就是铁壶工艺中的"铁打出"。"铁打出"的工艺水平极高，因铁的延展性极低，必须反复锻锤加热、延展，并纯化铁矿砂中的杂质才得以成型，外观看来虽不起眼，却能突显铁壶古朴之美，并且增添宁静的气氛。此技法与一般铸铁壶内覆银简单工法制作之工艺截然不同，技艺更是天差地别，故而"铁打出"又可称为"金不换"！因为金的延展性远高于铁，所以做得出"铁打出"的人，"金打出"对他们来说，只是牛刀小试。那么敲得出"金打出"的工艺师，是不是有能力做出"铁打出"呢？答案是一百位中也可能找不到一位！而现今的工艺也不太容易做出"铁打出"。

(资料来源：http://www.wallart.cn/article-20-1.html)

评估练习

1. 结合调研和网络资料，列举主要工艺品生产门类。
2. 结合自己的实际情况，谈一谈自己感兴趣的手工艺门类。

第六章

旅游工艺品设计的市场化

【学习目标】

通过本章的学习,要求理解旅游工艺品设计市场化的含义及必然性,了解旅游工艺品设计与市场相互依存的关系,学习并了解购买旅游工艺品的动机及影响购买的因素,重点掌握旅游工艺品的目标市场与营销策略。

【关键词】

设计的市场化　市场运作策略

旅游工艺品设计与制作

引导案例

英国的"纪念品经济"

英国王室威廉王子和凯特王妃将迎来他们的第一个宝宝,王室宝宝还未出生就引起了一股竞猜热潮。目前,全球粉丝对王室宝宝各方面信息下注额已近百万英镑,仅威廉希尔博彩公司就收到了来自100多个国家超过10万英镑的彩金。

如果宝宝是女孩,将成为英国历史上首个不用让渡王位继承权给弟弟的女性继承人。今年4月,英国议会通过了新修订的《王位继承法》,废除了王位继承人的男性优先长子继承制。也就是说,无论凯特王妃的孩子是男是女,都将拥有相同的王位继承权,女孩则意味着英国有可能再次迎来一位女王。

在英国的商家看来,王室宝宝是不可错过的商机。著名瓷器公司柏利陶瓷提前设计了男孩、女孩两款皇家宝宝纪念瓷杯,一旦知道了宝宝的性别和名字,其中一款纪念杯就会立即开始生产售卖。英国皇家御用瓷器品牌皇冠德贝瓷将推出一系列瓷盘,由于不知道宝宝的性别,选择了粉色和蓝色两个主题的备选方案。英国大大小小的婴儿用品品牌都推出了纪念品,一些大型连锁超市集团也纷纷加入这场纪念品大战。

不仅是普通商家,皇室成员也借王室宝宝生财。宝宝的爷爷查尔斯王子的郊区商店开始售卖手工缝制的婴儿鞋,凯特的父母米德尔顿夫妇经营的派对用品网站,推出了一系列"庆祝宝宝降生"的礼物和用品。

英国的"纪念品经济"不可小觑。数据显示,前年威廉和凯特大婚时,全球民众大概消费了价值1.99亿英镑的纪念品。去年女王登基60周年庆典和奥运会纪念品卖出了3亿英镑。英国零售业研究中心估计王室宝宝的诞生将为英国零售业市场带来超过2亿英镑的收入。

今年第一季度英国经济环比增长仅为0.3%,险些再次进入衰退,复苏乏力一直备受诟病。英国国家统计局最新公布的数据显示,第二季度英国零售额环比增长0.9%。部分市场人士认为该现象证明英国经济复苏动能有所增强,期待王室宝宝的纪念品经济能进一步刺激市场。不过,也有人指出,纪念品经济与游客数目也有很大的关系。因此,王室宝宝带来的商机虽然为市场了注入了生机和活力,但零售业的低迷现状很难发生根本改变。

辩证性思考

1. 旅游工艺品市场的重要性。
2. 旅游工艺品设计与市场的关系。

第一节 旅游工艺品设计与市场

教学目标

1. 了解旅游工艺品设计与市场的关系。
2. 深入理解旅游工艺品设计的要求。

旅游工艺品设计创新都离不开市场的杠杆作用，旅游工艺品设计作为市场消费品，在市场流通，就要捕捉民众的需要和审美趣味，确保自己的作品能够成为人们乐于接受的消费对象，而商品消费的自由机制又可以体现人们对旅游工艺品设计的消费需要，并将旅游工艺品设计的风格、样式的要求作用于工艺师，适应市场的供需要求。

从市场化的角度讲，旅游工艺品设计创新就是要引起消费注意，注意是购买的初始。没有对某一物品的注意，就谈不上购买。能够引起消费者注意，激起他们购买欲望的作品，往往是"似曾相识"的。一方面，消费者对旅游工艺品设计已经具有艺术审美经验和购买经验，有他们喜欢的某一类风格的作品。另一方面，作品能够向消费者提供某种新的东西，表现形式上有新意，有个性，也就是既有保留传统的形态，又有创新的元素，只有这样消费者才会加以注意。

下面从消费群体、市场价位、市场影响力、市场运作策略几个方面阐述旅游工艺品设计与市场的关系。

一、市场消费是旅游工艺品设计的前提

消费是人们为了满足个人需要的一种市场行为，是保证旅游工艺品设计不断进行的前提，是旅游工艺品设计生产全过程的终点。

纵观当今旅游工艺品的消费行为，大体有四种：内行购买和非内行购买，即兴购买和计划购买。艺术爱好者或者艺术家的消费属于内行购买，旅游工艺品除了功能外，还有艺术性。有些门类的旅游工艺品具有赏玩性和收藏价值。普通市民的消费行为是非内

行购买，普通市民购买目的多为实用和消遣。游客的消费行为是即兴购买。会务礼品的消费行为属于计划购买。

二、旅游工艺品设计与制作的质量决定其市场价位

按照艺术市场学的描述，通过各种努力，为自己及自己经营的旅游工艺品在景区或其他市场中谋取并确定一个醒目的、富有竞争力的、符合相应艺术消费者群体需要的地位，就叫作市场定位。有了市场定位，才有其市场价位。所谓价位是指作品在市场上相对稳定的价格幅度或价格定位。旅游工艺品设计就是某个作品某一时期在某个市场上相对稳定的价格幅度或价格定位，实际上是旅游工艺品的价位所呈现的市场价位有高低不同，档次也有雅俗之别，旅游工艺品设计制作的质量决定其市场价位，具体有以下因素：一是工艺品的质量，这是最主要的品相，材质、风格、艺术水准的趋向决定了其价位；二是旅游工艺品设计者的因素，知名度和社会地位，一般来说，有定论的、已故的工艺师的作品定价高，在世的工艺师尚未定论；三是顾客方面的因素，顾客的生活消费水平，经济购买能力和对工艺品的投资观念态度也影响价格；四是经济环境与市场竞争环境的因素，经济环境是指经济大形势作用于当地工艺品市场，从而影响工艺品的价格和消费者购买力。

三、旅游工艺品设计与市场消费互相依存

旅游工艺品设计与市场消费群体之间存在互相渗透、互相贯通、互相依存、互相联系和互相转化的辩证关系。

(1) 互相渗透。旅游工艺品设计与生产本身就是消费，旅游工艺品设计过程中包含着设计者的心智、体力的消耗和旅游工艺品生产资料的消费。一件旅游工艺品的设计创新，不但消耗了作者的心血智慧、劳动力，同时也消耗了物质材料。旅游工艺品的购买和欣赏者，在选购和欣赏过程中发挥的审美想象产生更高层次的创造力。产品的成交，又会产生购买、欣赏、纪念、收藏的欲望。

(2) 互相依存。旅游工艺品设计离不开市场消费，消费是设计创新的成品生产得以最后完成。消费改变旅游工艺品设计的观念，创造更多能够满足消费者品位的旅游工艺品。市场消费离不开设计创新，没有吸引顾客的旅游工艺品设计，也就不存在购买行为，

无人购买，旅游工艺品市场就难以生存。

(3) 互相转化。一件设计新型的旅游工艺品没有受众就不能成为现实的产品。生产和消费双方在实现自己目标的同时也成就了对方。

旅游工艺品的价值需要市场体现，连接制作者与最终受众的一个通道是市场，商业文化不可忽视，景点卖区、商品推介、博览会，都是商业文化的表现形式。对作品的认知，普通消费者一般进行日用审美；而更多游客需要实用性与艺术性的结合，艺术消费和艺术收藏的根源在于人们对美的需求，而对美的追求是无止境的。旅游工艺品设计生产的市场化不仅激发了创造美、生产美的活力，也为其本身带来了大量的资金投入和资金积累，市场的生产、流通、传播、消费的结构性演变所包括的重构性力量，使旅游工艺品的设计创新逐渐有了丰厚的经济基础和广阔的发展空间。

四、市场作用影响旅游工艺品设计创新

第一，法规保障市场运作。

第二，市场管理机构健全。

第三，宣传交流活动频繁。

第四，市场营销渠道多样。

第五，市场评价体系健全。

五、旅游工艺品设计的市场运作策略

通过对旅游工艺品市场的调查认为旅游工艺品设计创新要有效地进行市场运作，要遵循艺术品市场的一些基本原则，确保自身发展的最优化，市场运作的策略有以下几个方面。

(1) 信息化原则。旅游工艺品经营者在市场，要尽可能及时、广泛、全面、准确地收集旅游工艺品市场所需要的信息，作为市场营销的重要依据。这些信息主要来源于两个方面：一是来源于旅游工艺品设计者，生产方的信息，就是市场预测；二是来源于旅游工艺品设计内部，旅游工艺品设计自身主客观条件的分析。

(2) 多样化原则。旅游工艺品经销根据不同的条件，不同的经营环境，提出不同的经销方式。批发、零售、网购、团购、看样定做定价、顾客设计定做定价，灵活多样的

经销，满足消费者的需要。

(3) 适时性原则。一方面旅游工艺品的经营销售要适时，抓住旅游旺季、展销会、博览会等时机，宣传推介；另一方面旅游工艺品设计创新要适时，抓住重大活动和有实质题材的事件搞创作。适时，就是顺应天时和地气，这是造物的一个原则，只有在这个前提下，天工和人工融为一体才能够造出精良的器物。这种设计观念运用在旅游工艺品设计创新上同样适用。天时，狭义地讲是指季节、时间条件，要随季节的变化来合理安排造物，不违背自然。更深地讲，可以理解为时代感，任何造物设计都要保持活力，要随着社会发展变化的思路寻求最适合时代特征的设计方式。地气和天时是密切联系的，地气是指环境综合因素，可以广义地理解为一个地区的民俗风情和生活习惯，造物应该首先考虑结合这些地域性的因素，体现当地人的生活习俗和品位。《考工记》中所提出的要造物要顺应自然的天时地气的观点和壶型设计创新与适时性的原理是完全一致的。

(4) 互惠性原则。旅游工艺品生产者和市场是相互依存，互为前提的。艺术消费离不开生产，反过来没有消费也就没有艺术生产。没有人购买旅游工艺品，旅游工艺品的生产和经营就难以为继。旅游工艺品的买卖，使旅游工艺品由设计变为现实，消费创造出设计创新。

工艺品的设计、制造、销售这三个环节实际构成了工艺品的一条价值链，理论上价值链这一概念，是哈佛大学商学院教授迈克尔·波特于1985年提出的。波特认为每一个企业都是在设计、生产、销售、发送和辅助其产品的过程中进行种种活动的集合体。所有这些活动可以用一个价值链来表明。企业的价值创造是通过一系列活动构成的，这些活动可分为基本活动和辅助活动两类：基本活动包括内部后勤、生产作业、外部后勤、市场和销售、服务等；而辅助活动则包括采购、技术开发、人力资源管理和企业基础设施等。这些互不相同但又相互关联的生产经营活动，构成了一个创造价值的动态过程，即价值链。从该定义出发，可以把工艺品的流通分为设计、制造和销售这三个主要的环节，针对这三个环节各自不同的特点，分别实施相应的对策。

(一)旅游工艺品设计环节

旅游工艺品的设计主要体现原创性文化，对原创层要尽可能进行保护性开发，着重体现旅游工艺品的收藏功能及审美功能，在开发中维持原貌、题材、纹样、色彩、图案、材料、工艺等各要素。

第六章　旅游工艺品设计的市场化

1. 设计管理

从沃尔沃汽车、IBM 电脑、诺基亚通讯、飞利浦电器、Swith 手表这些企业成功的背后，人们终于发现：以杰出的设计管理为企业塑造鲜明的设计形象，让其得到消费者的认同，是这些企业制胜的法宝。

20 世纪 70 年代，伦敦商学院的管理研究人员提出了设计管理的概念，经过 30 年的实践演化，越来越受到普遍的重视。对设计管理概念的界定从不同角度有不同的认识，归纳起来，可以对设计管理作这样的概括认识：设计管理是企业发展策略和经营思想计划的实现，是视觉形象与技术高度统一的载体；设计管理是一个研究领域，它把设计管理作为一个管理的战略工具，研究管理者、设计师和专家的知识结构，用以实现组织目标并创造有生命力的产品；设计管理旨在有组织地联合创造性及合理性去完成组织战略，并最终为促进环境文化做出贡献。

可见，设计管理是一个系统的过程，在这个过程中，企业的各种设计活动，如产品开发设计、广告宣传、展览、包装、建筑、企业识别系统以及企业经营的其他项目等，被协调化和组织化。只有这样才便于企业用设计手段建立企业完整的视觉形象，形成有机的整体，确立其在市场中的地位并扩大其影响的机会。

因此，设计管理所要解决的是设计的统一性问题。无论是在产品设计的外观、风格上做到统一，还是在产品包装的视觉传达，抑或是产品展示的环境布置，都要实现统一。使消费者在视觉上形成牢固的印象，在头脑中形成鲜明的企业形象，从而形成设计的延续性，使产品获得长久的生命力，同时也便于消费者在短时间识别。

设计战略管理是企业根据自身情况做出的针对设计工作的长期规划和方法策略，是设计的准则和方向性要求。因此，对于长期处在开发滞后、产品雷同、缺乏特色的旅游工艺品市场更应该注重设计战略的管理。首先，要准确把握旅游活动的新特点、新时尚、发展的新趋势以及旅游地文化取向，从大局上把握市场方向。其次，认真研究旅游者不断变化的购物需求特点，针对来自不同的国家、地区、年龄、阶层，拥有不同文化层次、审美爱好，以及不同需要的旅游者进行设计、开发。才能不断创新。再次，在对市场进行调研和细分之后，才能选择适合自己的目标市场，定位相应的旅游工艺品，做到有的放矢，避免开发的盲目性，开发出多样化的旅游工艺品。最后，将旅游工艺品推出市场后，也要与景点、景区销售点及其他的销售点及时沟通，反馈有关的市场信息，以便在投资发展战略上做出最合理的决策和调整。通过设计战略管理,有利于旅游工艺品开发能力的提高,增强其市场竞争力及持久力,提升旅游地总体性形象。

2. 产品设计管理

旅游工艺品的产品设计管理是指:在产品设计战略的指导下,对工艺品的功能、结构、造型、材料、色彩、加工工艺等进行系统的设计,并加之以包装、展示等视觉设计,最终形成风格统一的工艺品产品形象,以起到提升、塑造和传播旅游地形象的作用。而这种统一风格的产品形象以群体的方式出现,则更加有利于其保持自己在旅游工艺品领域的地位。

(1) 产品。对于旅游工艺品的产品开发要在体现当地特色文化的基础上,遵循产品的"集群"设计、塑造"性格鲜明"的设计形象、突出"家族化"的特征。但还需要强调的是,旅游工艺品要形成风格统一的群体产品形象是一个较长期的过程,在这个过程中一方面随着外部环境的变化而随之变化,但另一方面这种变化又必须是在原先基础上有一定的延续性。只有创新才能跟上时代变化的需求,也只有延续才能在市场中形成稳定的概念,树立明确的形象。因此这种旅游工艺品产品形象设计可以理解为:推向市场的各种旅游工艺品在保持其系统的延续性的基础上进行创新,从而在市场与消费者心目中建立起的特色鲜明、风格统一的群体形象。

(2) 包装。物品包装的功能主要是对其本身提供必要的保护以及为游客携带提供便利。而旅游工艺品的包装,其作用已超出了它最初的存在意义。它处在整个设计系统中的产品流通系统部分,在无形中体现着旅游工艺品的文化内涵。因此,包装设计非常重要。但是,现在市场上的旅游工艺品包装却都存在着问题:普通工艺品处于无包装状态,一般是赤裸陈列和销售;中档工艺品无个性包装盒,毫无个性和美感;高档民间工艺品则没有相匹配的包装。在开发设计中一个重要的课题就是研究如何在包装上融入特定的文化信息。因为包装是体现旅游工艺品纪念性和地域性的重要载体,所以包装的图案、文字、色彩和材料以及所组成的整体效果都需要传达特定的文化信息。

(3) 图案。通常作为旅游工艺品包装的主体部分,可以以充满地域格调和个性特征的图腾纹样作为切入点,提取设计元素进行提炼概括,运用夸张、象征、比例等表现手法,体现旅游工艺品的神韵、情趣以及鲜明的地域特色,激发旅游者的情绪。

(4) 文字。可根据不同的产品特性来选用不同的文字。如较为传统的旅游工艺品可

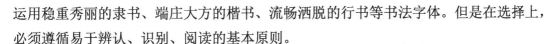

运用稳重秀丽的隶书、端庄大方的楷书、流畅洒脱的行书等书法字体。但是在选择上，必须遵循易于辨认、识别、阅读的基本原则。

(5) 色彩。在视觉设计中，色彩是影响视觉吸引力和记忆强度最活跃的因素。因此在旅游工艺品包装色彩的运用上，首先要体现旅游工艺品的内容信息和商品特色，其次，要考虑旅游购物者的心理需求，同时注意色彩的禁忌。

(6) 材料。包装盒要在考虑其运输、展示和开启基础上进行设计。采用科学合理的结构，尽量减小包装的体积，既节省包装材料，也增加旅游者携带的方便性。旅游工艺品包装材料的选择上，可用如纸、竹、木、藤、陶土等自然天然的材料为主，因地制宜、量材施用的设计制作各种包装物品。既体现质朴的东方美学观念，又选材方便，成本低廉。

(7) 展示。旅游者对于购物环境普遍不太满意：不是那种给游客留下商品档次较低印象的地摊式销售方式，就是单纯地以功利性销售为目的的旅游工艺品商店。这些都无法使旅游者在购物过程中获得物质和精神上的双重满足。因此，可以在展示上下功夫。展示设计以传达与沟通为主要机能，是一种有目的、有计划的形象宣传和形象设计。它通过对展示空间环境的创造和组织安排，采用一定的视觉传达手段和照明方式，借助一定的道具设备，将文字、照片、图表、图画等资料和实物展品，展现于公众面前，对公众进行引导并向其传达某种信息。旅游者会被旅游工艺品展示环境所感染，对其更为了解，并产生一段"难忘的刺激"和"兴奋的经历"。

对于旅游工艺品的展示设计可以从下几个方面进行考虑。

(1) 鲜明的主题。

旅游工艺品的展示设计可以围绕其生产制作过程、主要功能、产地、特色，或是关于工艺品来由、传说、神话及相关的美丽故事进行。通过展示策划、展览空间、文字、展品、影像等各个环节以及声、光、电等各种手段来渲染展示氛围，突出主题。

(2) 情境化的氛围。

游客在展示空间中处于参观选购的运动状态，这就要求合理安排展示空间。可以以模拟的环境、叙事的方式来引导游客进入其中，亲身感受甚至进入角色，以至于发生情绪变化，从而达到润物细无声的认同效果，真正接受你所呈现的旅游工艺品。

(3) 合理的布置。

旅游工艺品作为展示空间的主角，应以最有效的场所位置向观众呈现。这就需要将空间问题与展示的内容结合起来进行考虑，逻辑性地设计展位的秩序、合理编排展示的内容、充分考虑展览的路线，最终形成最佳的展示效果。对于旅游工艺品产品设计项目的各个方面应该以一种"平行"的方式来发展。这就需要有一种贯穿始终的总体思想，在项目开始时就应对产品、包装、展示等各方面的工作通盘考虑，最终齐头并进地发展。

3. 品牌管理

品牌是一种名称、术语、标记、符号和图案，或是他们相互组合，用以识别某个消费者或某群消费者的产品或服务，并使之与竞争对手的产品或服务相区别。品牌是商品的象征和标志，是区别其他同类型产品、确立市场形象的重要因素。而这对于旅游工艺品而言也尤为重要。目前，由于旅游工艺品生产企业缺乏品牌意识，导致我国旅游工艺品品牌较少。而形成旅游工艺品品牌不仅是企业提高经济效益的重要手段，还有利于消除信息不对称，增加旅游者的购买信心，同时也是宣传旅游地形象的重要举措。对于老牌的旅游工艺品企业，要加强品牌保护，通过技术革新和管理创新使其优良品质和信誉不断焕发活力；对于新生的旅游工艺品企业，要通过产品创新及有力的营销手段，创立其品牌知名度、美誉度和信誉度。当然，无论是老牌的旅游工艺品企业还是新生的旅游工艺品企业，都需要在工艺品的设计、包装、展示、营销等各个方面塑造品牌，依靠品牌增加产品附加值，并推动消费。

4. 知识产权管理

随着知识经济时代的到来，一方面，知识产权的价值越来越受到人们的重视，保护意识逐渐增强，制度的制定与运用也日渐完善；另一方面在现实生活中有意无意地侵占和模仿也十分严重。世界知识产权组织的研究结果表明：全世界最新的发明创造信息，90%以上首先是通过专利文献反映出来的。因此对于旅游工艺品的生产企业，应当注意各种信息资料特别是专利文献的收集，在设计开发的各阶段对设计项目进行审核，避免出现模仿、雷同、类似的情况。同时可以充分运用现有的专利文献，来提高开发创新的起点，节约开发经费及创新时间。并在设计完成后应及时申报专利，以保护自己的权益。针对不同层次的产品特点适用于不同的法律体系：对于品牌旅游工艺品可以用《商标法》来保护其品牌不受侵害；对于不断推陈出新的旅游工艺品可以用《专利法》进行保护，使专利技术和产品外观不至于流失；对于那些通过作者的独立思考、运用一定的技巧、并借助一定的材料表达作者情感的具有艺术性特色的旅游工艺品还可以利用《著作权法》对于其进行保护。当然这三者有时在法律关系上又是相互交叉的，可以采取综合保护、综合治理的方法，打击制假贩假的侵权盗版行为，从根本上净化旅游工艺品市场，整顿秩序，维护权利人的合法权益。

工艺品应及时注册商标，在注册商标以后还要防止他人假冒。新修订的《中华人民共和国商标法》对于反向假冒作了专门规定，即将未经商标注册人同意，更换其注册商标并将该更换商标的商品又投入市场的列为侵犯注册商标专用权的行为。企业在创立自己品牌的过程中，就要注意防止别人的反向假冒。

工艺品完成初始设计以后可以通过外观设计专利和著作权两个方面来保护。工艺品都可以申请外观设计专利。根据《中华人民共和国专利法》第五十六条，外观设计的保护范围以表示在图片或者照片中的该外观设计专利产品为准。该法同时规定，外观设计专利的申请实行初步审查制度，经初步审查没有发现驳回理由的，由国务院专利行政部门做出授予外观设计专利权的决定，发给相应的专利证书，同时予以登记和公告。外观设计自公告之日起生效(第四十条)。初步审查比起发明专利的实质审查无疑大大缩短了时间，但对于更新换代如此之快的工艺品而言，仍然是耗日时久的。而且，通过外观设计专利进行保护，对于那些稍加改动的模仿者，确认侵权不易。因此，在大多数情况下申请外观设计专利对工艺品生产企业而言意义不大。但外观设计经申请后保护期可达10年，还可在国外申请保护，因此对于重大的设计成果仍是有意义的。

案例 6-1

宜兴紫砂成功注册"集体商标"

在 2006 年 6 月底召开的世界地理标志大会上，"宜兴紫砂"作为地理标志证明商标，得到国家工商行政管理总局的正式确认，宜兴市陶瓷行业协会会长史俊棠高兴地说："从此宜兴紫砂知识产权保护有了一张'护驾王牌'啊！"地理标志保护是当今国际国内知识产权保护中的热点问题之一，地理标志属特殊商标类，是表明某商品来源于某地，该商品的特定质量、信誉或其他特征，用于证明该商品或服务的原产地、制造方法等。宜兴紫砂在国内外享有极高的知名度和美誉度，但也遇到了假冒伪劣屡禁不止、冒用商标品牌等侵权难题，全国很多地方都出现了假冒的"宜兴紫砂"产品。为了有效地保护宜兴紫砂，宜兴市陶瓷行业协会于2003年向国家工商行政管理总局商标局申报"宜兴紫砂"的地理标志证明商标。

为保护宜兴紫砂知识产权，近年来该市积极引导企业和个人注册商标。目前已申请紫砂类商标244件。但是，紫砂工艺品的制作多为作坊式，因此许多紫砂艺人没有能力也没有必要自己单独申请商标，"宜兴紫砂"成功注册成为地理标志证明商标后，就成为一个"集体商标"，宜兴广大紫砂艺人能分享其品牌利益和品牌附加值。这一突破将进一步促进紫砂业的发展，也有利于进一步规范紫砂市场秩序。

(二) 旅游工艺品制造环节

对于工艺品生产企业来说，一方面要有效运用知识产权保护的规则和制度来维护自身的合法权益，另一方面则要在原有技术的基础之上不断进行技术创新，不断获取专利权，以谋求知识产权战略的制高点，在企业竞争中获取绝对的竞争优势，最终获取最佳的经济利益。

工艺品在制造的过程中其工艺极易泄露、剽窃，从设计完成，到第一次制作出样品，再到第一次批量生产，都应留下相应的可以作为证据的记录。值得注意的是，根据著作权法，设计者个人和企业都可能享有设计作品的版权。因此，最好提前做好相关的约定，以避免不应有的纠纷。企业内部的管理还应注意包括技术信息在内的商业秘密的保护。实践中因为内部员工的问题，导致知识产权被泄露的情况并不少见。劳动法第二十二条规定，劳动合同当事人可以在劳动合同中约定保守用人单位秘密的有关事项。因此，建议应在与员工的劳动合同中明确约定对知识产权的保护，同时在日常管理中明确属于商业秘密的范围，并采取相应措施来尽可能防范内部员工因为不慎或者有意泄露企业的设计成果或技术信息，以及在发现泄密时有相应的证据和依据可以追究相关责任方的责任。

(三) 旅游工艺品销售环节

在销售过程中的知识产权保护从开始做广告、参加展销会、寄出样品或相片或与客户接洽时就开始了。实践中，工艺品生产企业往往也是通过上述几种方式获取订单的，但如不加注意，知识产权信息可能就此泄露，而生意也不一定能做成。例如，某工艺品生产商向某客户寄出样品后未获得订单，却在不久后的广交会上看到该客户堂而皇之地

第六章　旅游工艺品设计的市场化

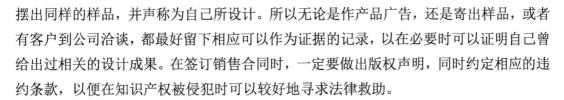

摆出同样的样品，并声称为自己所设计。所以无论是作产品广告，还是寄出样品，或者有客户到公司洽谈，都最好留下相应可以作为证据的记录，以在必要时可以证明自己曾给出过相关的设计成果。在签订销售合同时，一定要做出版权声明，同时约定相应的违约条款，以便在知识产权被侵犯时可以较好地寻求法律救助。

树立工艺品的品牌，是提高工艺品知名度和单位附加值的重要途径。一个没有品牌的产业不会拥有长久的生命，不可能形成坚实的基础和强大的生命力，产生强劲的带动力、辐射力、竞争力和吸引力，同时，品牌也是提高产品市场份额的保证。工艺品很多都有着上百年的历史，在具体实施上一方面需要政府的支持，另一方面也需要企业的努力，最重要的是企业的战略性眼光，既不仅要着眼于国内市场，更要通过知识产权战略等树立起光辉形象，进入国际市场进行竞争。

旅游工艺品原产地名称也是一种品牌。地理标志的概念最早产生于欧洲，很多国际公约都接受这个概念。中国加入 TRIPS 协议后，根据协定的相关原则修改了商标法，并将地理标志纳入管理规范。地理标志是指标示某商品来源于某地区，且该商品的特定质量、信誉或其他特征主要由该地区的自然因素或人文因素所决定的标志。这些特色商品的特殊品质与其产地的水、土、气候等地理环境有紧密联系。

目前我国主要是一些农产品运用地理标志来对农产品进行保护，以福建省安溪县的安溪铁观音为例，该地理标志证明商标登记注册后，出口单价比全国茶叶平均价格高出 80%，市场已经从东南亚逐步扩大到日本、欧美等 1000 多个国家和地区，每年出口 7000 多吨，创汇 3000 多万元。又如山东章丘的大葱，注册成地理商标后农民增收 3～5 倍，种植面积扩大了 2/3。

未公开信息不仅作为知识产权，更是营销中的无形品牌。如设计方法、原料、配制、彩绘方法、烧制方法中的种种诀窍等。TRIPS 协定将符合属秘密的；因属秘密而具有商业价值的；由该信息的合法控制人在此种情况下采取合理的步骤以保持其秘密性质的信息定义为未公开信息，并规定自然人和法人应有可能防止其合法控制的信息在未经其同意的情况下，以违反诚实商业行为的方式向他人披露或被他人取得或使用。我国法律中关于商业秘密的规定与此相对应。反不正当竞争法第十条规定，本法所称的商业秘密，是指不为公众所知悉，能为权利人带来经济利益，具有实用性并经权利人采取保密措施的技术信息和经营信息。与专利不同的是，商业秘密无须经过申请，也无须公开技术内容，这对于一些企业内部的不愿为外人所知的技术诀窍的保护，具有特殊的意义。但企业内部必须采取足够的保护措施，并且在必要时向有关部门提供充分的数据和证据，才能得到保护。

此外，通过培育工艺品中介、行业协会组织，加强行业自律也有利于销售活动的展开。美国的《经济学百科全书》中说，行业协会是一些为达到共同目标而自愿组织起来的同行或商人的团体。行业协会是社会中介组织，它的产生和发展是社会分工和市场竞争日益加剧的结果，反映了各行业的企业自我服务、自我协调、自我监督、自我保护的意识和要求。

具体说来，行业协会的形成及其作用应该包含以下内容：一是必须以同行业的企业为主体；二是必须建立在自愿原则的基础上；三是必须以谋取和增进全体会员企业的共同利益为宗旨；四是一种具有法人资格的经济社团。

建立工艺品行业协会对工艺品产业的健康发展有着极其重要的作用。工艺品行业协会在知识产权工作中将发挥自律作用，特别是在具体的知识产权案件中，行业协会将可以推荐专家提供准确的技术鉴定意见，便于具体细节的客观公正。同时工艺品行业协会作为工艺品行业管理组织，对于行业内部实现行业自律，保护会员的合法权益，维护本行业和企业的利益，避免恶性竞争，维护本行业持续健康的发展，都具有积极作用。在国外经济发达国家，行业协会组织广泛地存在，它们的存在对于维护本行业的利益，促进自身行业的发展起到了巨大的作用。行业协会的运行管理，要在行业内部充分讨论后，尊重自愿原则，自由入会，自觉遵守协会章程，相互监督，共同管理。

案例 6-2

中国工艺品开拓美国市场

工艺品作为一种商品，它的市场定位是在有闲人群。美国的人均收入每年超过3万美元，消费能力较强，所以美国历来是中国工艺品的主要市场。在中国工艺品产业快速发展的今天，如何进一步开拓美国市场是中国许多企业，尤其是中小民营企业所关心的问题。

1. 中国工艺品要按市场定位来分类命名

中国是按国际海关理事会所制定的进口商品分类表对商品作分类，这个所谓HS码

第六章　旅游工艺品设计的市场化

的22大类中，第21类是艺术品、收藏品及古物，并非工厂企业批量生产的工艺品，第20类的杂项制品中包含了雕刻等工艺品。第9类、第13类中分别包含了编结工艺品与玻璃工艺品，第15类则以贱金属制品归类金属工艺品。不少工艺品难以在HS码中找到归类，只能统统划入"杂项"之中。所以很难准确统计出中国工艺品的出口。

美国统计局是以最终用途对进口产品分类，使用5位数编码。其中编码41310是首饰，41320是艺术品、收藏品及邮票，并没有工艺品的专门类别。所以中国工艺品大多数也列入了"其他"类别，无法准确地统计出中国工艺品对美国的进口。例如，中国向美国出口的金属工艺品，绝大多数不能列为艺术品，作为五金制品也不妥当，又不是玩具，因此只能算作"杂品"或"其他"。

中国工艺品不能在国际市场的商品门类中有自己的地位，这实在是件令人尴尬与悲哀的事情，广大工艺品企业与从业人员因此受到很大的委屈，这也影响了中国工艺品市场的开拓，让人觉得一个被列入"其他"的产品不会有多大前途。

但是，作为海关与统计部门的分类方法，并不能完全影响工艺品开拓市场，关键是中国工艺品的分类命名要与市场接轨，要有明确的市场定位，既方便经销商了解，又对消费者有吸引力。

中国工艺产品为什么要重视分类命名，又如何分类命名呢？

一个产品分类命名会涉及原料、工艺与用途三个要素，但中国工艺品大多只突出前两个而忽略了"用途"这一消费者最关心的因素。

长期以来，中国工艺品有的是以所用原料分类，如金属工艺品、陶瓷工艺品、玻璃工艺品、竹木工艺品、天然植物纤维工艺品，有的是按生产工艺分类，如雕塑工艺品、编织工艺品、抽纱刺绣工艺品、仿古工艺品。作为产品是可以这样称呼的，但作为商品，请注意，我这里讲的是商品而不是产品，这样就找不到市场定位与用户了。金属工艺品到底是玩具、礼品还是节日用品？不清楚。是家庭用品还是公司用品？也不清楚。是由百货店销售，还是由礼品店或文具店销售？同样不清楚。反正市场上是没有金属工艺品专卖店与柜台的。其他如玻璃工艺品、编织工艺品，同样也有这些问题。上面这些问题不明确，怎么去寻找客户、开拓市场与增加出口呢？有人讲，这些是礼品或者是节庆用品，那么又为什么不明确表示呢？商品的命名至关重要，商品分类命名不妥当，是影响商品开拓市场的先天不足，市场上绝大多数商品都不存在这个问题，唯独中国工艺品问题最为突出，需要尽早改变。

任何一项产品的生产都是为了销售,都有明确的用途,都有特定的目标市场、买家或用户。例如对男装、女装或童装,对药品、食品或保健品,用途、目标市场都要很明确。那么工艺品是什么用途,目标市场在哪里?回答大多数是比较模糊的。工艺品是可以作为礼品,也可作为节日用品或旅游纪念品,但礼品、节日用品或旅游纪念品的销售地,销售时间与销售对象是有差别的。作为制造者,制造的产品准备针对哪些消费群体,准备用什么广告词来推销自己的产品,都要深思熟虑。所以,明确商品的市场定位,找准客户群体,按用途分类定名是工艺品深度开发市场不能忽视的问题。

任何消费者都是以产品用途作为购买动机的首要因素。人们购买一件东西,首先是用途,然后再看款色,了解价格。所用原料与制作方式是消费者关心的问题,但往往并不是第一关心的。作为商品,尤其是消费类商品,应该以用途来分类命名,而不能以原料与生产工艺作为分类命名的主体。例如,西药总不能称为化学品,中药也不能称为草制品。如果将箱包称为布制品或皮制品也是不被大家接受的。再例如,礼品是用途很明确的一类商品,它还可以细分为不同用途的礼品,如节日礼品、商务礼品、广告礼品、文具礼品、玩具礼品。作为节日礼品,又可进一步细分为圣诞节礼品、情人节礼品、感恩节礼品。这些礼品的市场定位都很清楚,当然,每一种礼品都是可以用不同的原料与工艺制作的,但这都不是消费者关心的重点,原料与制作工艺只是礼品前面的定语而不能作为主语。对一些新材料与新工艺是可以突出一下,例如水晶或内画工艺,但商品的主语还是用途,只有称为水晶工艺礼品,才是完整与正确的。中国许多工艺品要按用途与市场定位,重新整理分类命名,准确的分类命名就可吸引对应的消费群体,有效地开拓市场。

如果按用途分类,国内工艺品大多可归为礼品,但礼品又不一定是工艺品。工艺品按用途细分,还有纪念品、装饰品、节庆用品、玩赏品、日用摆设品等,作为纪念品,其中又可分为旅游纪念品、颁奖纪念品等。因此,分类与命名的学问很大,需要制造商、经销商、消费者共同探讨确定。今后中国工艺产品的新目录,要能成为适合美国批发商、零售商的选购指南。

2. 中国工艺品要有独立的行业协会

我们上面谈的是指一般含义的,由工厂生产的工艺品,不是指艺术品或收藏品,艺术品与工艺品是有差别的。

艺术品通常是指有欣赏价值又有增值可能的收藏品,如书画、玉雕、漆器,它是由

第六章 旅游工艺品设计的市场化

工艺大师制作，通常称为作品而不称为产品，在美国，价格往往会在 1000 美元以上，客户主要是富有的爱好者或收藏家。

工艺品更多的是作为既有一定玩赏价值又有一定用途的消费品，如各种礼品、赠品、时尚用品或装饰品，是由工匠或工人批量生产，称为产品而不称为作品，在美国，价格一般在 20~200 美元之间。工艺品的市场或终端用户主要是收入水平在中等以上的人士、家庭或公司企业。也有些工艺品针对特别的群体，例如宗教信仰者或游客。因此越是发达的国家或地区市场越大，美国自然成为世界各国工艺品最主要的目标市场。我们现在讨论的主要是工艺品。将艺术品与工艺品归为一类并不妥当，虽然高档工艺品也可作为艺术品，有些工艺品的设计师也是工艺大师。

艺术品与工艺品的制作方式与市场定位有很大差别，发展工艺品产业对增加中国社会就业，缩小中国贫富差距与促进社会和谐有重大意义。中国一些乡镇正是由于工艺品产业而闻名中外，例如，江苏东海、浙江浦江成为"水晶之都"，深圳大芬村是"中国油画第一村"。深圳大芬村的装饰油画一年出口几千万美元，小小一个村，比一些城市的出口都多。装饰油画已成为中国工艺品产业中发展最快、在国外影响最大的一个新产品，而且使画框、画笔、画布、油彩这些配套产业与服务业获得相应发展，从而使大量人口获得就业，许多人因此致富。

目前，中国工艺品是作为轻工业下面的一个行业分支，在国内并未得到足够的重视，既缺少推动工艺品行业发展的研究设计部门、专业出版物与媒体，也缺少探讨市场开发的活动。"中国轻工业联合会"下面有一个"中国工艺美术协会"，它包括玉雕、漆器、首饰、花画等六个专业委员会，主要侧重较高价位的艺术精品，而非大量生产出口的大众工艺品。在"中国轻工工艺进出口商会"下面设立了鞋帽、箱包、家具、玩具、珠宝首饰等十个专业委员会，主要是轻工产品，看不出对工艺品的重视。

所以，要推动中国工艺品产业，中国工艺品应有独立的行业协会，还要培养一大批与企业紧密合作的工艺师。现在中国的艺术家越来越多，但艺术家大多以个人形态创业，中国工艺品产业则需要更多为企业设计产品的工艺师。

评估练习

1. 旅游工艺品的设计与市场的关系。

2. 旅游工艺品设计的市场运作策略。

第二节　旅游工艺品购买

教学目标

1. 了解旅游工艺品购买的动机。
2. 深入理解旅游工艺品购买的因素。

旅游购买行为分析是了解市场的重要内容，是制定营销策略的基础。因此，为了更深层次地了解旅游工艺品市场，为了进一步获得有关的营销信息，我们必须通过各种调研方法来获得有关旅游者购买行为的数据，理解和分析旅游工艺品购买者的需求、动机和行为，这样才能成功地制定市场开发策略。

一、旅游工艺品需求动机

(一)旅游工艺品购买需求

旅游工艺品属于文化含量密集的旅游商品。为了更好地分析对旅游工艺品的需求，笔者总结了以下几个方面。

(1) 探新求异需求。人们总是有追新求异的心理，游客在旅游过程中，喜欢购买一些具有地域文化特色的旅游工艺品，想体验一下不同地区的消费方式和消费环境，以满足好奇心和对新事物的渴望。一般而言，求新、求奇、求特是旅游者的共同心理，所以旅游工艺品在功能和效用上要体现出新的使用价值，才会引起旅游者的购买欲望。如果是不具备新使用价值的旅游工艺品，一定要在用材和外形上有独特之处，与其他地方的旅游工艺品相比越独特就越能激发旅游者的购买欲望。

(2) 文化品位需求。旅游工艺品能体现出浓厚的文化底蕴，很多旅游者都是冲着旅游工艺品的文化内涵而购买的。旅游者在购买过程中不仅可以加深对地域文化的了解和学习，而且还可以通过购买的旅游工艺品来体现自己的文化品位。

(3) 纪念、收藏需求。旅游者对具有浓郁地方特色的旅游工艺品购买欲望是很强烈的。购买过后，可以通过物化的形式来纪念美好的旅行回忆。除了纪念意义外，旅游工

第六章　旅游工艺品设计的市场化

艺品的用材考究，制作工艺精湛，本身就具有很大的升值空间，旅游者购买后还可以用来收藏。

(4) 社交需求。除了纪念、收藏意义之外，还有相当一部分旅游者是为了社交需求而购买旅游工艺品的。旅游者在旅游过后会将自己的旅游感受与自己的亲朋好友进行沟通，并购买旅游工艺品赠送给亲朋好友以共同体验文化，这样除了共同分享喜悦外，还可以加深亲友间的友谊。

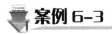

奥运经济看海外：奥运纪念品升值潜力大

如今，奥运纪念品的销售收入已经成了奥运会举办方主要的财源之一。而一些收藏者也发现，随着时间的流逝，自己手中的奥运纪念品在悄然升值。

奥运纪念品种类繁多，五花八门，除了纪念邮票、纪念币和纪念卡外，还包括奥运奖牌、火炬、吉祥物、宣传画，比赛用品等，而像书包、眼镜、钥匙链以及圆领衫、鞋和帽子这样的普通商品，一旦印上奥林匹克的标志，立刻身价倍增。这给奥运会举办方带来了丰厚的收入，2004年雅典奥运会期间，吉祥物和纪念品的销售收入就超过了2亿美元。不仅如此，随着时间的流逝，独特的奥运内涵也让一些奥运纪念品不断升值。目前在韩国，一张非常普通的1988年汉城奥运会宣传画就能卖到近200美元(见图6-1)，而真正用于接力的火炬市价已经高达1万美元。奥运奖牌也是收藏市场上的"常青树"。目前一枚普通的奖牌售价约为1500美元，1996年亚特兰大奥运会的金牌市价达3000到4000美元，莫斯科奥运会奖牌在20世纪90年代拍卖价为1万余美元，目前已攀升至4万美元。一些有特殊纪念意义的证章也有着巨大的升值潜力，2001年雅典奥组委曾发行了一款奥运倒计时1000天的徽章，当时的发行价仅为每枚8欧元，一年后这款徽章在当地的价格迅速飙升到了80欧元。而有奥运冠军签名的纪念品因难以收集而格外具有吸引力，像澳大利亚著名游泳运动员索普的签名泳帽在网上的拍卖成交价接近150美元。

旅游工艺品设计与制作

图 6-1　汉城奥运会海报

(二)旅游工艺品购买者动机

对旅游工艺品购买的具体动机有很多,学者提出的动机中有求新动机、求美动机、求奇动机、求趣动机、收藏动机、纪念动机、馈赠动机、炫耀动机等。在不同心理、文化因素的影响下,旅游者的购买动机很多是相互交叉重叠的,所有的购买动机归根结底可以归纳成自己使用和馈赠他人这两种。

(1) 自己使用。旅游者购买旅游工艺品自己使用,一则是为了在今后的生活中通过物化形式来回忆自己旅游的美好经历;二则购买文化底蕴深厚、独具地方特色的旅游工艺品具有很强的纪念意义;三则古玩字画和旅游工艺品质量和艺术性都很高,购买之后具有很高的收藏价值。总而言之,自己使用的动机可以涵盖旅游者求新求异、纪念、收藏的目的。

(2) 馈赠他人。中国是个礼仪之邦,购买礼物赠予亲友已经成为一种习俗。旅游者来旅游,购买旅游工艺品回去赠送给自己的亲朋好友,分享旅游体验,这体现了对亲情和友情的重视。除此之外,旅游工艺品本身具有收藏价值,因为其用材考究、制作工艺精湛、艺术价值极高,旅游者购买赠予他人还能满足其在社交方面的目的。

二、旅游工艺品购买因素

(一)社会因素

任何一名旅游者都是存在于特定社会之中的购买者,每个旅游者在发生购买行为时都会受到各种社会因素的影响。

(1) 社会阶层对购买行为的影响。任何一个社会都存在一定的社会阶层。同一个社会阶层的旅游者的行为有较大的相似性。收入、地位和受教育程度是判断社会阶层的最主要因素。一般而言,收入水平、地位较高的社会阶层,喜欢去与自己社会地位相称的购物地点购物,在购买旅游工艺品时注重工艺质量,而对价格不是很敏感;收入水平较低的社会阶层,在旅游过程中比较节俭,在购买旅游工艺品时对价格很敏感,会挑选一些廉价的旅游工艺品。受教育程度越高的社会阶层,在旅游过程中越容易接受外界的新鲜事物,比较喜欢购买具有地域文化内涵、独具地方特色的旅游工艺品,追求旅游购物的精神享受。

(2) 群体对购买行为的影响。特定旅游者的相关群体是指直接或间接影响其态度和行为的群体。相关群体为旅游者的购买行为提供参考根据,对购买行为有重大影响。旅游者在发生购买行为时会受到导游人员、团队成员以及亲朋好友的影响。旅游者在旅游过程中由于人生地不熟,对当地旅游工艺品的感知主要是通过导游人员得知的,导游人员对旅游工艺品的介绍会影响旅游者的态度。另外,由于受到团队成员的影响,旅游者可能出现从众的购买行为。亲朋好友是旅游者信任的重要信息来源。

(二)文化因素

文化是影响和调节人们社会行为的有利因素。文化因素对旅游者的购物行为具有很大的影响。

(1) 文化差异对购买行为的影响。不同国家、不同民族和不同的区域里,旅游者的文化背景、价值观念、生活方式是不同的。这种文化差异又吸引着不同国度、不同地区的旅游者。当不同国度、不同地域的旅游者购买旅游工艺品时,就是在体验文化内涵。所以在经营旅游工艺品市场的过程中,要考虑这种文化差异,将当地的文化特色结合旅游工艺品呈现在旅游者面前,激发旅游者的购买兴趣,使不同的文化得到交流。

(2) 旅游者文化水平对购买行为的影响。旅游者的文化水平不同会影响到旅游者对旅游工艺品的选择。文化水平较高的旅游者，选购旅游工艺品的标准是艺术性和实用性相结合，古典与时尚相结合，并注重旅游工艺品的款式和包装的精美程度，对旅游工艺品的整体协调性要求比较高。高档旅游工艺品、国画、古玩字画、仿古模型正是他们比较感兴趣的购买对象。而文化程度较低的旅游者在购买旅游工艺品时，比较注重旅游工艺品的功能和效用，注重性价比。

(三)个人因素

旅游购买行为除了受社会、文化和经济等外部因素的影响外，还直接受旅游者个人因素的影响。

(1) 年龄对购买行为的影响。年龄的不同意味着心理状况、收入及旅游购买经验的差别。因此，不同年龄的旅游者会表现不同的旅游购买行为。从购买行为来看，年轻的旅游者经济能力有限，他们在购买旅游工艺品时比较注重价位，购物地点比较随意，喜欢造型奇特的旅游工艺品。中老年旅游者，有稳定的收入和一定的社会地位，他们在购买旅游工艺品时比较注重地方特色和工艺质量这两方面，喜欢文化内涵丰富的旅游工艺品。老年旅游者一般都有积蓄，他们在购买旅游工艺品时比较注重地方特色、文化内涵，他们喜欢选购一些艺术价值较高的旅游工艺品和文物复制品，同时要求购买的旅游工艺品要便于携带。

(2) 性别对购买行为的影响。性别对旅游购买行为的影响大多产生于传统文化所赋予的性别角色行为，以及不同性别在社会结构中所处的地位和由此带来的就业、收入差别两个方面。男性购买旅游工艺品馈赠他人的动机比较明显，他们注重旅游工艺品的艺术性。而女性购买旅游工艺品注重实用性，她们对旅游工艺品的质量、特色、价格等细节都会很关注。

(3) 居住地对购买行为的影响。居住地对旅游者的购买行为也会产生影响。旅游者居住地的地理位置与目的地的距离越远，则产生的吸引力越大。居住地较远的旅游者对具有地方特色、体现地方文化内涵的旅游工艺品越感兴趣。另外，居住地越远的旅游者越会关注旅游工艺品携带起来是否方便。

(四)信息因素

旅游工艺品体现的文化性、地方性决定了一般旅游者对其了解程度比较低。特别是对于收藏及艺术价值较直观的旅游工艺品，其真实价值难以估计。再加上旅游者来自异国他乡，导致了旅游工艺品市场交易中信息不对称程度比一般消费品交易更大。旅游者对旅游工艺品的信息的了解程度又会影响到其购买行为。一般来讲，首先，旅游者的购物经验和亲朋好友间相互传达的信息对购买行为的影响最大，此类信息往往是旅游者亲身体验得到的结果，对旅游者而言是最可靠的信息。其次，旅游工艺品生产企业通过广告宣传、网络传播、销售人员的推销，以及旅游工艺品包装来传达的信息。该类信息对旅游者的购买行为也存在一定的影响作用。再次，是权威机构(如政府部门)发布的有关旅游工艺品的研究报告等，这类信息对旅游者的购买行为具有一定指导意义，但因为旅游购物具有随意性的特点，很少有旅游者在购物之前会详细阅读有关旅游工艺品的权威报告，故这类信息比前两类信息的影响要小些。最后，类似旅行社等中介传达的信息，此类信息主要是通过导游人员来传达的。因为，导游人员和旅游者对旅游工艺品的信息的了解程度是不对称的，所以，旅游者不是很相信导游人员所传达的信息。故该类信息对旅游购买行为的影响相对较小。

三、旅游工艺品购买决策

在了解影响旅游购买的各因素以后，就可以从总体上考察旅游者购买的全过程。旅游者的购买过程按阶段可分为：问题识别、信息搜集、可选方案评估、购买行为以及购后感受。

(一)问题识别

旅游者的购买过程从问题识别开始。问题识别的过程也就是需要认识的过程。旅游者由于自身的生理、心理状况有所变化，或是受到了外部的刺激，从而产生需要。需要上升到一定程度就成为驱使人们行动的力量。旅游者对旅游工艺品的需求以体现文化内涵为主，体现悠久历史和自然风光次之。可见，旅游者选择旅游工艺品是因为有追求文化品位、探秘悠久历史、向往自然风光的需求，其中具有追求文化品位这项需求的旅游者最多。

从旅游者构成来看，受教育程度不同，游客偏爱旅游工艺品的种类也有所不同，而且对旅游工艺品的需求也有所不同。受教育程度不同的旅游者追求文化品位的需求最多，而且随着学历越高，对文化品位的需求越大。具有初中学历的旅游者比较喜欢古玩字画，高中学历的旅游者比较喜欢玉器、仿古复制品、古玩字画，本科大专学历的旅游者比较喜欢玉器、仿古复制品、古玩字画、国画、漆器、刺绣，硕士学历的旅游者比较喜欢玉器、仿古复制品、玩具、古玩字画、剪刻纸。古玩字画之类的旅游工艺品是不同旅游者都喜欢的种类，古玩字画中体现的文化内涵也是最丰富的，这与旅游者追求文化品位的需求相吻合。另外，随着受教育程度越高，旅游者的知识面越宽，选择的旅游工艺品种类也越丰富，所以本科、硕士学历的旅游者喜欢的旅游工艺品种类相对也比较丰富。

(二)信息搜集

当旅游需求产生后，旅游者开始寻找有关旅游工艺品的信息。从信息的来源可以分为内部信息和外部信息。内部信息就是旅游者根据过去的经验和知识对旅游工艺品的认识，这种信息不全面，是静止的，不会随时间的推移而变动。外部信息是有关旅游工艺品的广告、亲朋好友之间的交流、导游的宣传介绍等。旅游工艺品不像一般的旅游商品那么普及，所以靠常识来了解旅游工艺品的旅游者还是占少数的。通过报纸杂志了解旅游工艺品的人最多，其次是通过亲友介绍，然后是通过导游和电视媒体的介绍。通过网络了解旅游工艺品所占的比例相对较小，可见旅游工艺品在网络方面的传播销售工作做得还很不到位。根据旅游者构成情况分析，从性别来看，男性旅游者主要选择报纸杂志，女性旅游者的选择集中在报纸杂志、亲友介绍和导游介绍。从年龄来看，25 岁以下的旅游者主要选择报纸杂志和亲友介绍，25~65 岁的旅游者主要选择电视、报纸杂志，65 岁以上的旅游者主要选择亲友和导游的介绍。从身份来看，公务员、管理人员的信息主要来源于报纸杂志，文教科技人员主要通过网络来了解信息，服务销售人员主要选择电视、报纸杂志和导游介绍，工人主要通过亲友介绍，离休人员的选择比较随意，学生主要依赖报纸杂志和导游介绍来了解信息。

(三)可选方案评估

一般而言，旅游者不可能将旅游工艺品的全部相关信息都搜集到，但是他们会在搜集到的信息中，根据自己认为最重要的因素对旅游工艺品进行评价比较。从旅游者构成情况分析，从年龄来看，24 岁以下的旅游者可能由于经济实力不强，主要会考虑购买的价格，25~44 岁的旅游者更多考虑的是地方特色，45 岁以上的旅游者则会兼并考虑

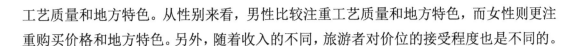

第六章 旅游工艺品设计的市场化

工艺质量和地方特色。从性别来看，男性比较注重工艺质量和地方特色，而女性则更注重购买价格和地方特色。另外，随着收入的不同，旅游者对价位的接受程度也是不同的。

(四) 购买行为

通过对可选方案的评估后，旅游者已经初步产生购买意图。购买意图则导致购买行为的产生。旅游者购买旅游工艺品的意图产生后，则会开始选择购物地点进行购买行为。由于行程的安排不同，不是每个旅游者都能去参观旅游商品集散中心、展销馆等地。所以，旅游景区成为多数旅游者购物必选地点。例如，除了旅游景区外，学生、工人和离退休人员会在纪念品商店购物，文教科技人员和销售服务人员一般在纪念品商店和展销馆购物，而公务员、管理人员则会去专门的展销馆和旅游商品集散中心这些比较上档次的购物地点购物。从年龄分析，25岁以下的旅游者主要在专门的展销馆购物，25~65岁的旅游者主要在纪念品商店购物，65岁以上的旅游者主要在旅游景区购物。

(五) 购后感受

旅游者在完成购买行为之后，一般会体验到三种感觉：满意、不满意以及疑虑。这些购后感受又会影响到该旅游者下次购买行为以及他人的购买决策。如果旅游者购买旅游工艺品后感到满意，那么在下一次购买中，该旅游者就倾向于继续购买旅游工艺品。更为重要的是，获得了满足感的旅游购买者，会倾向于在日常生活中向相关群体中的各个成员称赞某地旅游工艺品，而这种口碑效应对相关群体成员的购买决策将产生巨大的积极影响。除此之外，旅游者对旅游工艺品的意见还有：要求观赏性和功能性相结合，要求开发更多的高档次、时尚化的旅游工艺品，要求仿古复制品制作更精细等。针对旅游者不满意的地方，旅游工艺品生产企业应该给予足够的重视，以免旅游者对旅游工艺品产生不良印象。

上述对旅游者购买行为的分析，将有利于旅游工艺品市场的细分以及目标市场的确定，结合考虑影响旅游者购买行为的各因素，将有助于旅游工艺品市场营销策略的制定，为更好地开发旅游工艺品市场提供正确分析。

评估练习

结合本章内容，谈谈中国社会工艺品赠送的特点及影响因素。

旅游工艺品设计与制作

第三节　旅游工艺品目标市场与营销策略

教学目标

1. 理解并掌握旅游工艺品市场细分方法。
2. 深入理解旅游工艺品销售策略。

一、市场细分依据

市场细分是由美国著名市场营销学家温德尔·斯密在20世纪50年代中期提出的。市场细分是指企业根据消费者群之间需求的差异性，把一个整体市场划分为若干个分市场，从中选择自己目标市场的方法。由于旅游者的性别、年龄、收入、兴趣、偏好、价值观等各不相同，从而形成对旅游工艺品的需求差异性很大。然而，我们也应看到，旅游者群体内也有十分相似的消费特点。旅游工艺品生产企业可通过辨明具有不同需求的旅游者群，将整体旅游工艺品市场划分为具有不同特点的细分市场。常见的市场细分依据主要有地理细分、人口细分、心理细分和行为细分四大类。

（1）地理细分。根据地理因素来细分市场，是一种传统的、普遍使用的细分方法。旅游企业必须了解旅游者的地理分布，因为不同国家和地区的旅游者，他们的地理文化也不同，而在不同文化下的旅游者对某种商品的需求往往是有很大的差别。

（2）人口细分。所谓人口细分，就是按照不同的人口结构因素，如年龄、性别、收入、职业、受教育水平、家庭结构、家庭生命周期阶段、社会阶层、种族和国籍等标志来进行市场细分。人口结构因素的不同会导致旅游者的需求和爱好不同，不同的旅游者对旅游工艺品的质量、价格、款式、题材、功能等的要求均有所不同。

（3）心理细分。旅游者的社会阶层、生活方式和个性特征等方面的心理变量不同，则会产生不同的心理需求类型。心理细分就是按照旅游者不同的心理需求类型来进行市场细分。不同心理需求类型的旅游者，追求的吸引物不同，对同样的旅游工艺品的感受也是各不相同的。因此，在细分市场时应该考虑心理因素。

（4）行为细分。行为细分是企业按照旅游者购买某种旅游工艺品所追求的利益、使用者的情况、旅游者对品牌的忠诚度、旅游者购买过程对产品的态度等因素来进行市场细分。这些购买行为的不同是因为旅游者在收入水平、受教育程度、社会阶层、个性特点等方面的不同所导致的。

任何一个旅游工艺品生产企业的资源都是有限的,要想提供旅游市场上所需要的一切产品,满足全部旅游者的全部需求,这是不可能也不现实的。因此,旅游工艺品的生产企业为了能在激烈的市场竞争中求得生存和发展,只能进行市场细分,以保证其在特定的细分市场内取得市场竞争优势。在细分市场前我们必须知道,每个旅游者的购买目的都是不同的,所以他们要求旅游工艺品所具备的功能属性也不同。根据旅游者对旅游工艺品的具体需求,将旅游工艺品市场进行细分并确定目标市场。

(1) 低端市场。该目标市场的旅游者来旅游时,会选择购买一些极具地域文化特征的旅游工艺品来纪念旅游经历。这类旅游者购买旅游工艺品主要是为了用来纪念,他们要求旅游工艺品主要能体现地方特色,对材料、工艺的要求不是很高,要求旅游工艺品的价位要低。所以,针对低端市场的需求,旅游工艺品在设计时应尽可能将自然风光、人文景观通过复制、缩小等方式体现在旅游工艺品上,使旅游工艺品更具装饰、观赏的功能。

(2) 中端市场。中端市场的旅游者对旅游工艺品的要求要更高一些,他们要求旅游工艺品不仅仅用来观赏装饰,同时还要求其具有日用功能。该目标市场的旅游者愿意接受较高价位的旅游工艺品,但他们对旅游工艺品的用料、工艺、质量以及艺术性的要求都是比较高的,要求其能集实用性及欣赏性于一体。这类目标市场的人数越来越多,应引起旅游工艺品生产企业的高度重视。在设计旅游工艺品时,除了要体现传统文化特色外,更要结合现代人的审美心理,运用一些现代科技来使旅游工艺品更加适应旅游者的新需求。

(3) 高端市场。该目标市场的主要是由一些旅游收藏爱好者们组成的。他们会投资、收藏一些旅游工艺精品、古玩字画及仿古制品等,因此,对旅游工艺品的文化含量、艺术性、用料、工艺以及产品出自何人之手等方面的要求都是极高的。针对该类旅游者的投资、收藏需求,旅游工艺精品要尽可能地体现浓厚的历史文化底蕴和艺术价值,制作工艺要细中求细,用料要精细考究,使其更具备投资和收藏的价值。

二、旅游工艺品市场定位

"定位"一词最先来源于广告学,是由美国著名的广告专家艾里斯和杰克·居劳特率先提出的，随后被引入市场营销学中。根据科特勒的定义，定位是指公司设计出自己的产品和形象，从而在目标顾客心中确定与众不同的有价值的地位。市场定位是企业在市场细分和确立目标市场后所采取的勾画自身形象和产品、服务为顾客所提供价值的行为过程，目的在于塑造企业和产品、服务的鲜明个性，以便让这一目标市场上的顾客更好的识别。

(一)市场定位与地方文化

按照文化的观点，市场定位就是确立产品特色、品牌特色和企业文化特色与特定文化系统相适应的观念文化，从而使特定的产品与特定的文化系统高度适应。所以，旅游工艺品市场定位就是给旅游工艺品、品牌以及生产企业都赋予深层次的观念文化，以强化其文化特色。一件旅游工艺品，无论质量好坏，如果它能与文化相适应，就意味着它能融入文化系统中，从而能够为特定的旅游者所广泛接受，因此它在市场上就有生存的空间；反之，旅游工艺品若不能与文化相适应，就意味着它被文化所排斥，这就决定了这种旅游工艺品没有市场空间。正是如此，旅游工艺品的市场定位就是通过赋予旅游工艺品以及品牌、生产企业厚重璀璨的文化，来改变旅游者对它们的看法。

(二)旅游工艺品定位分析

旅游工艺品市场定位就是通过旅游工艺品生产企业设计出自己独具特色和形象的旅游工艺品，从而在目标顾客心目中确定与众不同的价值地位，寻求到最佳的市场位置。而这种特色和形象，既可以从旅游工艺品产品本身表现出来，如形状、材料、工艺、性能等，也可以从价格水平、产品档次上体现出来，还可以从旅游者心理需求上反映出来，如欣赏、实用、纪念、收藏等。长期以来，对旅游工艺品的市场定位，在总体上突出地方特色，具体定位为大众旅游工艺品和高档旅游工艺品两大类。这种定位不但不能凸显旅游工艺品的文化优势，而且还使市场出现两头大的趋势，一头是大量粗制滥造的低档产品，另一头是价格高贵的高档产品，中档产品的品种十分缺乏、市场份额很小。通过上述分析，旅游工艺品的市场定位，在总体上应凸显地域文化特色，充分挖掘、利用自身的文化优势，提高旅游工艺品的文化附加值，提升竞争力。具体应依据旅游者的心理需求，对旅游工艺品的不同功能能进行定位，可具体定位为纪念类旅游工艺品、实用类旅游工艺品和投资收藏类旅游工艺品。

第六章　旅游工艺品设计的市场化

(三)旅游工艺品类别的定位构想

正如上所述，我们对旅游工艺品的不同功能进行具体定位，分为纪念类、实用类和投资收藏类三类旅游工艺品。现对不同类别的旅游工艺品分别进行具体的定位。

(1) 纪念类旅游工艺品的定位构想。纪念类旅游工艺品要能体现出纪念功能和审美功能，并且价格相对较为便宜，这样才能吸引大众旅游者。

(2) 实用类旅游工艺品的定位构想。实用类旅游工艺品既要体现装饰功能，又要体现观赏功能；产品在设计上既要重视工艺质量，又要体现地方特色、文化含量，这样才能满足旅游者的审美和实用需求。

(3) 投资收藏类旅游工艺品的定位构想。投资收藏类旅游工艺品由于有升值的空间，所以才具备投资价值和收藏价值。为了保证投资收藏价值，每件旅游工艺品都应配备一套相应的收藏文件，包括原物照片、作者资历证明、国家相关机构的评估和认证报告等。

以上是对不同功能的旅游工艺品分类市场定位的初步构想，对旅游工艺品的功能、主题、文化内涵、材料、工艺、造型、价格、档次等作一定分析，除此之外，还应考虑到包装问题和携带方便与否的问题。由于市场是多变的，旅游工艺品的具体市场定位还应做出不断地调整和变动。

案例6-4

西藏旅游纪念品竞争力亟待提高

随着人们生活水平的提高，旅游成为一种常态化的消费需求，而旅游纪念品作为承载文化的一种特殊商品，也成为游客必然的消费选择。

内地旅游发达省份的旅游购物基本上占到旅游总收入的40%左右，特别是在香港，旅游购物可以达到旅游总收入60%左右。而在西藏区，旅游购物消费只占到旅游总收入的26.9%，低于全国平均水平，这主要是由于该区旅游纪念品的开发速度、商品质量、品牌打造远远滞后于旅游产业的发展。目前，西藏旅游纪念品"地方特色产品"比重较低，只占整个市场的20%左右。

无论是从市场份额，还是从西藏自治区要建设世界重要的旅游目的地来看，旅游纪念品市场都存在着巨大的发展潜力和商机，有着广阔的发展前景。

西藏自治区旅游纪念品开发不足，具有西藏特色的旅游纪念品工艺比较粗糙，特色不鲜明，市场不对接，旅游纪念品产业规模小，还没有形成产业规模效应。同时，在旅游纪念品策划、设计、生产、销售等诸多环节缺乏统一管理与指导，吸引力不足，缺乏地方特色和比较优势，舶来品和假冒伪劣产品充斥市场，难以满足游客购物需求。

西藏自治区传统民族手工业旅游纪念品市场为何不景气呢？主要原因有五个方面：受"洋旅游纪念品"的冲击；传统手工业旅游纪念品质量不高，给旅游者留下不良印象；旅游纪念品质量低劣、不合格，潜在危害着该区旅游业的健康发展；传统手工业旅游纪念品科技含量低，缺乏创新精神；传统旅游纪念品价格偏高，缺乏竞争力。

众所周知，在拉萨八廓街一带和日喀则市的邦佳孔街，许多纪念品商店，几乎都有"洋旅游纪念品"，来藏游客把它当作该区本地产品竞相购买。而该区自产的体积小、携带方便、价格低的旅游纪念品相对很少，目前西藏区旅游产品大约80%左右是印度、尼泊尔借用西藏的工艺和民族风格与特色生产后在该区销售，并通过区转销到全国各地，剩下的20%除去部分内地厂家生产的，该区生产的手工业旅游纪念品就只占很少一部分，这与该区没有专业设计人员，很少自己新开发产品有极大关系。

西藏自治区传统手工业旅游纪念品缺乏竞争力的另一个原因是价格偏高。价格偏高又是因为成本太高。为此，业内人士指出，只要该区善于挖掘民族特色潜力，将民族特色与创新精神结合起来，注入现代科技含量，与旅游业挂钩，那么，该区民族手工业旅游纪念品就能发挥出在区内外、国内外市场上的巨大优势，得到新的发展。

三、旅游工艺品营销策略

旅游工艺品市场营销策略包括产品策略、价格策略、销售渠道策略和促销策略。

(一)产品策略

市场营销中一个最基本的要素是产品。产品不仅包括实体的物质属性，还包括产品的包装、品牌、式样、售后服务等无形的特性。产品策略是市场营销中一个最基本的策略。旅游工艺品的产品策略具体应包括以下几个方面。

(1) 多层次、全方面地开发新产品。要充分根据旅游者的需求，多层次、全方面地研发新产品。根据上面的分析，旅游工艺品市场"两头大，中间小"。一直以来，旅游工艺品生产企业着重对纯观赏类旅游工艺品和收藏类旅游工艺精品进行开发，但是对实用类旅游工艺品开发的重视程度不够。具有实用功能的日用旅游工艺品适应当代人们的

第六章　旅游工艺品设计的市场化

日常生活消费的需要，较之单纯欣赏性的旅游工艺品，更容易为旅游者所青睐，其市场潜力是巨大的。在开发实用类旅游工艺品时应当注意两点，第一，在注重实用质量的同时，还要注意其观赏性和文化内涵，使其成为集实用、观赏、文化为一体的旅游工艺品。第二，因为是实用类旅游工艺品，一定要充分了解旅游者的审美观念，使其造型和格调一定要与现代的居室氛围相匹配。只有考虑到以上两点，开发出来的实用类旅游工艺品才能找到市场。

(2) 凸显文化优势，提升产品竞争力。随着旅游工艺品出现同质化现象日益严重，金融危机也对旅游业产生影响，要使旅游工艺品能在激烈的竞争中生存下来，在艰难的经济大环境下谋求、拓展生存空间，就必须利用其文化优势，提升产品的竞争力。因此，在开发旅游工艺品的过程中，要充分利用当地的工艺美术资源，深入挖掘其无形的精神内涵，充分突出地方特色和文化内涵，提高旅游工艺品的文化附加值，这样才能使旅游工艺品更具有吸引力、生命力和竞争力。

(3) 运用创新科技，提高生产效率。引入先进的生产技术和生产方式，对提高旅游工艺品的质量和生产效率都有着十分重要的意义。旅游者对加工工艺的品质和旅游工艺品的艺术性都有着越来越高的要求，借助创新科技可以提高加工工艺的精细程度。一些仿古复制品，如浑天仪、地动仪等金银摆件对工艺要求是极高的，工艺越精细，仿古复制品的品质就越高，欣赏价值和收藏价值也就越高。除了提高旅游工艺品质量，创新科技的运用还能大大提高旅游工艺品的生产效益。许多旅游工艺品是纯手工制造，如剪纸、刺绣、琢玉、雕刻等，生产力低下，引入先进的科学技术可以大大提高这些手工制作品的生产效率，进而提高企业的竞争力。

(4) 改进旅游工艺品的包装。包装刚开始只起到容器和保护产品的作用，但随着产品本身的发展和社会选择的多样化，包装已突破原有功能，趋向于向顾客传递一些有关形象、文化等方面的信息，现代包装蕴含了丰富的文化观念。在改进包装时，应注意：首先，包装要体现实用性。实用性是一切包装设计的出发点和基础，一件包装若设计出来不能达到容器或包扎物的作用，那么这件包装的设计就是失败的，即使它有丰富的文化内涵和强大的价值感染力，也最多称为另外一件产品，而不是包装，因此，对包装而言，实用性是其最基本的特性。再次，现代包装要突出表现艺术审美的特性。包装的造型、图案、颜色、标志等有机地整合为一体，要以艺术审美的形式向旅游者传达旅游工艺品生产企业、品牌和产品的形象。最后，良好的包装有助于向旅游者传递价值和信息，在旅游者头脑中树立牢固的公司和品牌形象。当旅游者面对众多选择时，这将有助于旅游工艺品脱颖而出。

(5) 强化宣传力度，形成品牌效应。品牌策略是产品策略一个重要的组成部分。若干旅游工艺品都有可能形成强势品牌。可利用"中华老字号"打响品牌。可通过申报国家非物质文化遗产带动品牌的塑造。先通过这些强势品牌的塑造，扩大旅游工艺品的影响力，再带动整体旅游工艺品大品牌的塑造。提高品牌知名度，强化品牌效应，应做到：首先，旅游工艺品生产经营企业可通过电视、报纸、杂志等媒介宣传旅游工艺品的品牌，也可以通过国际互联网向海外宣传旅游工艺品的品牌，强调品牌的识别性；其次，也可以在各种旅游工艺品博览会中宣传、赠送品牌商品，强化旅游者对工艺品的认知程度；最后，可结合招商活动，推出提高旅游工艺品的品牌知名度。

 案例 6-5

台湾买纪念品

台湾特色鲜明的纪念品让人印象深刻。纪念品有文化也有纪念价值。大陆的景点也能借鉴，那旅游的收益就不用仅靠"高门票"了。

去过台湾的人都知道，与大陆动辄几百元一张的门票相比，台湾的很多景点都不要门票，只有很少的景点象征性地售卖十分便宜的门票。那么，台湾的景点怎么赚钱？这就是台湾商人的聪明之处，既要赚钱，又要顾客掏钱掏得开开心心。就是在纪念品上下功夫。

在台北动物园，纪念品商场里针对熊猫开发的纪念品有百余种，让人应接不暇。有小朋友喜欢的熊猫布偶，有年轻人喜欢的熊猫发卡、耳环，有适合商务人士的熊猫笔记本、书夹、笔筒，还有各个年龄段通吃的熊猫书包、熊猫 T 恤衫等。

这不禁让人感叹，在大陆，从北到南各地景点的纪念品基本上大同小异，甚至你在厦门的景点也能买到杭州的纸伞，在北京的景点也能买到海南的椰壳娃娃，而且质地粗糙，只要看一眼，就兴趣全无。

如到台湾绿岛，如果不去一家"大哥的故事"纪念品店(见图 6-2)，就算没来绿岛。众所周知，绿岛曾经是很有名的关押重刑犯的岛屿，通俗来说，那里曾经关着很多大哥级的人物。如今，已经成为度假休闲小岛的绿岛，还留存着这样一个"绿岛文化"的纪念品店，诙谐幽默地讲述着"大哥的故事"，的确很让人期待。

第六章 旅游工艺品设计的市场化

图 6-2 "大哥的故事"专卖店

门口的大招牌上一个大哥模样的人悠闲地半躺着晒太阳，赫然写着"感谢探监"。推门而入，就看到一幅集合"大哥"丰富表情的壁画，壁画中的"大哥"搞笑又可爱，一边喊着"今天不能打小孩"，一边喊着"抢钱抢粮抢娘们"。店内以"大哥"造型制作的各种纪念品，有钥匙扣、冰箱贴、日记本、帽子，还有满墙挂着的T恤等。收银柜台则挂着招牌"保护费缴纳处"；角落处还设计了监仓，内有厕座、仿铁链，让游客随意拍照，更写着"拍照时禁止面无表情"、"可与'大哥'合照，因'大哥'太帅"等七大注意事项……幽默诙谐的创意，独一无二的设计，让店里的生意好得不得了。

在朱铭美术馆，许多艺术家的作品被做成了小朋友的"纸工模型"，既能让孩子锻炼手工制作能力，还能让孩子们欣赏大师的作品。这个美好的创意让家长们赞不绝口。朱铭大师的"太极"图也赫然印在雨伞上，不论是酷暑还是雨天，你都可以打着这把艺术之伞漫步街头。

在台北的101顶楼纪念品店，有一款标注高度的不锈钢水杯卖得很火。每当你喝水的时候，看到这个杯子，就会想到自己登上了台北最高的建筑物，饱览美景，心情自然舒畅。

在纪念品上，台湾人也表现了精明。比如，五颜六色的小石子也可以卖钱。在垦丁，夜晚逛夜市小店。漂亮的瓶子里装着五颜六色的小石子和贝壳、细沙，售价牌上写着"垦丁的夜晚，你遇见了我，知道吗，我好喜欢你！"看到这样煽情的字眼，你还能不立刻掏钱买下这瓶"调皮"的小石子吗？很多顾客看到这样的字句后都笑呵呵地掏钱购买。

幽默风趣、制作精良、注入文化元素，台湾纪念品有学问。当你再看从台湾带回的某个纪念品时，便会想到一段故事、一个插曲，还有一份好心情和由衷的赞赏。

(6) 完善售后服务。旅游工艺品的售后服务不仅包括产品的退货服务、托运服务，还应包括产品的保养以及保证机制。旅游工艺品采用各类高档材料和采用精致工艺制作而成，要进行长期的收藏就必须注意对其进行适当保养。所以每件旅游工艺品必须有相应的包装说明，例如，漆器不要与坚硬锐利的物体碰撞摩擦，避免强烈的震动；不宜受阳光曝晒，不宜受风吹雨打，不宜受烟熏，保持一定的温度，避免漆器开裂。若出现灰尘，可用鸡毛帚和柔软的长毛清理，也可用棉纱布抹干净，如果出现污垢，用洗涤剂清理或用棉纱布沾上食用油轻轻抹净。

(二)价格策略

价格是营销组合中唯一能创造收入的因素，也是市场营销组合中最灵活的因素之一，能适应市场需求的变化进行迅速的改变。在制定价格时，不能太注重成本，应依据市场变化及时经常地加以修改，根据不同的产品项目、细分市场和购买动机作出灵活的价格变动。

(1) 影响产品定价的因素。旅游工艺品的价格是由旅游工艺品所包含的社会必要劳动时间的耗费，即价值量的大小决定的。很大程度上，市场需求为旅游工艺品确定了价格上限，而生产成本则确定了旅游工艺品价格的下限。旅游工艺品市场需求情况在很大程度上影响着旅游工艺品价格的高低。一般来说，旅游工艺品的价格不会超过该产品的旅游需求价格。消费者都会根据其自身的价值观念和消费经验形成一个认知价值。如果旅游工艺品的价格超过了这一认知价值所反映的价格，那么就会遏制需求。旅游工艺品生产经营是要以旅游者购买需求为导向的，潜在市场的价值认知对旅游工艺品价格的最终形成产生重要影响。产品成本是价格的重要决定因素，只有当价格超过单位成本时，企业才能获取利润。生产旅游工艺品的成本除包括生产成本、销售成本之外，还应考虑其他因素引发的变动成本，它是旅游工艺品定价的最低限度。旅游工艺品价格不仅包含产品成本部分，还应包含旅游工艺品生产企业的盈利部分。一般而言，旅游工艺品的成本影响其价格，而价格又会影响旅游工艺品的市场需求。因此，旅游工艺品生产企业应

第六章 旅游工艺品设计的市场化

努力降低生产成本，形成具有竞争力的价格，来巩固产品在市场中的地位。

(2) 价格的制定和调整策略。我们要确定以旅游者需求为主导的定价策略思想，即在制定旅游工艺品的价格过程中都要以旅游者的需求为中心。在制定旅游工艺品的价格前，首先要估算其成本。估算成本的方法很多，但是从旅游者需求的角度出发，选择预算目标成本的方法较为合适。首先，了解旅游工艺品市场需求情况，确定旅游工艺品的功能，然后在给定产品的吸引力和竞争对手价格的情况下确定旅游工艺品的定价，再从售价中减去预期的毛利润，其余数就是预期达到的目标成本。接下来，旅游工艺品生产企业要分析好每一种成本要素，如设计、策划、制造、销售等方面的成本，然后将它们再细分成更小的组成部分，最后，企业要考虑重新组合各部分的方法，尽量降低旅游工艺品的生产成本。总之，整个过程的目标就是将最终的成本方案限定在目标成本的范围以内。在定价时应选择以需求为中心的定价策略，以需求为中心的定价策略强调价格应依据消费者对产品价值的认知和对产品的需求来确定价格，而不是以生产成本为中心制定价格。旅游工艺品定价的关键是旅游者对其价值的认知，而不是旅游工艺品经营者的销售成本。旅游工艺品生产企业和经营商应充分利用市场营销组合中的非价格变量，在不同的目标市场中树立不同的旅游工艺品形象，要突出旅游工艺品的品种档次、文化含量、工艺质量、地方特色、造型功能、艺术价值等方面与其他地区旅游工艺品的差别，这样旅游者在购买旅游工艺品时，基于产品的广告、宣传信息和自身对旅游工艺品的想象，才会对旅游工艺品有较高的认知价值。

为了更好地适应市场环境和旅游者需求的变化，我们需要在不改变旅游工艺品基本价格的基础上对原价格进行适当的调整。价格调整策略有：旅游工艺品生产经营企业应根据旅游者所处的不同地区和国家来对旅游工艺品进行价格调整。例如，若来自外国的旅游者或较远地区的国内旅游者在购买了旅游工艺品后要求托运，那么旅游工艺品生产经营企业应该适当地提高这些远距离旅游者的购买价格，以弥补较高的运输成本，以及在运输途中旅游工艺品损坏风险。旅游工艺品生产经营企业对于旅游者大批量购买、淡季购买等行为，应调低其价格来报答旅游者。数量折扣是向大量购买旅游工艺品的旅游者提供的一种减价。数量折扣应向所有的旅游者提供，但不能超过大批量销售所节省的成本。这些节约的成本包括销售、库存和运输费用的降低。数量折扣可以在非累积购买行为的基础上提供，也可以在累积购买行为的基础上提供。季节折扣针对淡季来旅游购买旅游工艺品的游客，旅游工艺品生产经营企业为鼓励这种淡季购买行为而提供的季节折扣。组合产品价格策略对旅游工艺品以组合形式推出时,因为各种旅游工艺品之间存在需求和成本的相互联系,会带来不同程度的竞争,因此应研究一系列价格,使整个产品组合的利润实现最大化。组合产品的价格应当低于单独购买其中每一件旅游工艺品的费用总和,才能推动旅游者购买。

在制定完价格策略时,旅游工艺品生产经营企业还要考虑其他方面对已定价格的反应,分销商和经销商是否满意?竞争对手对价格会如何反应?除此之外,还应了解有关价格方面的法律,确保定价策略无懈可击。

案例 6-6

翡翠的市场价格是怎么定的

俗话说黄金有价玉无价。照此说法,作为玉石之冠的翡翠那就更无价了。其实,这句俗话说得也对也不对。对是指这句话比喻了宝玉的珍贵。不对是指这句话脱离实际。在市场经济条件下,再贵重的宝玉哪怕是翡翠珍品也是有价的,只不过翡翠的价格计算起来比较复杂,常使外行人摸不着边际罢了。

确实,翡翠的价值差异很大。比如,2012 年"五一"期间,北京长安商场的翡翠柜台里摆着各种小巧玲珑的翡翠,便宜的几百元一块,而最贵的一只手镯标价达 47.5 万元。在北京百盛购物中心,翡翠手镯最贵的 12 万元一只,而最廉价的仅 100 元左右。同样,在北京复兴门商业城,一件翡翠小挂件,贵的上万元,便宜的 10 元钱随便挑。价格高低如此悬殊,这是怎么回事呢?(见图 6-3)

图 6-3　翡翠玻璃种子

第六章 旅游工艺品设计的市场化

翡翠主要产于缅甸。每年二三月间,缅甸政府都要在仰光举办一次国际翡翠展销会,不仅向来自世界各地的客商展示翡翠的原石、工艺品,而且要公布各类、各级翡翠的价格。缅甸将翡翠大体上分为三类。第一类是上品,被称为帝王玉。这类翡翠均为纯正浓艳的翠绿色,并且颜色均匀。透明度等其他指标也都很高,就是产量极低。第二类被称为商业玉,这类翡翠颜色较杂,除绿色外还有紫、红、黄、黑、青、灰等,不仅颜色不一,浓淡不一,而且从透明、半透明到不透明的都有,其中绿色的差异也很大,优等的仅在浓淡和均匀程度上比第一类的差一点,但劣等的却要差许多,商业玉的产量也不多。第三类被称为普通玉。这类翡翠包括所有无色的,透明度等基本上与商业玉相同。普通玉的产量最多,均占总产量的90%。

以上三类中的翡翠按质量的不同又被分为 A、B、C、D 四级,缅甸的有关部门就按类按级分别定价。比如,在1991年2月的仰光展销会,就公布了这样的一张价格表:帝王玉,按克拉计算,A级每克拉2000美元、B级500美元、C级200美元、D级100美元。商业玉,按千克计算,A级每千克1000美元、B级200美元、C级100美元、D级50美元。普通玉,按千克计算,A级每千克30美元、B级15美元、C级10美元、D级5美元。

从以上定价不难看出,最好的与最差的翡翠在销售的第一关就被拉开了数万倍的差距,不难想象,随着买卖次数的增多,它们之间的差距还会被进一步拉开。其中的精品,哪怕是一个戒面,一只手镯,一枚项链坠,也可以被卖到几万、几十万甚至上千万;而其中的劣质品也就值几元、几十元,最多也就上千元了。

(三)销售渠道策略

旅游工艺品的销售渠道既包括旅游工艺品生产企业在其生产地点的现场销售,也包括通过其他方式在旅游工艺品生产企业生产现场以外的其他地方直接或间接地向最终旅游消费者出售其产品。正确的销售渠道策略有利于提高产品的市场覆盖率,降低渠道成本,以及能更好地满足旅游者的购买需求。旅游工艺品本地市场和外地市场应采取不同的销售渠道策略。

(1) 本地市场销售渠道策略。旅游工艺品本地市场中的销售渠道过窄。旅游者能够购买旅游工艺品的地点只有旅游景区和工艺美术店,其中大部分旅游者由于旅游线路的限制,没有机会去艺术馆购物。在旅游工艺品本地市场中,应采用销售渠道拓宽策略。

销售渠道的拓宽是指延伸旅游工艺品生产企业具体销售渠道以及产品销售网点的数目和分布格局。其中既涉及经销或代理销售其产品的中间商的数目，同时也涉及本企业和中间商面向市场所设销售网点的数目及其分布的合理程度。因此，在本地市场的销售渠道系统中，应该有足够数量的直接经销和代销旅游工艺品的中间商，同时企业和中间商在各目标市场区域内应根据方便旅游者购买的原则设置足够数量的销售点。为了解决旅游工艺品本地市场销售渠道过窄，更好地满足旅游者购买需求的多样化，应该逐步形成市区旅游工艺品购物区、区域性旅游工艺品购物区、旅游工艺品商业街、旅游工艺品销售点、旅游工艺品市场网点体系，使旅游工艺品销售网点在空间上有聚有分、互相联系、合理布局、各尽其能，极大地丰富了旅游工艺品市场的内涵和形式，使旅游休闲、购物有机结合在一起。

区域性旅游工艺品购物区可以选择具有代表性的自然风景旅游区和大型人文景观周围或入口处建立，这样方便了旅游者的购物需求。在建设时要注意，这种区域性旅游工艺品购物区本身也是一个较大的景观建筑群，应与风景旅游区和人文景区在建筑风格上保持一致。

旅游工艺品商业街的建立可以满足专门的服务和产品，尤其针对那些具有投资收藏需求的旅游购买者。旅游工艺品商业街可以依托玉器厂、漆器厂、工艺美术馆，将其拓展成旅游工艺品一条街，内设展销馆和特色专卖店等。另外，一些历史的商业街区，本身就是内涵丰富的旅游文化资源，对旅游者有相当大的吸引力，可以以旅游业带动旅游购物活动，进而复兴一些旅游历史街区，营造特色购物环境。

旅游工艺品销售点在旅游景点、交通干线旁、旅游者停留点，如车站、码头、饭店、餐厅等地可以建立配套的旅游工艺品销售点，以服务过路旅游者为主。还可以根据市场需求，灵活配置工艺品购物车、工艺品购物船等流动销售网点。

(2) 外地市场销售渠道策略。为了开拓旅游工艺品外地市场，我们应采用旅游中间商选择策略。这是旅游工艺品生产企业在采用间接销售渠道的情况下所采用的策略。这一销售渠道要能够在恰当的时间和地点将旅游工艺品生产企业的产品信息传递给有关的目标市场，而且要能够为外地的旅游消费者提供方便的购买地点。目前可考虑采用连锁经营的方式，认真核查中间商的质量，对合格的中间商采取共同进货或授予特许等方式，实现规模经营，使店名、店貌、商品、服务的标准化，经营决策的专业化和管理规范的统一化，实现规模效应。另外值得一提的是，在外地市场实行旅游工艺品的连锁化经营,其前景十分看好,因为连锁化经营能够保证旅游工艺品的质量和价格,这样可以避免外地市场上漫天要价、冒充本地旅游工艺品等现象的发生。另外,旅游工艺品的外地市场还应充分利用网络销售渠道,建立网络交易平台。一个好的网络交易平台可以为旅游工艺品生产企业在全球的网络市场树立良好的形象。网络销售渠道一定要突出旅游工艺品生产企业的直销形式,以减少中间环节的成本。除了交易,网络交易平台还应一些基本功能,如导购功能,介绍自己产品的特点、工艺、材料、历史典故、文化内涵等,总之要突出自己产品的优势所在。

(四)促销策略

促销的目的就是通过与旅游工艺品市场进行信息沟通,来赢得旅游者的注意、了解和购买兴趣,树立旅游工艺品生产企业及其产品的良好形象,从而促进销售。促销的过程就是信息沟通的过程。

(1) 重视广告宣传工作。广告是非常大众化的信息沟通方式,广告宣传也是促销的基本策略。而这正是旅游工艺品促销方面的盲点。目前,旅游工艺品几乎没有以电视广告形式进行宣传,以报纸广告的形式也比较少。而广告的影响力是巨大的,广告为增强旅游工艺品生产企业及产品的宣传效果提供了机会。作为旅游者对旅游工艺品的了解主要依赖于导游。所以,为了能使地域品牌的强势崛起,旅游工艺品生产企业有必要将投放电视、报纸广告的费用纳入预算中,应向电视、报纸、杂志等各种媒体上进行宣传。旅游者是倾向于相信一种做大量广告的品牌一定会提供良好的价值。另外,旅游工艺品的广告宣传可以在旅游景点、旅游线路上设置宣传牌、灯箱、招贴画等,这样的广告宣传方式效果也比较理想。

(2) 充分利用会展宣传。除了广告外,还可通过举办、参与一系列的旅游工艺品设计大赛、旅游工艺品博览会、旅游购物节、旅游交易推荐会等活动来扩大宣传力度。旅游工艺品生产企业可以制作一些宣传印刷品,这些印刷品纸张要精良,图文并茂,精美大方,或装订成册,或折页,能长期保留并随时提供信息支持。利用交易会、展览会或博览会,参加或举办各种展览的时机,将这些精美的宣传印刷品发给旅游者,来帮助旅游者认识了解旅游工艺品,树立旅游工艺品地域品牌形象,提高旅游工艺品的知名度和美誉度,激发旅游者的购买兴趣。

(3) 确保宣传真正到位。旅游工艺品应当编印成册为不同语言版本的导购指南,并通过渠道将这些导购指南递送到旅游工艺品中间商和各个旅游工艺品客户手中。导购指南应对各旅游工艺品生产企业进行汇总，介绍旅游工艺品产业的发展概况，特色产品，文化优势，特别要综合对比不同企业在中国旅游工艺品行业所处的地位。这样才能使旅游工艺品真正打入国际市场，获得更多的国际市场份额。

案例 6-7

天津市西青区多措并举推动杨柳青年画产业

天津市西青区杨柳青年画独具民族特色，它题材广泛、内容丰富、构思奇巧、独具匠心，因充满浓郁的年节气息和淳厚的地域风情而蜚声海内外，成为民间绘画艺术殿堂中的一朵奇葩。在市场化的今天，发展壮大杨柳青年画产业，已成为杨柳青年画增强发展后劲、拓展发展空间的必由之路(见图 6-4)。

图 6-4　杨柳青年画印制

为此，笔者认为应该抓好以下几项工作。

1. 抓宣传，提高杨柳青年画知名度

市场经济条件下，谁占领了宣传的制高点，谁就占领了销售的制高点。因此，应该多措并举，全方位发动杨柳青年画宣传攻势。一是充分利用报刊、电台、电视台等新闻媒体多角度、多方面宣传。二是走出去，举办推介会，参加深圳国际文化博览会、全国非物质文化遗产项目展示等各类国内外有影响的展览。三是请进来，邀请国内知名专家学者通过讲座、培训等形式指导杨柳青年画的创作。四是印制出版反映杨柳青年画艺术成就的《中国杨柳青年画画集》，并在全区的宾馆、饭店等重要对外服务窗口张挂杨柳

第六章 旅游工艺品设计的市场化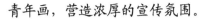

青年画，营造浓厚的宣传氛围。

2. 抓队伍，培养壮大杨柳青年画创作力量

产业要发展，人才是关键。没有一批技艺精湛的高素质创作队伍，杨柳青年画产业的兴旺发达就无从谈起。现在杨柳青年画队伍正处于青黄不接阶段，当前需要做好两个方面的工作：一是重新启动老作者，总结过去好的创作经验，挖掘创作题材，重新焕发创作生机；二是加大培训力度，扶持推出一批有潜力的新作者，使他们能够发挥最大能量，将杨柳青年画进一步发扬光大。

3. 抓龙头，建立杨柳青年画创作基地

目前杨柳青年画还没有一个专门的创作交流产业基地，实践证明：家庭作坊式的散户创作很难抵御市场经济大潮的洗礼，这已成为制约杨柳青年画产业发展的瓶颈。纵观国内，凡是年画搞得红红火火的地方都有自己的创作产业基地，比如潍坊杨家埠、四川绵竹等地。鉴于此，建议西青区投资建设杨柳青年画产业园，并以此为龙头，发挥产业示范带动作用，为杨柳青年画提供一个新的发展平台。

4. 抓创新，增强杨柳青年画发展活力

创新是杨柳青年画发展的不竭动力。今后，应该积极开拓杨柳青年画产业发展思路，不断推陈出新。根据当前社会经济发展和市场需求情况，在杨柳青年画原有题材的基础上，结合当前社会发展的新内容，融合刺绣、壁画、农民画等艺术形式，搞年画深加工，进而增强杨柳青年画在艺术市场上的竞争力。

5. 抓市场，努力拓展杨柳青年画销售渠道

产品生产出来了，能不能产生效益，关键在销售。因此，杨柳青年画产业发展壮大必须要在销售上下功夫。一是建立经纪人促销队伍，实行下保底、上不封顶，多销多得的销售办法。二是在国内游客较多的著名旅游景点、旅游城市的商场等地设置杨柳青年画销售专柜。三是建立杨柳青年画网站，大力开展网上营销。

评估练习

1. 举例并分析旅游工艺品的本地市场销售策略。
2. 搜集资料并分析核雕市场的定价策略。

第七章

旅游工艺品设计的知识产权

【学习目标】

  通过本章的学习,要求理解设计与知识产权之间的关系,了解旅游知识产权在我国旅游业发展中的重要作用,学习并掌握旅游工艺品设计专利制定的战略,外观专利申请的过程及设计侵权的判定方法,展望全面实施设计知识产权战略的必由之路。

【关键词】

  知识产权 外观设计专利 专利制定战略 设计的侵权判定

旅游工艺品设计与制作

海尔是国内在工业设计知识产权管理方面做得很好的企业。1987年海尔成立了首家企业自办的知识产权部门——海尔知识产权办公室。这一机构设立于企业核心管理层内，其主要职能是全面开展企业商标管理、创建品牌，以及设计技术的专利申请和保护等工作。知识产权部门的成立，使海尔逐渐建立起一套适合企业各阶段方针目标和工作重点的有效规划，为海尔十几年的产品创新、技术创新、经营理念创新、品牌增值发挥了不可或缺的指导作用。

现在的海尔，没有知识产权管理，就谈不上设计创新和参与市场竞争，这已被所有普通管理人员所接受并自觉地运用到实际工作中去。企业的新员工，包括刚毕业的大学生，首先接受的企业文化教育是关于知识产权对企业发展和具体工作的指导作用，这被当成一项主要内容来培训，从而能够在日常工作中自觉地加以运用。比如，对于一项新设计项目的规划和论证，从决策者到设计人员都会从本职工作出发，从多个角度来考虑知识产权，如该项目的专利性、涉及的各项新技术是否有在先专利申请保护、就相关经营领域和地区所注册的商标是否有效和全面、对竞争对手的不正当竞争能采取哪些相应对策等。即对一个设计项目的前期论证，将会通过对知识产权全方位的论证和准备工作，形成一个全面的保护范围，并按规划着手实施，这就是目前知识产权工作在海尔管理体系中的重要性和普及性。可以说，现在每个海尔员工的知识产权意识已经融入工作的各个方面，并成为自觉的工作准则和日常行为。

海尔申请专利保护既是设计和技术创新的前提条件，又为创新过程提供技术要素和实现手段，同时也是创新成果的必然法律存在形式。在海尔没有专利申请，新设计研发就没有结束，专利申请与设计成果是一一对应的关系。即实行100%的专利申请率，每一项创新设计方案都会去申请一项专利，进而保护每一项设计创新。伴随着不断拓展的新市场空间，各类新设计、新技术的专利申请连续10年位居全国家电行业前三位，并保持持续稳定增长的良好态势。

海尔开发产品涉及的保密信息，通过实施合同审核以及专利申请权的购买与转让，将企业的设计、技术成果，以法律形式确定下来，纳入法律防范领域内，直接为企业进行各类反不正当竞争提供法律保障。在已经发生的多起设计、技术仿制侵权案例中，正是由于海尔前期签订有合同规定，进而能够将复杂的技术内容，按照相关法律准则清楚

第七章 旅游工艺品设计的知识产权

准确地划定出权利范围，实现法律上取得主动，实现切实维护企业合法的经济利益。

总之，海尔成功发展十几年来的经验表明，具有强大的设计创新和技术创新能力是参与市场竞争的关键因素，而拥有广泛、自主的知识产权是这一关键因素的核心内容。

辩证性思考

1. 什么是知识产权？
2. 旅游知识产权在我国旅游业发展中起什么样的作用？
3. 旅游工艺品设计如何申请设计专利？

第一节 旅游工艺品设计与知识产权

教学目标

1. 理解设计与知识产权之间的联系。
2. 深入理解旅游工艺品设计知识产权的相关内容。

一、知识产权的概念

知识产权(Intellectual Property)是一种无形的财产权。知识产权的名称是德国柏林大学教授柯勒在19世纪80年代提出的，是从事智力创造性活动取得成果后依法享有的权利。通常分为两部分，即"工业产权"和"版权"。根据1967年在斯德哥尔摩签订的《建立世界知识产权组织公约》的规定，知识产权包括对下列各项知识财产的权利：文学、艺术和科学作品；表演艺术家的表演及唱片和广播节目；人类一切活动领域的发明；科学发现；工业品外观设计；商标、服务标记以及商业名称和标志；制止不正当竞争以及在工业、科学、文学或艺术领域内由于智力活动而产生的一切其他权利。可以说，知识产权涵盖了人类在科技、文化等领域内所创造的一切成果。

二、设计与知识产权

现代设计和知识产权都是社会经济高度发展的产物，也是社会经济发展的巨大推动力。如果从知识产权的角度看，现代设计就是一种创造性的知识行为，其设计成果以知识产品的形式表现出来，并渗透到科技、文化等广泛的领域。因此，现代设计与知识产权虽然是不同的概念，属于不同的范畴，但知识性与创造性是两者的共同点，使两者具有内在的一致性和必然联系。两者的联系还具体表现在市场与经济效益上的联系。在市场与经济效益方面，设计与知识产权的联系是显而易见的。例如，在美国、日本等设计业发达的国家，高水平的设计创新产品对应的就是高水平的知识产权。像美国、日本这样的世界经济强国和设计强国同时就是知识产权大国。其设计产品进入国际市场特别是发展中国家的市场，往往都有一个非常重要的特点，那就是专利和技术先行，想占领哪一块市场就在哪里大量申请专利，通过专利保护取得市场竞争的先机，并以专利作为支撑，形成企业标准。这些企业标准进行推广之后，就会成为国际主流标准，并被跨国大企业垄断。同时，他们的文化产品，诸如企业形象、影视、音乐、计算机软件等，也凭借商标或牌权等知识产权横行世界。

设计与知识产权是相互带动和促进的。现代设计的发展呼唤知识产权，而自主的知识产权也离不开设计事业的贡献。在这一点上，我们以日本的发展经验为例。有人称日本是"技术立国"、"设计立国"，但实际上日本的发展也经历了模仿和引进的过程，在几十年前模仿和抄袭外国设计的现象还十分普遍。这导致日本的出口产品有不少在外观设计上侵权，遭到许多国家的谴责，并使日本的产品与设计在国际上一度失去了信誉。为了扭转这一局面，日本当即对专利制度进行改进，杜绝对外国设计的抄袭、盗用，而且为了鼓励和推广本国的优秀设计，由日本产业促进会每年评定一批好的设计，给予重奖，并进行宣传。同时，还允许在使用该外观设计的产品上作专门标记，与一般的设计加以区别。这些举措促进了日本设计水平的大幅度提高，也涌现出不少优秀企业，在国际上独树一帜。我们应该积极创造条件，大力发展我国的设计知识产权事业，充分发挥其积极作用。

三、旅游知识产权在我国旅游业发展中的作用

旅游知识产权从法律上来说是对旅游企业创造性智力劳动的认可，除了给予具有自主知识产权的旅游企业法律权利外，实际上旅游知识产权的影响和作用已经远远超出法律意义的范围，我们切不能仅仅把旅游知识产权局限于一种法律权利来看待。旅游知识产权是一种无形价值，对企业来说，是一种重要的无形资产。当今社会越来越重视知识产权的作用，温家宝曾经说过：世界未来的竞争就是知识产权的竞争。旅游知识产权无

第七章 旅游工艺品设计的知识产权

疑在我国旅游业发展中承担着越来越重要的作用。这些作用主要体现在以下几个方面。

(一)旅游企业构建竞争优势的重要手段

旅游业发展到今天已经进入品牌竞争的时代，旅游企业要想在市场竞争中占据有利的地位，就必须开创并不断强化自己的品牌，塑造差异化竞争优势。品牌建设和竞争与商标的关系密切，其根源在于品牌需要依靠产品来打造。旅游企业不断提供高质量、与众不同的旅游产品会直接推动旅游业的发展，获得旅游知识产权的旅游企业可在一定程度上建立该项旅游产品的垄断优势。

(二)推动旅游创新不断发展的重要保障

创新是旅游业发展的持久动力，有助于旅游业适应快速发展的市场需求。旅游业的创新不同于一般工业企业的创新，其更侧重于商业方法和商业元素的创新，创新成果更具有无形性和易复制性的特点，因此旅游企业的创新成果极易为其他企业所模仿复制。旅游企业依靠知识产权保护、依法拥有法律武器可杜绝旅游创新成果被复制、滥用、模仿、剽窃的行为，有效地保护企业创新的积极性，并推动旅游创新的不断发展。

(三)体现并传递旅游价值

社会经济的发展推动了人们价值评价体系的变化。旅游企业的价值不再仅仅局限于固定资产等有形资产上，以旅游知识产权为代表的无形资产作为价值的重要组成部分在企业价值体系中比重越来越大，发挥着越来越重要的作用。旅游知识产权保护了创造性智力劳动所创造的价值，是旅游产品最好的保障。旅游知识产权往往能够传递价值，市场竞争使旅游企业的知名度不断提高，冠以知名商标的旅游产品的价值往往更高，并具有较高的商业价值。

(四)促进旅游产业链条的发展

旅游知识产权是一种无形资产，有实力、有潜力、信誉较好的企业以自己所掌握的知识产权作为企业的投资，通过有偿使用、共同投资等加速旅游产品的开发过程，同时可以利用旅游品牌带动产品品牌，产品品牌反过来又促进旅游品牌，两类品牌形成良性互动，相互提高知名度，实现品牌扩张和产品扩张，最终形成旅游产业链条。

四、旅游工艺品设计的知识产权保护

旅游工艺品的生产非常容易仿冒,市场上许多旅游工艺品样式、颜色、组合大同小异,我国桂林、宜昌等地都出现了旅游工艺品被大量仿冒的情况。尽管旅游工艺品专利被侵犯的现象相对来说并不常见,但仍然不能对专利保护掉以轻心。应在旅游工艺品开发创新的各个环节充分运用专利文献进行保护,同时要有效地保护旅游工艺品生产制作过程中的传统技术,及时申请专利;要妥善保存有关技术说明书、设计思路、配方、模型制品等,不随便向外界泄露;旅游企业在开展旅游工艺品制作工艺展示项目时也要注意保护有关技术秘密、原料配方、制作手法。

设计公司对设计加以知识产权保护是十分必要的,并应该注意以下几点。

(1) 清楚规定保护的存在和范围的能力。如果对保护的范围有清楚的规定,设计公司就更有能力确定其他公司的行为是否构成对自己设计的侵犯;清楚规定保护的存在和范围,也会减少其他公司的"意外的"、"巧合的"侵权的可能性,从而减少设计公司不得不采取法律行动保护其利益的可能性。

(2) 权利的可靠性。采用一项新设计需要财力的支出,所以为了设计公司的利益,认定设计保护有效的可能性应该很高。在高度认定有效的条件下,设计公司在决定使用设计以前就要准备防止以后的侵权。

(3) 有保证的保护期限。设计保护应该有足够长的期限,以使设计公司有理由期待,至少在长时间内,能适当回收开发和采用该设计的一切费用。对新设计投资的适当回收还应该考虑到采用该设计失败的风险。

(4) 容易转让和授权。设计公司由于这样或那样的原因,除了自己使用新设计以外,也可能自己不使用该设计,而希望出售或许可他人使用该设计的权利。因此,为了设计公司的利益,对设计的保护应该也能使该设计公司有能力向其他公司转让或授权使用该设计。

评估练习

1. 旅游知识产权在我国旅游业发展中起着怎样的作用?
2. 设计公司对设计的知识产权保护应采取哪些措施?

第七章　旅游工艺品设计的知识产权

第二节　旅游工艺品设计的专利

教学目标

1. 理解旅游工艺品设计专利战略制定的过程。
2. 深入了解旅游工艺品设计专利申请的内容。

随着生活水平的提高，旅游逐渐成为人们生活不可缺少的一部分，中国也由旅游资源拥有大国向旅游产业开发大国转变。我国已成为世界上国内旅游市场规模最大、发展速度最快、最具生机和活力的旅游目的地国家。虽然旅游业得到了蓬勃发展，但仍存在诸多制约性因素，其中知识产权的法律保护问题就是最关键的因素之一。

专利申请是获得专利权的必需程序。发明创造必须由申请人向政府部门(在我国目前为中华人民共和国国家知识产权局)提出专利申请，经中华人民共和国国家知识产权局依照法定程序审查批准后，才能取得专利权。在中国，发明创造目前包括三种类型，分别是：发明、实用新型和外观设计。在申请阶段，分别称之为发明专利申请、实用新型专利申请和外观设计专利申请。获得授权之后，分别称之为发明专利、实用新型专利和外观设计专利。此时，申请人(包括申请的个人、设计团体等组织)则是相应专利的专利权人。针对旅游工艺品设计而言，更多涉及的主要为实用新型和外观设计专利。外观设计专利是指针对产品的形状、图案或者其结合以及色彩与形状、图案的结合所作出的富有美感并适于工业应用的新设计，图 7-1 为外观设计专利证书。

图 7-1　外观设计专利证书

一、旅游工艺品设计的专利战略

旅游工艺品设计的专利战略对不同的设计单位、设计企业及个人来说,由于其经营目标、技术和经济实力不同,其内容是不同的。即使是同一企业在不同阶段,旅游工艺品设计专利战略制定的内容也各有特色。不过总体来说,企业旅游工艺品设计专利战略的制定也有一些基本的思路和程序。其步骤包括专利战略的立项、前期准备工作、专利战略目标的确定、专利战略方案的拟定等内容。

(一)旅游工艺品设计专利战略的立项

立项,即确定企业旅游工艺品设计专利战略的课题,它既可以是针对较长时期的宏观层次的设计专利总战略,也可以是针对某一特定时期或某一特定产品的专项设计专利战略。选定课题极为重要的一点是有明确的目的,一个好的设计专利战略能使企业获得相当多的有价值的设计开发成果。

(二)前期准备工作

前期准备工作是制定企业专利战略的基础性工作,其工作成效直接影响到企业专利战略制定的质量。前期准备工作主要包括以下内容。

(1) 确定设计专利战略的组成人员。企业旅游工艺品设计的专利战略与企业经营战略、科技战略、品牌战略具有千丝万缕的联系。因此,确定企业专利战略制定的组成人员时,不能局限于某一方面的人员,应该是旅游工艺品设计师、企业管理人员、专利工作人员和技术人员的组合,只有这样的组合才能使制定出来的设计专利战略形成技术、经济、法律方面的有机组合,具有较强的可操作性。值得注意的是,在组成人员中不能缺乏主管领导的参与,因为这关系到制定的专利战略是否会受到企业领导层重视,如果他们不重视专利战略,专利战略制定得再好也无济于事。

(2) 旅游工艺品设计专利战略的制定要有一定的资金做物质基础,如委托设计研究、资料收集、市场调查均需要资金。专利与市场调查旨在了解与企业相关的情况和发展动态。对确定为企业设计专利战略的课题应从专利和市场两方面开展调查,进行分析,整理调查结果。

第七章 旅游工艺品设计的知识产权

(三)专利战略目标的确定

旅游工艺品设计专利战略目标的确定是一个关键性的步骤。战略目标的确定是建立在翔实的市场、专利、企业自身技术、设计实力等情况分析之上的。旅游工艺品设计专利战略的制定者应先弄清自身的经济实力、设计与技术实力以及在同行竞争者中所处的地位。为此,战略制定者应对本企业的经营方针、规模、技术研究和应用能力、市场状况、资源配置、行业状况与产业政策、资源存量、技术和市场发展前景等作出调查分析,以明确旅游工艺品设计专利战略目标。

(四)专利战略方案的选择

旅游工艺品设计专利战略目标确定以后,企业通过全面、周密的分析,即可根据战略目标,综合专利情报分析所掌握的情况确定最佳的战略方案。可以说,旅游工艺品设计专利战略的实质内容都将体现在其战略方案中。

企业旅游工艺品设计专利战略的实施过程中应注意以下几个问题。

(1) 要经常性地跟踪设计、技术和市场情况的变化。设计、技术和市场的变化是动态的,旅游工艺品设计专利战略的实施者应重视对专利情报和市场情报的收集和分析,及时掌握竞争对手的技术发展和市场占有情况,以便采取相应的对策。例如,德国企业早在20世纪50~60年代就已注意到日本的钢铁、小汽车、照相机和家用电器方面的竞争力与日俱增,便及时地将开发重点转到了对人员、技术和投资要求更高的大型工业设备、精密机床和高级光仪器等产品上。德国企业发展的一般产品都是具有世界领先水平的、高难度的、别人一时无法研制出来的产品。自20世纪90年代以来,随着市场竞争的日趋激烈,不少德国中小企业开始从自身实际出发,密切关注市场需求变化,不断推陈出新,生产特色产品,创造新的市场需求。如基米营公司生产的无水洗车巾,占据了欧盟市场份额的90%、美国市场份额的100%;阿诺德和里希特公司生产的35毫米电影摄像机,占世界市场份额的70%。

(2) 旅游工艺品设计专利战略的实施不能轻易更改总体战略格局。例如,如果将开拓型战略修订为模仿型战略,则原来存在的数据信息和分析就会失去参考价值,整个战略方案的实施可能会面目全非。

(3) 企业应该适时对旅游工艺品设计专利战略实施的情况进行追踪调查,总结战略实施中的经验教训,并及时反馈到下一步战略实施计划之中。

二、旅游工艺品设计的专利申请

(一)制订专利申请计划

个人、团队或企业在制订新的旅游工艺品开发计划、新技术开发计划及引进技术计划时，必须与专利开发计划的制订紧密结合起来。因为前几项开发计划的实行与成果，没有专利的保护将会前功尽弃，从而使各项计划落空。企业的旅游工艺品再好再先进，旅游工艺品的设计再新颖再畅销，若没有专利保护就不会有占领垄断市场的地位。如此，本企业的设计成果就很可能会成为别人的专利。这样，不但不能给企业创造经济效益，反而给企业带来损失。

专利开发计划一般包括专利数量计划、专利申请时间计划、专利开发资金计划等内容。比如，其中的专利申请时间计划就不容忽视，因为根据专利的先申请原则，权利授予先申请人，而不管事实上的开发先后，因此，企业应该及时将设计成果申请专利。在世界设计发明史上，同一件设计发明同时由不同的设计人分别完成的事例屡见不鲜。例如著名的贝尔电话机，是其设计人贝尔(他用电流强度大小的变化代替、模拟声波的变化，实现了用电传送语音的设想，发明了电话)于1876年2月14日向美国专利局申请的，可就在24小时之后，一个叫格雷的设计人也向美国专利局提出同一设计的专利申请。而在历史上，先设计发明成功但申请在后，以至痛失专利的例子更是不胜枚举。比如，著名发明家爱迪生在发明了电影后，由于没有及时在欧洲国家申请，被别人抢先了一步，结果失去了在英国和欧洲大陆的市场。

(二)搞好专利情报信息的检索、查询

在专利开发阶段必须加强市场调查，搞好专利的情报分析工作。搜集和研究专利情报是专利开发的关键环节，通过专利情报资料的查询，掌握国内及国际的专利动态，避免专利纠纷，杜绝重复开发的盲目性，来减少投资和赔偿的风险。因为一项设计技术成果只要一获得专利，在一个国家甚至在几个、十几个国家范围内都是受专利保护的，其他人的开发不仅是无效的，而且还会造成侵权。

专利情报的分析贯穿于企业经营的全过程，在企业制定旅游工艺品设计专利战略中具有十分重要的作用。以企业制定专利产品设计开发战略为例，该战略的制定首先要了

解一系列关于竞争对手产品、技术、市场等方面的信息和数据。通过专利文献的检索和分析，能够准确掌握到现有技术成长阶段；新技术的发展动态和可能应用领域；本行业的技术发展动态；竞争激烈的技术领域；未来产品发展趋势；部分竞争对手的研究开发动态；新产品的可能寿命、潜在市场的经济价值等重要信息。随时跟踪专利文献所提供的情报，能比仅依靠市场信息更早地预测某种产品的更新换代。比如，通过统计竞争对手有关设计、技术或产品的专利分布数，结合其市场占有率的情况，将市场占有率与专利分布数进行比较，可以看出竞争对手设计专利战略意图，进而采取相应对策。实践证明，当某一企业于某一时期在某一技术领域有特别多的专利申请时，就预示着它改变市场战略的迹象。

(三)订立专利协议

专利开发不仅需要设计知识也需要资金和技术，而且开发的形式也正趋于多样化，例如，企业与院校的联合开发、企业与企业间的虚拟开发等。通过开发协议明确专利开发各方面的权、责、利，特别是参加开发的主要设计和技术人员的有关成果发布、保密、资料保管、利益分配等应有明确规定。特别是在开发过程中和尚未申请专利前，一定要加强保密工作，防止有关人员擅自以论文等形式对外公布成果，而使成果丧失新颖性，同时也要注意不正当的竞争造成的失密。

企业在设计开发中，没有切实可行的管理制度，造成图纸资料流失，给人以可乘之机造成侵权的事件时有发生。例如，某企业开发一新项目时，设计图纸资料全掌握在一个人手里，项目开发完毕，该设计人员却在离岗时将资料全部带走，没给企业留下任何疑点，后来他又将此设计换了名称，并以其亲友的名义申请设计专利，结果不但取得专利权，还凭此设计成果获得了国家科委的科技成果四等奖。而反观外国企业，他们在管理企业与员工的利益关系上，有切实有效的手段。例如，西方某跨国公司与员工签订的《关于秘密信息与知识产权协议》中明确规定以下条款："雇员在受雇期间产生的本人单独或合作完成的任何构思、概念、设计、发明、技术及其他形式的作品著作权和其他知识产权依法属于公司。"为了保证本条款的实施，协议还规定了具有很强操作性的条款，即规定雇员在取得上述成果时，必须向公司报告的制度。为防止雇员在工作期间使用别人的成果而导致侵权，该协议明文规定："雇员不得向本公司及其子公司披露或在其业务中使用，或导致他们使用第三方的秘密信息或资料。"并要求雇员在受雇时列出属于本人的成果,以防止出现侵权纠纷时反悔。

可见,在一个具体的部门或单位,对知识产权的取得、归属及其处置与收益分配上实行双向承诺原则,签订一个互为权利义务的知识产权协议书,是保护企业设计知识产权的有效管理途径。它既能有效控制公司的设计成果,又使作为设计人的雇员乐于接受,并且还能对设计中的侵权、滥用等行为加以规范。

(四)加强专利投入产出的记录和考核

从专利的开发阶段就要对其所消耗的各种费用进行记录核算,以价值的形式反映出来,并按每一个开发项目进行独立管理与核算,为将来无形资产原始价值的核算打下可靠的基础,为核算专利的经济效益及奖励开发人员提供依据。

(五)加强对市场的监控

企业的管理者要有强烈的专利意识,要学会运用专利法保护自己,要注意各类信息和市场动态,对市场加强监控。如果发现市场上有侵犯本企业专利权的行为,就要采取措施予以制止,把损失降低到最低限度。

三、旅游工艺品设计专利的侵权判定

对于旅游工艺品设计而言,申请设计专利固然可以更好地主张设计者的权利,但对于设计者而言还需要了解自己设计的产品是否存在潜在的侵权可能,以便能更加顺利地申请设计专利并享有专利权。

外观设计专利产品是比发明和实用新型专利产品更具有日常生活性的产品,对于其中某些相近似产品的细微差别,普通消费者往往会忽略掉,而专业人员则很容易分辨出来。在判断被控侵权产品与外观设计专利产品是否相同或者相近似时,如果只是从专业人员的角度出发,对权利人来说显然是不公平的。因此,进行外观设计专利侵权的判定,应当以普通消费者的审美观察能力为标准,而不应当以该外观设计专利所属领域的专业技术人员的审美观察能力为标准。对于类别相同或者相近似的产品,如果普通消费者施以一般注意力不致混淆,则不构成侵权,如果普通消费者施以一般注意力仍不免混淆,则构成侵权。

以普通消费者为侵权判定的主体,并不是要求人民法院在审理外观设计专利侵权纠

第七章　旅游工艺品设计的知识产权

纷时去追求真正的消费者的意见，而是要求审判人员在判断时，将所处的位置放在普通消费者的水平线上，去认识、感知比对对象的异同。

被控侵权产品构成侵权须满足两个条件：一是被控侵权产品包含外观设计专利的独创性部分(即创新点)，二是被控侵权产品从整体上与外观设计专利产品相同或相近似。为了避免设计专利的侵权可能，我们可以通过以下几种方法来与市面上已有的旅游工艺品进行设计比对。

(一)肉眼观察设计要部

判断被控侵权产品是否与外观设计专利产品相同或相近似，应该根据普通消费者用肉眼进行观察时是否会产生混淆来判断，对视觉观察不到的部分，不能借助仪器或化学手段进行分析比较。观察时应以产品易见部位的异同作为判断的依据。

设计要部是外观设计专利中设计师独创的富于美感的主要部分，亦即设计师通过创造性劳动而完成的外观设计专利的创新点。在对被控侵权产品与专利产品的外观设计进行对比时，目前较为认同的做法是将要部作为比较的重点，看被控侵权产品是否抄袭、模仿了权利人的独创部分。

在专利权的申请阶段，大多数申请人未明确指出其要部；在权利的授予阶段，审查人员也只注重外观设计的整体效果；在授权公告中，国务院专利行政部门更不会明确划分出哪些是专利的要部。然而，要部作为构成整体外观的组成部分，虽然较为分散，但通常可以在专利公告的视图中表现出来。

(二)隔离观察，直接对比设计三要素

在具体判断时，首先应当把外观设计专利产品与被控侵权产品分别摆放，观察时在时间和空间上均要有一定的间隔。这种隔离观察的方法可以让审判人员对两种产品产生直观的感觉即第一印象。其次，再将两种产品摆放在一起，由审判人员对两种产品的外观设计进行直接对比分析，以描述二者的异同，将感性认识上升为理性认识，最终得出二者是否相同或相近似的结论。

依照专利法实施细则第二条第三款的规定，外观设计包括形状外观设计、图案外观设计、形图结合外观设计、形色结合外观设计、图色结合外观设计和形图色结合外观设计。构成外观设计的要素有三种，即外观设计专利产品的形状、图案和色彩。在三要素

中，形状、图案是基础，色彩是附着在形状、图案之上的，脱离形状和图案的色彩不能单独成为中国现行专利法中外观设计专利保护的设计方案。从这个意义上讲，色彩保护具有从属性。

有鉴于此，在进行两种产品的外观设计比对时，一般应按照形状、图案、色彩的顺序依次进行。在判断形图色结合的外观设计是否相同或相似时，应当先判断形状是否相同或相似，如果形状不相同或不相似，则可以认定外观设计不相同或不相近似，无须再进行图案和色彩的比对；如果形状相同或相似但该形状属于公知在先设计，应进一步判断图案是否相同或相似，图案不相同或不相似，则可以认定外观设计不相同或不相近似，无须再进行色彩的比对；如果图案相同或相似但该图案属于公知在先设计，再对色彩是否相同、相近似进行判断，色彩不相同也不相近似的不构成相同或相近似的外观设计，色彩相同或相近似的则构成相同或相近似的外观设计。在三要素中，形状是最主要的，在侵权判定时应以对比形状为主。如果产品的外观形状是专利权人首创，而被控侵权产品使用了该形状并添加了图案，则无论被控侵权产品添加了何种图案，均应认定为侵权。

(三)整体观察，综合判断是否相同或近似

实践中，相同的外观设计不难认定，只要将被控侵权产品的外观设计与专利产品的外观设计进行比较，如果两者的形状、图案、色彩及其组合等全部要素相同，则为相同的外观设计。比较困难的是相近似的外观设计的认定。

外观设计相近似是指被控侵权产品与专利产品的形状、图案、色彩及其组合基本相同，其中一些微小的差别完全不足以引起普通消费者的注意，使普通消费者对两种产品产生混淆，误认为此即是彼。在判断相近似的外观设计时，普遍采用的是设计要部比较法。

判断被控侵权产品的外观设计与获得专利的外观设计是否相同或相近似，不能仅从外观设计的局部出发，或者把外观设计的各部分割裂开来，而应当从其整体出发，对其所有要素进行整体观察，在整体观察的基础上，对两种产品的外观设计的主要构成和创新点进行综合判断。

评估练习

1. 对专利情报的搜集研究应从哪些内容着手？
2. 怎样判定旅游工艺品设计是否存在设计侵权？

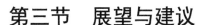

第三节　展望与建议

教学目标

1. 理解和掌握为知识产权的保护应努力的方向。
2. 了解哪些组织可以对设计师进行有效的监督和管理。

应当指出，目前我国的旅游工艺品设计业与市场还存在着混乱无序的状况，不正当竞争等行为时有发生，设计界的抄袭、造假现象较为普遍，而违规者往往未受到应有的处罚，受害者却又无可奈何，这非常不利于行业发展。为此我们需要做到以下三点。

1. 充分发挥组织团体的监督、协调作用

比如设计协会、设计职业联盟的影响和作用对设计师的前途来说不言而喻。应严格我国设计师的资格评定、司职范围及其他行规、法规等，以规范行业中的行为。而且，要争取建立设计知识产权管理组织，比如设计著作权集体管理组织，只有这样，才能够在设计的仲裁、诉讼、协调管理等事务中发挥积极、有效和专业化的作用，以有效保障设计师与设计企业的合法利益。

2. 进一步完善相应的法律法规

我国现有的法规，还不能很好地对设计进行规范和保护，所以除了加强行业的规范化管理外，还需结合我国国情尽快制定我们自己的设计法规，例如最新修改的著作权，并未对艺术设计、工艺美术作品作出规范。一些著名雕塑家的作品被人随意仿制，原本主题严肃的作品使仿制后，被随意安置在与主题无丝毫关系的商业环境，使高雅的艺术品受到亵渎。

3. 群策群力，加强全社会的监督和规范

有人呼吁建立设计的评价标准来杜绝设计的抄袭现象；有人主张成立著作权中介团体，借由团体的力量造成舆论压力来有效遏止仿冒风气；有人提议将仿冒事实直接在媒体上刊登或作新闻稿发布，以警醒世人；有人建议设计师可于设计图完成时将影印本寄存在协会，将来如果发生纠纷问题时就可证明创作时间的先后；还有人要求政府加大管

旅游工艺品设计与制作

理和执法力度，对恶劣的抄袭行为予以重罚，甚至判刑等这些都是不错且可行的建议与对策，应该在行业中广泛推广。

对于现代旅游工艺品设计而言，知识产权问题是不可回避的问题。面对知识经济的到来，设计的发展，知识产权的取得、保护和运作已成为当今科技文化活动的时代标志。因此，没有知识产权保护和管理的设计创造活动是不可想象，也是没有前途的。旅游工艺品设计要成为新时代旅游创新的重要力量，全面实施设计知识产权战略则是必由之路。

评估练习

1. 如何客观的看待设计的借鉴问题？
2. 结合自己的实际情况，谈一谈你对设计创新的感想。

参 考 文 献

[1] 帅立功. 旅游纪念品设计[M]. 北京：高等教育出版社，2007.

[2] 杨瑞洪. 旅游工艺品设计与制作基础[M]. 沈阳：北方联合出版传媒(集团)股份有限公司，辽宁美术出版社，2009.

[3] 陈筱，张梅. 旅游心理学[M]. 武汉：武汉大学出版社，2003.

[4] [美]鲁·阿恩海姆. 艺术与视知觉[M]. 成都：四川人民出版社，1998.

[5] [美]罗伯特·麦基. 故事——材质、结构、风格和银幕剧作的原理[M]. 北京：中国电影出版社，2001.

[6] 张道一. 《考工记》注译[M]. 西安：陕西人民美术出版社，2004.

[7] 郑建启，刘杰成. 设计材料工艺学[M]. 北京：高等教育出版社，2007.

[8] 张道一. 设计大讲堂：设计在谋[M]. 重庆：重庆大学出版社，2007.

[9] 诸葛铠. 设计大讲堂：裂变中的传承[M]. 重庆：重庆大学出版社，2007.

[10] 杭间. 设计道——中国设计的基本问题[M]. 重庆：重庆大学出版社，2009.

[11] B.约瑟夫·派恩，詹姆斯·H.吉尔摩著. 夏业良，鲁炜等译. 体验经济[C]. 北京：机械工业出版社，2002.

[12] 张广瑞，刘德谦，魏小安. 2004—2006 年中国旅游发展：分析与预测[C]. 北京：社会科学文献出版社，2004.

[13] 钟志平. 旅游商品学[M]. 北京：中国旅行出版社，2005.

[14] 高丰. 中国器物艺术论[M]. 太原：山西教育出版社，2001.

[15] [日]柳宗悦著. 徐艺乙译. 工艺文化[M]. 桂林：广西师范大学出版社，2006.

[16] 王嫘彩. 巧夺天工的造物：工艺美术之旅[M]. 郑州：郑州大学出版社，2006.

[17] 杭间，郭秋惠. 中国传统工艺[M]. 北京：五洲传播出版社，2006.

[18] 钟志平. 旅游购物理论与开发实务[M]. 北京：中国市场出版社，2005.

[19] 国家信息中心中国经济信息网. 中国行业发展报告——旅游业[C]. 北京：中国经济出版社，2004.

[20] 张广瑞，刘德谦，魏小安. 2001—2003 年中国旅游发展：分析与预测[M]. 北京：社会科学文献出版社，2002.

[21] 赵黎明，黄安民. 旅游规划教程[M]. 北京：科学出版社，2005.

[22] 林平. 当创意工业改变世界[M]. 广州：南方日报出版社，2005.

[23] 柳冠中. 工业设计概论[M]. 北京：中国科学技术出版社，1994.

[24] 尹定邦. 设计学概论[M]. 长沙：湖南科学技术出版社，2000.

[25] 李亮之. 世界工业设计史潮[M]. 北京：中国轻工业出版社，2001.

[26] 潘鲁生，李砚祖. 工艺美术概论[M]. 济南：山东教育出版社，2002.

[27] Donalda Norman. 情感化设计[M]. 北京：电子工业出版社，2005.

[28] 齐斯. 马克思主义美学基础[M]. 北京：中国文联出版公司，1985.

[29] 陈放. 品牌学[M]. 北京：时事出版社，2002.

[30] 叶朗. 美感的分析[M]. 北京：北京大学出版社，2009.

[31] 尹定邦. 设计学概论[M]. 长沙：湖南科学技术出版社，2003.

[32] 李泽厚. 华夏美学[M]. 天津：天津社会科学出版社，2002.